CRIMES SEXUAIS VIOLENTOS
— tendências punitivas —

ATUALIZADO COM A LEI 12.258/10
(MONITORAMENTO ELETRÔNICO)

R334c   Reghelin, Elisangela Melo

Crimes sexuais violentos: tendências punitivas: atualizado com a Lei 12.258/10 (monitoramento eletrônico) / Elisangela Melo Reghelin. – Porto Alegre: Livraria do Advogado Editora, 2010.

246 p.; 23 cm.

ISBN 978-85-7348-710-7

1. Delinquente sexual: Psicopatia. 2. Crime sexual: Medida de segurança. I. Título.

CDU – 343.541

Índices para catálogo sistemático:

Crime sexual   343.541
Delinquente sexual   343.541

(Bibliotecária responsável: Marta Roberto, CRB-10/652)

Elisangela Melo Reghelin

CRIMES SEXUAIS VIOLENTOS
— tendências punitivas —

ATUALIZADO COM A LEI 12.258/10
(MONITORAMENTO ELETRÔNICO)

livraria
DO ADVOGADO
editora

Porto Alegre, 2010

© Elisangela Melo Reghelin, 2010

Capa, projeto gráfico e diagramação
Livraria do Advogado Editora

Revisão
Smirna Cavalheiro

Direitos desta edição reservados por
Livraria do Advogado Editora Ltda.
Rua Riachuelo, 1338
90010-273 Porto Alegre RS
Fone/fax: 0800-51-7522
editora@livrariadoadvogado.com.br
www.doadvogado.com.br

Impresso no Brasil / Printed in Brazil

A meus pais Elisabete e João Luiz,
fontes permanentes de esperança e fé.

Agradecimentos

À minha irmã e amiga, Michele Melo Reghelin, psicóloga, pelas reflexões transdisciplinares e críticas aportadas neste estudo.

Ao Diretor do "Programa de Doctorado en Problemas Actuales del Derecho Penal y de la Criminología", Professor Doutor e amigo Francisco Muñoz Conde, referência internacional em Direito Penal, pela honra de ser sua discípula.

À minha orientadora, Professora Doutora Maria del Valle Sierra López, por compartilhar seus valiosos conhecimentos, desde o início do curso, sempre com muita dedicação e competência.

A todos os meus professores e colegas do Doutorado, com muito carinho, especialmente a dois deles, notáveis penalistas brasileiros, cujas amizades muito me orgulham: Professores Doutores Cezar Roberto Bitencourt e Juarez Tavares.

À Universidad Pablo de Olavide, pela bolsa de estudos que facilitou tantas idas e vindas à belíssima Sevilla.

À Universidade do Vale do Rio dos Sinos (UNISINOS), através dos queridos amigos e coordenadores do Curso de Direito, Professor Doutor André Luís Callegari e ao Professor Doutorando Miguel Tedesco Wedy, pela compreensão e cooperação permanentes em nossas missões de estudo.

A Alida Fuhrmeister, ilustre psicanalista gaúcha, pelo incentivo e pelas incontáveis reflexões acerca das temáticas importantes que repercutem nesta obra.

À Livraria do Advogado Editora, pela confiança em nosso trabalho.

"O pensamento crítico precisa se repensar continuamente. A esperança e a oportunidade de atingir um equilíbrio aceitável entre liberdade e segurança devem ser colocadas no centro do esforço desse repensar. A esperança é aquela que deve tornar possível o ato corajoso de ter esperança. Qualquer que seja o novo equilíbrio entre liberdade e segurança, ele deve ser imaginado em escala planetária."

Zygmunt Bauman

Lista de abreviaturas

5 HT	Serotonina
5-HIAA	Hidroxindolacético
ATS	Auto del Tribunal Supremo
AVP	Arginina-vasopressina
CAS	Programa de Tratamento de Controle da Agressividade Sexual
CIE ou CID ou ICD	Classificação Internacional de Enfermidades ou de Doenças (Organização Mundial da Saúde)
CP ou CPB	Código Penal Brasileiro
DEPEN	Departamento Penitenciário Nacional, Brasil
DOJ	Departamento de Justiça norte-americano, EEUU
DSM	Manual Diagnóstico e Estatístico de Transtornos Mentais (Sociedade Americana de Psiquiatria)
FCR	Fluido cefalorraquidiano
GPS	Global Position System
LCR	Líquido cefalorraquidiano
LEP	Lei de Execuções Penais, Brasil
LPRS	Ley de Peligrosidad y Rehabilitación Social, Espanha
LVM	Ley de Vagos y Maleantes, Espanha
OMS	Organização Mundial da Saúde
STS	Sentença do Tribunal Supremo da Espanha
T3	Tireóides
TASP	Transtorno de Personalidade Antissocial
TG	Transtorno Geral de Personalidade Antissocial
TP	Transtorno Parcial de Personalidade Antissocial
TPH	Tryptophan Hydrosylase

Prefácio

A publicação deste livro resultou da "Tesina" apresentada por Elisangela Melo Reghelin, na *Universidad Pablo de Olavide*, em Sevilha, Espanha, no ano de 2009, como requisito parcial para a obtenção do título de Doutora no Programa de Pós-Graduação em "Problemas atuais de Direito Penal e de Criminologia", e versa sobre "Crimes sexuais violentos: tendências punitivas", cuja defesa rendeu-lhe a nota máxima. Além de reconhecida professora de Direito Penal na Universidade do Vale do Rio dos Sinos (UNISINOS), é Mestre em Ciências Criminais, título conquistado no Programa de Pós-Graduação em Ciências Criminais da Pontifícia Universidade Católica do RS, no qual temos a honra de lecionar.

A pesquisa da professora Elisangela Melo Reghelin objetiva, em última análise, examinar os fundamentos da responsabilidade penal na delinquência contra a dignidade sexual, com especial ênfase daqueles que apresentam sintomas de psicopatias. Não se ignora a complexidade que a abordagem de psicopatias em matéria criminal, somatizadas pelas divergências naturais que apresentam os diferentes olhares das ciências jurídicas e as da área da saúde.

Inicia com uma abordagem preliminar dos conceitos introdutórios da psicopatia, enfrentando, igualmente, alguns aspectos da neurobiologia da agressão, com o objetivo somente de delimitar o campo de pesquisa. Levantou alguns aspectos sociobiopsíquicos dos criminosos sexuais sob a perspectiva psicossocial, a caracterização mitológica do enfermo mental, e a perspectiva da normalidade e anormalidade nas enfermidades mentais.

Dedicou-se a examinar os conceitos de (in)imputabilidade e de culpabilidade para introduzir-se no estudo da imputabilidade nos casos de delinquência sexual violenta (as psicopatias), especialmente nas legislações penais espanhola e brasileira, bem como a imputabilidade diminuída ou semi-imputabilidade, o problemático conceito de imputabilidade frente aos delinquentes sexuais violentos (o caso das psicopatias ou Transtorno de Personalidade Antissocial). Acresceu, ainda, suas considerações sobre algumas decisões jurisprudenciais do Tribunal Supremo espanhol, além de parte significativa da legislação brasileira.

Progrediu a autora, com a desenvoltura intelectual que a caracteriza, enfrentando as dificuldades conhecidas que até hoje as medidas de segurança apresentam, não apenas no Brasil como também no continente europeu e, particularmente, na Espanha, procurando responder ao questionamento mais comum: Seria o sistema brasileiro puramente vicariante? Qual será o melhor método de aplicação das medidas de segurança, já que o Brasil preferiu adotar um sistema onde as medidas são por tempo indeterminado, baseando-se única e exclusivamente na periculosidade?

Demonstrou nossa pesquisadora toda sua habilidade e conhecimento político-criminal ao enfrentar essa temática na sociedade contemporânea, examinando, paralelamente, a expansão do direito penal e o incremento na punição de delitos já previstos, como a hipótese daqueles que protegem bens jurídicos individuais básicos como a dignidade e a liberdade sexual. Não ignorou os precedentes históricos e os riscos desses estudos, os quais acabaram conduzindo a práticas esterilizadoras de enfermos mentais na Alemanha nazista, além de outras experiências aterrorizantes, como a "eliminação física de seres desprovidos de valor vital".

Examinou, ainda, as medidas de segurança em espécie, enfrentando seus paradoxos, para apontar as claras violações de princípios garantistas muito caros ao Direito Penal no marco de um Estado Democrático de Direito. Posicionou-se com segurança quanto às vantagens e desvantagens dos sistemas monista, dualista e vicariante através da análise de seus conceitos, legislações e doutrina, destacando a necessidade de observar o princípio da reserva legal, mesmo que as medidas não sejam consideradas penas, posto que, materialmente, são um castigo, uma resposta jurídico-penal, e, como tal, devem observar os princípios limitadores do poder repressivo estatal. Com efeito, penas e medidas distinguem-se apenas sob o aspecto formal, considerando-se que no plano material representam igual punição para a infração praticada, especialmente quando se trata de medidas de segurança privativas de liberdade.

Sob o ângulo mais pragmático, a professora Reghelin não se furtou de examinar as medidas de segurança aplicáveis, com seus antecedentes históricos, definições a partir das legislações penais, brasileira e espanhola, formas de execução, classificação, requisitos para aplicação, finalidades, semelhanças entre penas e medidas e princípios aplicáveis, principalmente os da legalidade, da jurisdicionalidade, da proporcionalidade e seus corolários, além da presunção de inocência, da igualdade e da dignidade humana.

Logicamente, não pretendeu esgotar essa temática, senão oportunizar o debate à luz de um Constitucional Estado Democrático de Direito, revisitando não apenas institutos históricos, mas repassando também os equívocos históricos utilizados no pretendido combate à periculosidade, que ora se pretende retomar. Elisangela reconhece que "permanece a curiosidade pelo tema, instigante e atual, a sensação de tensão permanente em cada linha escrita, entre os direitos individuais em contraponto aos direitos, especialmente à segurança, da sociedade, além do desafio de construir caminhos possíveis para um Direito Penal eficiente, moderno e humano".

Enfim, trata-se de uma obra de fôlego, profunda, acadêmica, cientificamente bem-estruturada e fundamentada, que não pode simplesmente ser avaliada pela sua extensão, mas, fundamentalmente, pela profundidade e pelo acerto de suas conclusões, que são mais atuais que nunca; surge no momento em que o país ganha nova legislação penal (Lei n° 12.015/09) exatamente sobre os *crimes sexuais violentos* e sobre o *monitoramento eletrônico* (Lei n° 12.258/10). Indiscutivelmente, a autora aborda com acuidade inúmeros aspectos da imputabilidade, da inimputabilidade, das medidas de segurança, sob vários aspectos, enfim, uma infinidade de tópicos assaz interessantes. Chama atenção, dentre tantos outros fatores, por exemplo, a ausência de limites na legislação brasileira previsto para o cumprimento das medidas de segurança, além do monismo ou dualismo das referidas medidas, traçando um comparativo entre as legislações brasileira e espanhola.

Brasil e Espanha historicamente aplicaram cumulativamente pena e medida de segurança. Consciente da iniquidade e da disfuncionalidade do chamado sistema "duplo binário", a Reforma Penal brasileira de 1984 eliminou a aplicação dupla de pena e medida de segurança, para os *imputáveis* e *semi-imputáveis*. A aplicação conjunta de pena e medida de segurança lesa o princípio do *ne bis in idem*, pois, por mais que se diga que o *fundamento* e os *fins* de uma e outra são distintos, na realidade, é o mesmo indivíduo que suporta *as duas consequências* pelo mesmo fato praticado. Seguindo essa orientação, o *fundamento da pena* passa a ser "exclusivamente" *a culpabilidade*, enquanto a medida de segurança encontra justificativa somente na *periculosidade*, aliada à incapacidade penal do agente. Na prática, a medida de segurança não se diferenciava em nada da pena privativa de liberdade. A hipocrisia era tão grande que, quando o sentenciado concluía a pena, continuava, no mesmo local, cumprindo a medida de segurança, nas mesmas condições em que acabara de cumprir a pena. Era a maior violência que o cidadão sofria em seu direito de liberdade, pois, primeiro, cumpria uma pena certa e determinada, depois, cumpria outra "pena", esta indeterminada, que *ironicamente* denominavam medida de segurança.

Desde a denominada Reforma Penal de 1984, o *imputável* que praticar uma conduta punível sujeitar-se-á somente à pena correspondente; o *inimputável*, à medida de segurança, e o *semi-imputável*, o chamado "fronteiriço", sofrerá pena ou medida de segurança, isto é, ou uma ou outra, nunca as duas, como ocorre no sistema *duplo binário*. As circunstâncias pessoais do infrator semi-imputável é que determinarão qual a resposta penal de que este necessita: se o seu estado pessoal demonstrar a necessidade maior de tratamento, cumprirá medida de segurança; porém, se, ao contrário, esse estado não se manifestar no caso concreto, cumprirá a pena correspondente ao delito praticado, com a redução prevista (art. 26, parágrafo único). Cumpre, porém, esclarecer que *sempre será aplicada a pena correspondente à infração penal cometida* e, somente se o infrator necessitar de "especial tratamento curativo", como diz a lei, será aquela *convertida* em medida de segurança. Em outros termos, se o juiz constatar a presença de periculosidade (*periculosidade real*), submeterá o semi-imputável à medida de segurança.

As duas espécies de medida de segurança – *internação* e *tratamento ambulatorial* – têm duração *indeterminada*, segundo a previsão do nosso Código Penal (art. 97, § 1º), perdurando enquanto não for constatada a *cessação da periculosidade*, através de perícia médica. Pode-se, assim, atribuir, indiscutivelmente, o caráter de perpetuidade a *essa espécie de resposta penal*, ao arrepio da proibição constitucional, considerando-se que *pena* e *medida de segurança* são duas espécies do gênero sanção penal (consequências jurídicas do crime). Em outros termos, a lei não fixa o prazo máximo de duração, que é indeterminado (enquanto não cessar a periculosidade), e o prazo mínimo estabelecido, de um a três anos, é apenas um marco para a realização do primeiro exame de verificação de cessação de periculosidade, o qual, via de regra, repete-se indefinidamente.

No entanto, não se pode ignorar que a Constituição de 1988 consagra, como uma de suas cláusulas pétreas, a proibição de prisão perpétua; e como *pena* e *medida de segurança* não se distinguem ontologicamente, é lícito sustentar-se que essa previsão legal – vigência por prazo indeterminado da medida de segurança – não foi recepcionada pelo atual texto constitucional. Em trabalhos anteriores sustentamos que em obediência ao postulado que proíbe a prisão perpétua dever-se-ia, necessariamente, limitar o cumprimento das medidas de segurança a prazo não superior a 30 anos, que é o lapso temporal permitido de privação da liberdade do infrator (art. 75 do CP). Nesse sentido, temos algumas respeitáveis decisões de nossa egrégia Corte Suprema (v. g., HC. 97.621, de 2009 e HC 84.219, de 2005, oportunidade em que o festejado Ministro Sepúlveda Pertence endossou a doutrina, segundo a qual, embora a medida de segurança não seja pena, tem caráter de pena, razão pela qual não poderia durar mais de 30 anos, que é o máximo permitido pela legislação brasileira para qualquer sanção penal. Certamente, essa limitação temporal representou o começo de uma caminhada rumo à humanização da odiosa medida de segurança, esquecida pelos doutrinadores de escol que consomem milhares de resmas de papel teorizando sobre a culpabilidade e os fins e objetivos da pena, mas furtam-se a problematizar a desumanidade e a ilegitimidade das medidas de segurança por tempo indeterminado, cuja natureza não discrepa da pena, bem como de sua finalidade principal que é, inconfessadamente, a de garantir a ordem e a segurança públicas, mediante o encarceramento do infrator.

Com efeito, nesse sentido, sustentamos que a medida de segurança não pode ultrapassar o limite máximo de pena abstratamente cominada ao delito (*v.g.* crime de furto, quatro anos; roubo, dez anos, etc.), pois esse seria "o limite da intervenção estatal na liberdade do indivíduo, seja a título de pena, seja a título de medida", embora não prevista expressamente no Código Penal, adequando-se à proibição constitucional do uso da prisão perpétua. Assim, superado o lapso temporal correspondente à pena cominada à infração imputada, se o agente ainda apresentar sintomas de sua enfermidade mental não será mais objeto do sistema penal, mas um problema de saúde pública, devendo ser removido e tratado em hospitais da rede pública, como qualquer outro cidadão normal. Na verdade, a violência e a desumanidade que representam o cumprimento de medida de segurança no interior dos fétidos manicômios judiciários, eufemisticamente denominados *hospitais de custódia e tratamento*, exigem uma enérgica tomada de posição em prol da dignidade humana, fundada nos princípios da razoabilidade e da proporcionalidade assegurados pela atual Constituição Federal.

Por fim, para não alongarmos desnecessariamente este tópico, quando o internado cumpre integralmente (entenda-se pelo período igual ou superior ao máximo da pena cominada à infração penal imputada) não cabe falar-se em prescrição da medida de segurança, na medida que seu cumprimento pelo internado exariu-se, resgatou seu débito com a Justiça Penal, é como se fora o cumprimento integral da condenação penal. No entanto, acaso tivesse permanecido foragido, pelo mesmo tempo, verificar-se-ia a sua prescrição, como ocorreria em caso de condenação à pena equivalente ao máximo cominado.

Para concluir, o desenvolvimento inteligente e fecundo do trabalho, e particularmente as sugestões elaboradas pela autora, a nosso juízo, recomenda que sua leitura deve ocorrer no próprio livro, razão pela qual deixamos de antecipar aqui com mais detalhes suas preciosas sugestões que, de *lege ferenda*, podem suprir importante lacuna em nosso ordenamento jurídico. Dito de outra forma, este belo trabalho de Elisangela Melo Reghelin, por todas as razões expostas, merece ser consultado pelos estudiosos das ciências penais, enfim, por todos aqueles que se preocupam com a humanização do Direito Penal, e especialmente com a consequência jurídico-penal do crime, isto é, com a sanção penal (penas e medidas de segurança), que deve atingir suas finalidades com o menor dano e dessocialização possíveis.

Porto Alegre, primavera de 2010.

Prof. Dr. Cezar Roberto Bitencourt

Sumário

1. Introdução 21
2. A complexidade dos aspectos sociobiopsíquicos no caso dos delinquentes sexuais 29
   2.1. O problema sob a perspectiva psicossocial 30
      2.1.1. A caracterização demoníaca do enfermo mental 30
      2.1.2. A perspectiva da normalidade e da anormalidade nas enfermidades mentais 32
      2.1.3. Agressão e violência: origem biológica ou sociocultural? 35
   2.2. O problema sob a perspectiva médica 36
      2.2.1. O Transtorno de Personalidade Antissocial (TASP) – O diagnóstico psiquiátrico 38
         2.2.1.1. Falando em psicopatias 40
      2.2.2. A importância da neurobiologia da agressão 42
   2.3. Considerações finais do capítulo 49
3. (In)imputabilidade e delinquência sexual violenta: a psicopatia em questão . 51
   3.1. O conceito de imputabilidade nas legislações brasileira e espanhola 58
   3.2. Imputabilidade diminuída ou semi-imputabilidade 63
      3.2.1. O problemático conceito de imputabilidade frente aos delinquentes sexuais violentos psicopatas 65
   3.3. Considerações finais do capítulo 72
4. As medidas de segurança aplicáveis aos delinquentes sexuais violentos .. 83
   4.1. Histórico das medidas de segurança 83
   4.2. A definição de periculosidade: notas explicativas a partir das legislações brasileira e espanhola 92
   4.3. O prognóstico de reincidência em delitos sexuais 96
   4.4. As medidas de segurança e seus aspectos legais 97
      4.4.1. Conceito e formas de execução das medidas de segurança 99
      4.4.2. Classificação das medidas de segurança 103
         4.4.2.1. Internação e tratamento ambulatorial em centros médicos ou estabelecimentos de caráter sociossanitário 108
         4.4.2.2. Obrigação de residir em lugar determinado, proibição de residir em certos lugares e proibição de frequentar alguns locais, proibição de aproximar-se da vítima, de alguns familiares ou de outras pessoas, ou, ainda, de comunicar-se com eles 112

4.4.2.3. Custódia familiar 113
4.4.2.4. Participação em programa de tipo formativo, cultural, educativo, profissional, de educação sexual ou em outros similares 113
4.4.2.5. Proibição de portar armas 114
4.4.3. Requisitos para a aplicação das medidas 114
4.5. Finalidades das medidas de segurança 118
4.6. Semelhanças entre penas e medidas de segurança. Princípios aplicáveis. 120
4.6.1. Princípio da legalidade 123
4.6.2. Princípio da jurisdicionalidade 125
4.6.3. Princípio da proporcionalidade e seus corolários: princípios da necessidade, subsidiariedade, intervenção mínima e ofensividade ou lesividade 128
4.6.4. Princípios da presunção de inocência, da igualdade e da dignidade 132
4.7. Considerações finais do capítulo 135

5. As novas penas aplicáveis aos delinquentes sexuais violentos 137
5.1. Pena para o delinquente sexual violento psicopata: uma questão de segurança pública? 142
5.2. "Finalidades" da pena no caso estudado 148
5.3. Os castigos: experimentos práticos 153
5.3.1. Esterilizações, cirurgias e castrações 154
5.3.2. Monitoramento eletrônico 159
5.3.3. Registro "online" de delinquentes sexuais 189
5.3.4. Centros de terapia social 191
5.4. As prisões e o tratamento 199
5.4.1. O tratamento dos delinquentes sexuais presos na Espanha 199
5.5. A supervisão extramuros 203
5.6. Considerações finais do capítulo 204

Conclusões 207

Bibliografia 223

Anexo – legislação espanhola 235

1. Introdução

Publicar este livro pela Livraria do Advogado Editora é uma realização muito grande. Trata-se de uma editora respeitável e que orgulha a nós, gaúchos, por sua credibilidade e pelo reconhecimento que vem conquistando junto ao mundo jurídico nacional.

A presente obra nasceu da tesina que apresentamos na Universidad Pablo de Olavide, em Sevilla, cujos originais estão em espanhol. A tesina é uma exigência, com os mesmos requisitos de uma dissertação de mestrado, para a concessão do Diploma de Estudos Avançados, o DEA, documento que confere o nivelamento ao candidato à apresentação da tese doutoral em todo o sistema comum europeu.

A Banca esteve composta pelos professores doutores Francisco Muñoz Conde, diretor do Programa de Doutorado "Problemas Actuales de Derecho Penal y de Criminologia", Carmen Lopez Peregrín e Maria del Valle Sierra Lopez, orientadora. A construção deste trabalho levou quase três anos dado ao grau de exigência daquele programa acadêmico espanhol. Tivemos a felicidade de ver o resultado coroado com nota máxima, bem como tendo alcançado a recomendação para sua continuidade em sede de tese doutoral, já em andamento.

Ao escolhermos este tema, no início do Doutorado, não imaginávamos que seria tão difícil. Além de toda a teoria estudada, o drama humano é um ingrediente que pesa muito nesta temática. É realmente necessária muita responsabilidade para escrever a respeito. A cada ideia registrada no papel faz com que pensemos e repensemos o lado da vítima e o lado do acusado, afora a preocupação com a cobrança social (muitas vezes justa), sem falar no papel da mídia nestes crimes de tanta repercussão, o que acaba, muitas vezes, insuflando um Direito Penal cada vez mais simbólico.

De fato, o tema, cuja relevância vem sendo demonstrada em todo mundo através de legislações cada vez mais punitivas. E dentre tantas tendências, algumas ousam romper com todo um sistema de garantias fundamentais, enquanto outras se apresentam como possíveis alternativas ao que está posto. São estas as análises que pretendemos realizar. Assim, não faz parte do nosso objetivo trabalhar aspectos isolados, como por exemplo, o teor da nova legislação brasileira sobre crimes sexuais (Lei nº 12.015/09), que praticamente nada acrescenta ao tema ora investigado.

Este trabalho, intitulado "Crimes Sexuais Violentos: tendências punitivas", com especial ênfase no caso das psicopatias, nasceu do nosso interesse pelas questões que fundamentam a responsabilidade do sujeito em matéria penal. O mundo interno é fascinante e a expressão desta realidade, através do comportamento humano, merece a análise mais profunda possível.

Atualmente, não há dúvida que tratar de psicopatias em matéria de crimes sexuais é algo extremamente complexo e espinhoso, pois tanto as ciências jurídicas quanto as sociais e as da saúde possuem inúmeras divergências e pontos ainda obscuros sobre o assunto. Portanto, longe da pretensão de esgotarmos o tema, nosso objetivo foi desvelar quais as principais respostas atualmente aplicáveis ao delinquente sexual violento psicopata.

Assim, pois, apresentaremos inicialmente alguns dos conceitos que introduzem a matéria e que versam sobre as psicopatias, abordando também a neurobiologia da agressão, cujos resultados serão importantes quando da análise das possibilidades de tratamento.

Abordaremos a complexidade dos aspectos sociobiopsíquicos dos criminosos sexuais, o problema sob a perspectiva psicossocial, a caracterização demoníaca do enfermo mental, a perspectiva da normalidade e da anormalidade nas enfermidades mentais, além do problema sob a perspectiva médica.

Utilizaremos, apenas de forma ilustrativa, o Manual DSM IV (1994), da Sociedade Americana de Psiquiatria, e o CID-10 (Classificação Internacional de Doenças, amplamente adotado pela Organização Mundial da Saúde (OMS). Adiantamos que aprofundar aspectos médicos não é objetivo deste trabalho, porém dedicamos o primeiro capítulo ao entendimento de conceitos mínimos necessários para principiar a problemática sobre as novas formas de reação social e jurídica.

Logo em seguida, desde o ponto de vista jurídico-penal, estudaremos os conceitos de (in)imputabilidade e de culpabilidade como elementos do delito, entendido aqui em sentido analítico (fato típico, ilícito e culpável), por razões didáticas. Aprofundaremos a questão da imputabilidade nos casos de delinquência sexual violenta (no caso, as psicopatias) nas legislações penais espanhola e brasileira, a imputabilidade diminuída ou semi-imputabilidade, o problemático conceito de imputabilidade frente aos delinquentes sexuais violentos (o caso das psicopatias ou Transtorno de Personalidade Antissocial – TASP) e, finalmente, comentaremos algumas jurisprudências do Tribunal Supremo espanhol e parte importante da legislação brasileira.

Após, adentraremos o terreno movediço das medidas de segurança. Neste assunto Brasil e Espanha possuem legislações um tanto diferenciadas. Seria o sistema brasileiro puramente vicariante? Qual será o melhor método de aplicação das medidas de segurança, já que o Brasil preferiu adotar um sistema no qual as medidas não possuem prazo máximo determinado, ou seja, são indefinidas, baseando-se única e exclusivamente na periculosidade?

Compreender melhor esse Direito Penal da periculosidade na sociedade contemporânea não é tarefa fácil. Observa-se uma expansão ou criação de novos bens jurídicos, porém o mais preocupante é o incremento na punição de delitos já previstos, como no caso daqueles que protegem bens jurídicos individuais básicos como a dignidade e a liberdade sexual.

Para trabalhar o tema devemos se partir de um conceito de periculosidade que deve ser estudado com rigor, pois foram conceitos como este que conduziram a práticas esterilizadoras de enfermos mentais na Alemanha nazista. Estas ideias fundamentaram até mesmo a "eliminação física de seres desprovidos de valor vital".[1] O próprio penalista Edmund Mezger defendia a esterilização dos chamados associais para a prevenção da criminalidade.[2] Entendemos que a periculosidade é basicamente uma situação ou *status* da pessoa que há de ser formulado judicialmente. Trata-se de um juízo de futuro, "na medida em que se supõe a afirmação de uma probabilidade de delinquir". Não é mais que um prognóstico e desse prognóstico decorrem consequências jurídicas como as medidas de segurança.[3]

---

[1] MUÑOZ CONDE, Francisco; MUÑOZ AUNIÓN, Marta. *¿Vencedores o vencidos?* Comentarios jurídicos y cinematográficos a la película de Stanley Kramer "El Juicio de Nuremberg" (1961). Valencia: Tirant Lo Blanch, 2003, p. 34.

[2] *Apud* idem, p. 36.

[3] COBO DEL ROSAL, Manuel; VIVES ANTÓN, Tomás S. *Derecho penal*: parte general. 5. ed. Valencia: Tirant lo Blanch, 1999, p. 991.

Posteriormente, trabalharemos com as medidas de segurança que, muitas vezes, acabam por violar alguns princípios e garantias, como veremos mais adiante. Analisaremos as vantagens e as desvantagens dos sistemas monista, dualista e vicariante, através da análise de seus conceitos, legislações e doutrina. Uma de nossas maiores preocupações no estudo da medida de segurança é que, mesmo não sendo considerada pena, materialmente é um castigo, uma resposta jurídico-penal, e como tal não poderá violar os mais importantes princípios constitucionais. Distingue-se apenas formalmente da pura e simples condenação penal, e como dizem Cobo del Rosal e Vives Antón:[4] "afirmar o contrário seria permitir que a Constituição pudesse ser lograda mediante uma simples fraude de etiquetas". Isto fica ainda mais evidente diante do caso das medidas de segurança privativas de liberdade com prazo indeterminado, como ocorre no Brasil, geradoras de grande aflitividade. Esse caráter indeterminado é o aspecto mais humilhante, pois a medida pode ser prorrogada por um juiz indefinidamente, desde que se entenda que o estado de periculosidade subsista. Não se pretende aqui estender considerações sobre os tratamentos terapêuticos para os delinquentes sexuais, porém é importante saber que até hoje não existem estudos ou respostas definitivas que demonstrem a existência de um método completamente eficaz para este tipo de tratamento.[5]

Ademais, resta outra questão intrigante, como refere Sierra López:[6] como fica o direito à autodeterminação do indivíduo, nos casos de pena de prisão, frente a um tratamento quando sabemos da ineficácia de um programa desta natureza que não conte com o desejo do paciente? Ainda que o recurso à hospitalização para tratar problemas mentais venha diminuindo, desde a década de 1960, a verdade é que paradoxalmente vivemos uma falta total de solidariedade social aliada à busca permanente por modelos de revitalização do Direito da periculosidade.[7] Assim, no terceiro capítulo abordaremos as medidas de segurança aplicáveis, com seus antecedentes históricos, definições a partir das legislações penais brasileira e espanhola, formas de execução, classificação, requisitos

---

[4] COBO DEL ROSAL, Manuel; VIVES ANTÓN, Tomás S. *Derecho penal*: parte general. 5. ed. Valencia: Tirant lo Blanch, 1999, p. 246.

[5] GARRIDO GENOVÉS, Vicente. *Psicópatas y otros delincuentes violentos*. Valencia: Tirant lo Blanch, 1982, p. 68.

[6] SIERRA LÓPEZ, Maria del Valle. *Las medidas de seguridad en el nuevo código penal*. Valencia: Tirant lo Blanch, 1997, p. 201.

[7] DÍEZ RIPOLLÉS, José Luis. De la sociedad del riesgo la seguridad ciudadana: un debate desenfocado. *Revista Electrónica de Ciencias Penales y Criminología* – RECPC n. 7 (2005). Disponível em: <http://criminet.ugr.es/recpc/07/recpc07-01.pdf>. Acesso em: 18 jan. 2005.

para aplicação, finalidades, semelhanças entre penas e medidas e princípios aplicáveis, principalmente os princípios da legalidade, da jurisdicionalidade, da proporcionalidade e seus corolários, e princípios de presunção de inocência, igualdade e dignidade. Abordaremos também sobre o prognóstico de reincidência nos delitos sexuais, aos centros de custódia (como medida de segurança) ou centros de terapia social (como pena) além de mencionar algumas hipóteses com relação ao tratamento para os portadores do Transtorno de Personalidade Antissocial.

Ao final, no último capítulo, apresentaremos as demais consequências jurídicas, ou seja, as penas que vêm sendo impostas em matéria de delitos sexuais violentos, principalmente no caso de psicopatia, já que na maioria dos casos esta é considerada como hipótese de imputabilidade ou de semi-imputabilidade pelos tribunais brasileiros e espanhóis. Assim, apresentaremos as penas que são propostas ou mesmo já aplicadas em vários países, destacando Brasil e Espanha. Finalmente, pretendemos tecer algumas críticas político-criminais em relação aos novos castigos penais. Analisaremos a incidência da delinquência sexual como fenômeno de intensificação punitiva e faremos algumas reflexões sobre questões contundentes que demonstram êxitos e fracassos de propostas de tratamento, à vista dos movimentos de defesa social que fundamenta o "Direito Penal do Inimigo". Retorna a inocuização, a mesma que Von Liszt recomendava ao delinquente "incorrigível" como a única forma de alcançar a prevenção especial.[8] Gracia Martín[9] considera este Direito Penal moderno como manifestação do chamado Direito Penal do Inimigo, ou seja, de uma tendência expansiva do Direito Penal que, formalmente, dá lugar a uma ampliação dos âmbitos de intervenção daquele e, materialmente, a uma flexibilização perigosa em termos de princípios e garantias penais liberais do Estado de Direito. A verdade é que, para os proponentes deste Direito Penal do Inimigo, "indivíduo" e "pessoa" são conceitos distintos. Entretanto, a ideia de "dignidade humana" parece ser o argumento decisivo contra o Direito Penal do Inimigo. Pois bem, o discurso contemporâneo do Direito Penal do Inimigo aplica-se vigorosamente em matéria sexual. Defensores desta corrente como

---

[8] *Apud* MIR PUIG, Santiago. *El derecho penal en el estado social y democrático de derecho*. Barcelona: Ariel, 1994, p. 122.

[9] GRACIA MARTÍN, Luis. Consideraciones críticas sobre el actualmente denominado Derecho Penal del Enemigo. *Revista Electrónica de Ciencia Penal y Criminología* – RECPC 07-02 (2005). Disponível em: <http://criminet.ugr.es/recpc>. Acesso em: 20 fev. 2007.

Jakobs,[10] *v.g.*, sustentam que há indivíduos (os "inimigos") que, através de seus comportamentos, se afastam do Direito de modo permanente. Tais indivíduos já não proporcionam a necessária "segurança cognitiva mínima" necessária para seu tratamento como "pessoa". Cancio Meliá[11] reconhece o perigo desta concepção teórica, que pode ser usada para fins ilegítimos. Por isso, concordamos quando ele defende a reação penal conforme critérios de proporcionalidade e de imputação, os quais se encontram na base do sistema jurídico-penal comum. Sobre os tais "fins ilegítimos" pode-se recordar que a política também pode ser utilizada (ou utilizar-se) destas perigosas concepções para inúmeras finalidades, jamais podendo ser deixada de lado neste tipo de discussão. Em que pese a dificuldade de definir-se, atualmente, "direita ou esquerda", a chamada "esquerda política" vem desenvolvendo uma mudança de paradigma preocupante:

> [...] de una línea que identificaba la criminalización de determinadas conductas como mecanismos de represión para el mantenimiento del sistema económico y político de dominación a una línea que descubre las pretensiones de neo-criminalización como los delitos en que las víctimas son mujeres maltratadas o delitos de discriminación, etc. Las derechas políticas también hacen uso de ese Derecho Penal en el sentido demagógico en el momento en que, aunque nadie quiera ser considerado conservador, se sabe que la aprobación de normas penales es una vía para adquirir matrices políticas "progresistas", o sea, se sabe cuanto puede ser rentable el discurso de ley y orden.[12]

A respeito afirmam Hassemer e Muñoz Conde:[13]

> [...] "recetas fáciles" que a corto plazo producen rentabilidad política, pero que desgastan los principios del Estado de Derecho sin resolver a medio o a largo plazo el problema que se quería resolver. Es lógico que, en momentos de crisis, los políticos echen mano del instrumento siempre espectacular del Derecho Penal. Corresponde al experto advertir de las insuficiencias de este para solucionar algunos tipos de problemas y sobre todo del costo que pueden suponer algunas de estas soluciones para los principios del Estado de Derecho.

Isto não é muito diferente nos tribunais. Em nome da "defesa social" castiga-se com base em definições vagas e imprecisas como "a

---

[10] JAKOBS, Günther; CANCIO MELIÁ, Manuel. *Direito penal do inimigo:* noções e críticas. Porto Alegre: Livraria do Advogado, 2005, p. 35 e 42.

[11] Idem, p. 72-78.

[12] CALLEGARI, André Luís; LYNNET, Eduardo Montealegre; JAKOBS, Günther; CANCIO MELIÁ, Manuel. *Direito penal e funcionalismo.* Porto Alegre: Livraria do Advogado, 2005, p. 103-104.

[13] HASSEMER, Winfried; MUÑOZ CONDE, Francisco. *Introducción a la criminología.* Valencia: Tirant lo Blanch, 2001, p. 382-383.

sociedade", "a lei", "a ordem pública". São termos que se valem de uma lógica estranha, geralmente baseada em asserções metafísicas.[14]

Por isto, antes de condenarmos de imediato as ideias de Jakobs cabe referir que termos abstratos como "bem jurídico" tampouco servem como fonte de legitimação de um Direito Penal que pode encobrir, sob rótulos sofisticados, regimes totalitários ou ideias extremistas. Daí ele sustentar que o "Direito Penal obtém sua legitimação material da necessidade de garantir a vigência das expectativas normativas (aquelas das que depende a própria configuração ou identidade da sociedade)". E tem razão à medida que este raciocínio se encontra em qualquer concepção que esteja neste mesmo nível de abstração. Isto nada tem a ver com legitimar tudo aquilo que resulte funcional para a manutenção de um sistema social formado de modo independente das características que o mesmo apresenta, afinal não se está tratando de um Direito Penal de uma sociedade desejável, mas sim do Direito Penal daquela sociedade que o sistema jurídico gerou por diferenciação.[15]

Em termos de penas, nos Estados Unidos e em alguns outros países (inclusive o Brasil inicia esta discussão), uma das propostas de maior destaque é a castração química. Outra medida bastante conhecida, principalmente pelos norte-americanos, é o registro público de delinquentes sexuais,[16] tendência que já aparece em vários países europeus.[17] Na Alemanha, a *Gesetz zur Bekämpfung Von Sexualdelikten und anderen gefärlichen Straftaten*, de 26 de janeiro de 1998, não abandona a dimensão ressocializadora como fazem os norte-americanos, porém reduz os requisitos para a imposição da "custódia de segurança" e a medida, posterior à pena, não está limitada pela culpabilidade, mas pela periculosidade.[18]

Enfim, estudaremos a pena para o caso em consideração, os "novos castigos" como as esterilizações, cirurgias, castrações, mo-

---

[14] FABRICIUS, Dirk. Law and society in the criminal sciences: entering a non-natural world. Disponível em: <www.mpipf.mpg.de/MPIPF/vw-symp-texte/fabricius.pdf>. Acesso em: 15 fev. 2005.

[15] CALLEGARI, André Luís; LYNNET, Eduardo Montealegre; JAKOBS, GÜNTHER; CANCIO MELIÁ, Manuel. *Direito penal e funcionalismo*. Porto Alegre: Livraria do Advogado, 2005, p. 108-112, 2005.

[16] SILVA SÁNCHEZ, Jesús María. El retorno de la inocuización. El caso de las reacciones jurídico-penales frente la los delincuentes sexuales violentos. In: NIETO MARTÍN, Adán (org.). *Homenaje al Dr. Marino Barbero Santos*. Cuenca: Ediciones de la Universidad de Castilla-La Mancha, Ediciones de la Universidad de Salamanca, 2001. v. 1, p. 705.

[17] Idem. *La expansión del derecho penal*: aspectos de la política criminal en las sociedades postindustriales. 2. ed. Madrid: Civitas, 2001, p. 146.

[18] Idem. El retorno de la inocuización..., op. cit., v. 1, p. 706.

nitoramentos e vigilância dos reclusos dentro e fora do sistema penitenciário, e também o tratamento dos condenados por crimes sexuais presos na Espanha. Ademais, apresentaremos também as novidades recentemente introduzidas no ordenamento jurídico brasileiro, quanto ao monitoramento eletrônico, através da Lei nº 12.258, de 16 de junho de 2010.

Reafirmamos que não pretendemos esgotar o assunto, pois esta discussão é tão antiga quanto a humanidade. Entretanto, é possível apresentar alguns fatos e dados importantes para que se possa entender e trabalhar melhor a realidade na qual estamos inseridos, procurando alternativas que possam minimizar os danos causados pela adoção desta ou daquela opção. Os danos existirão de qualquer maneira e serão irreversíveis, sejam eles decorrentes da priorização de medidas que vão ao encontro do interesse social, ou sejam aqueles que vão ao encontro da proteção do indivíduo psicopata. É, pois, nesta sociedade de riscos e de perigos onde vivemos que teremos de aprender a lidar com estas situações bastante difíceis e complicadas.

Trabalhamos aqui com a análise doutrinal de obras, especialmente as mais recentes, tanto na área jurídica como na esfera da saúde. A literatura consultada foi basicamente brasileira e espanhola, sem menosprezar outros textos estrangeiros que surgiram como fontes interessantes de investigação. Também foi realizada uma análise jurisprudencial de decisões do Tribunal Constitucional Espanhol, além de diplomas legais de ambos os países já mencionados.

O objeto desta obra, portanto, não é analisar crimes em espécie, mas sim aprofundar o estudo das formas de punir que o Estado vem encontrando em vários sistemas, notadamente o espanhol e o brasileiro. Nosso foco foi a análise destes aspectos à luz das teorias das penas e dos princípios constitucionais comuns, diante da criminalidade sexual violenta que sempre atormentou a sociedade gerando grande repercussão. Daí o cuidado atento que procuramos adotar em cada linha escrita no sentido de encaminhar todas as sugestões de modo a promover as garantias fundamentais da pessoa humana, seja da vítima, seja do acusado, bem como de respeitar a necessidade de segurança social, na permanente e difícil tensão entre estes importantes vetores.

De tudo o que foi dito até aqui permanece a curiosidade pelo tema, instigante e atual, a sensação de tensão permanente em cada linha escrita e o desafio de construir caminhos possíveis para um Direito Penal eficiente, moderno e humano.

2. A complexidade dos aspectos sociobiopsíquicos no caso dos delinquentes sexuais

O ser humano nasce homem ou mulher, mas ainda não sexualizado, algo que somente alcança depois de um aprendizado como andar, falar ou vestir-se. As perversões aparecem frente a condutas de desadaptação, de alteração psicossexual, despojadas de valorações éticas e morais, e que não cumprem com as funções da sexualidade.

Conforme García Andrade,[19] há três funções importantes na sexualidade humana: a função reprodutiva, a função diatrófica e a função de comunicação. A primeira não necessita de maiores explicações. A função diatrófica é a atitude de proteção e amparo dos pais para com os filhos, o que se dá em todas as espécies e que se expressa em forma de ternura, como forma de proteção sexual e de relação emocional. A função de comunicação opera entre o casal e está potencializada pela sexualidade, sendo específica da relação amorosa. É a única que reúne três os elementos da personalidade: liberdade, intimidade e totalidade, transcendendo o puro ato sexual em uma comunicabilidade permanente. Claro que esta relação deve ser aceita por ambas as partes, sem vícios de consentimento.

É evidente que as reações legais não podem depender de sentimentos, e a prevenção aos crimes sexuais é bastante difícil. Quando tais delitos ocorrem resta aplicar as previsões legais, e não a irracionalidade que deriva do sensacionalismo usual e naturalmente empregado na divulgação do fato. Somente assim se pode projetar programas sobre a melhor forma de evitar a reincidência.[20]

---

[19] GARCIA ANDRADE, José Antonio. *Psiquiatría criminal y forense*. 2. ed. Madrid: Centro de Estudios Ramón Areces, 2002, p. 177-179.

[20] HASSEMER, Winfried; MUÑOZ CONDE, Francisco. *Introducción a la criminología*. Valencia: Tirant lo Blanch, 2001, p. 380.

Este tipo de delinquência apresenta forte alarme social. Sempre foi assim, mas, atualmente, com a globalização e com a velocidade da informação, isto adquiriu nova dimensão.

Para falar sobre delinquentes sexuais frente a novas respostas penais, devemos ter em conta algumas características destes indivíduos. Não pretendemos aqui fazer qualquer tipo de apologia a teorias deterministas ou etiológicas, mas sim compreender as abordagens mais modernas em psicologia e em psiquiatria. Tampouco pretendemos esgotar a matéria, já que as áreas da saúde, neste caso, apenas complementarão nossos esforços em relação aos chamados portadores do TASP, especialmente os psicopatas, com a intenção de demonstrar que o problema é sério e que necessita de uma visão multidisciplinar para uma possível resolução. Quem é normal e quem é anormal? Qual a diferença entre o agressivo e o violento? Há tratamento? O Direito Penal é instrumento idôneo para garantir este tratamento? Como solucionar o conflito entre o interesse na "cura" do delinquente sexual frente ao temor social? São essas algumas das questões que passaremos a analisar, dividindo-as entre a perspectiva psicossocial e a perspectiva médica.

2.1. O PROBLEMA SOB A PERSPECTIVA PSICOSSOCIAL

Não há como se analisar esta problemática sem um olhar minimamente atento a questões como o entendimento da sociedade sobre a loucura bem como a forma como a psicologia e a psiquiatria lidam com todo um conhecimento específico sobre o tema. Todo este manancial de conhecimento acaba cimentando o saber jurídico, embora, como veremos adiante, o diálogo entre as áreas ainda é muito escasso. De todo modo, vejamos alguns aspectos interessantes e que servirão como suporte para as análises que serão realizadas posteriormente. O assunto é, sem dúvida, de cunho interdisciplinar, e nisto consiste sua maior riqueza.

2.1.1. A caracterização demoníaca do enfermo mental

Na Antiguidade a loucura era vista como a transformação do homem em um "outro" (distinto), o *energoumeno*, dos gregos, ou o *mente captus*, dos latinos, ou seja, seres nos quais atua uma força estranha que não se sabe de onde provém. A própria tradição cristã utiliza essas formas para anunciar o demônio que habita o indivíduo e afugentar, mediante a palavra divina, o espírito impuro desencadeado neste homem aprisionado entre o sagrado e o satânico.[21]

No século XVIII surge um aporte fundamental: a loucura não é uma superposição de um mundo sobrenatural ao natural, mas uma ausência, uma privação, a desaparição da faculdade mais importante do homem, posto que se trata daquela que define a "humanidade", qual seja, a liberdade, cuja forma jurídica é reconhecida a todos desde a Declaração Universal dos Direitos do Homem. A obra dos séculos XVIII e XIX tem um caráter humanitário, mas isola o enfermo mental da sociedade. Paradoxalmente, abandona-se uma concepção demoníaca para se chegar a uma prática desumana.[22]

Segundo Cabrera Forneiro y Fuertes Rocañin,[23] "a peligrosidad del enfermo mental es más un problema jurídico y social, que psiquiátrico y psicológico". Os bêbados, os usuários de drogas, dentre tantos, eram apontados pela Lei Espanhola n. 26/70 (Lei de Peligrosidad Social) como sujeitos perigosos. Os doentes mentais foram excluídos desse rol em 1978.

Matza afirmava que o processo de construção de uma identidade desviante envolve uma conversão fundamental na consciência individual. Não se trata de um processo determinístico. Entretanto, quando um sujeito ingressa no comportamento desviante, ele se confronta com um novo conjunto de circunstâncias. O comportamento delitivo é declarado e, como tal, traz em si algumas consequências. O sujeito passa a afastar-se da sociedade convencional, através de um processo de *disaffiliation*, até alcançar o final do estágio, tornando-se desviante ou criminoso. Ele já não é mais alguém que, algum dia, cometeu um delito; agora ele "é" um criminoso. Assim, o sujeito altera sua identidade convencional e, basicamente, torna-se alguém "diferente".[24] O mesmo se aplicaria ao doente mental: uma vez considerado assim, toda a informação coletada a respeito dele será interpretada de acordo com tal diagnóstico, e não o contrário. Isso não constitui procedimento médico, porém é parte integrante da forma como as pessoas constroem a realidade social.[25]

---

[21] FOUCAULT, Michel. *Enfermedad mental y personalidad*. Barcelona: Paidós, 1984, p. 89.

[22] Idem, p. 92-93.

[23] CABRERA FORNEIRO, José; FUERTES ROCAÑIN, José Carlos. *La enfermedad mental ante la ley* – Manual de Forense. Madrid: Libro del Año e Universidad Pontificia Comillas, 1994, p. 264.

[24] LISKA, Allen E.; MESSNER, Steven F. *Perspectives on crime and deviance*. 3. ed. New Jersey: Prentice Hall, 1999, p. 149.

[25] Idem, p. 163.

Essas ideias hoje se encontram mais atenuadas, porém já constituíram forte argumento para as lutas antimanicomiais das décadas de 1960 e 1970. Aliás, sobre isso vale lembrar as críticas de Erving Goffmann quanto às instituições totais, envolvendo as instituições psiquiátricas, o que influenciou, em muito, as pretendidas reformas desinstitucionalizadoras iniciadas naquelas décadas. Naquela época, alternativas à hospitalização foram propostas e incluíam clínicas, comunidades de tratamento psiquiátrico, terapias medicamentosas e internação domiciliar. Por tudo isso, uma dramática queda no número de internações hospitalares, bem como uma redução nos períodos em que as hospitalizações eram necessárias, deram origem ao fenômeno que ficou conhecido como desinstitucionalização. Aliados a esse fenômeno estavam o desenvolvimento científico de novas drogas psicotrópicas, novos tratamentos psicoterápicos, decisões judiciais em prol dos direitos dos pacientes e restringindo confinamentos involuntários, além de preocupações de ordem fiscal e governamental. Quanto aos resultados, não parece que a desinstitucionalização tenha trazido todos os benefícios sonhados pelo movimento reformador psiquiátrico. Muitas pesquisas apontaram que não havia muita diferença entre as respostas tradicionais e as alternativas antimanicomiais. Entretanto, essas alternativas sempre indicaram mais economia e humanidade no trato dessas questões.

O movimento antimanicomial dos anos 1960 acabou perdendo força com a comunidade acadêmica na década de 1980. A tendência da não hospitalização como regra geral permanece até nossos dias, mas de uma forma menos radical, entendendo-se como necessária a análise caso a caso, até porque em determinadas hipóteses de enfermidades mentais pode haver momentos de forte agressividade, sendo necessária a contenção do indivíduo e um tratamento médico adequado.

Assim, a busca por definições mais precisas das enfermidades mentais segue sendo um incessante objetivo de diversas ciências. Passemos a analisá-las sob a perspectiva da normalidade e da anormalidade.

2.1.2. A perspectiva da normalidade e da anormalidade nas enfermidades mentais

A saúde, para a Organização Mundial da Saúde (OMS), é o completo bem-estar físico, psíquico e social, e não somente a ausência de enfermidade. A enfermidade, que etimologicamente vem do latim *in firmitas*, aquilo que não é firme, é qualquer alteração do estado de saúde que se pode produzir por fenômenos bioquímicos morfológicos ou emocionais, e cuja manifestação realiza-se através de sinais e sintomas. A Classificação Internacional de Doenças Mentais (CID-10)[26] optou por denominar estas enfermidades como "transtornos mentais e do comportamento". A Federação Mundial de Saúde Mental (único organismo não governamental assessor das Nações Unidas em matéria de saúde mental) tem deixado claro que é uma exigência dos tempos modernos que a enfermidade mental não seja discriminatória para os cidadãos e seja tratada de igual forma que qualquer outra enfermidade (Declaração de Makuhari, Japão, 1993).[27] Isso tudo demonstra a dificuldade em estabelecer-se um conceito de enfermidade mental.

A OMS e outros órgãos governamentais e não governamentais têm deixado claro que a saúde mental depende, em grande parte, de todos os condicionantes socioculturais, familiares e de meio ambiente que rodeiam o sujeito.[28]

No campo da sociologia, para Durkheim, todos os fenômenos que se afastam daquilo que é habitual costumam ser rotulados como patológicos. Dizia ele:

> Si convenimos en llamar tipo medio al ser esquemático que se constituiría reuniendo en un mismo todo, en una especie de universalidad abstracta, los caracteres más frecuentes de la especie [...] podremos decir que todo alejamiento de este exponente de la salud es un fenómeno patológico.[29]

Não muito distantes estão vários psicólogos norte-americanos, apesar de algumas diferenças de cunho antropológico. Têm em comum o fato de perceberem a enfermidade sob uma ótica negativa e virtual. Negativa enquanto percebida como desvio frente a um padrão; virtual porque baseada na realidade cultural (e não real ou ontológica) de um grupo social. Assim, deixa-se de lado o que há de positivo e de real na enfermidade. Um dos exemplos mais ilustrativos diz respeito aos índios Dakotas, da América do Norte, em relação ao homossexualismo, que já foi considerado doença. Os homossexuais, dentro deste grupo, possuem um *status* religioso de sacerdotes e feiticeiros, além de uma função econômica como ar-

---

[26] WORLD HEALTH ORGANIZATION (Geneva). *The ICD-10 Classification of Mental and Behavioral Disorders*: clinical descriptions and diagnostic guidelines. Geneva: *World Health Organization*, 1992.

[27] CABRERA FORNEIRO, José; FUERTES ROCAÑIN, José Carlos. *La Enfermedad Mental ante la Ley* – Manual de Forense. Madrid: Libro del Año e Universidad Pontificia Comillas, 1994, p. 262.

[28] Idem, p. 263.

[29] *Apud* FOUCAULT, Michel. *Enfermedad mental y personalidad*. Barcelona: Paidós, 1984, p. 84.

tesãos e professores, justamente em função dessa condição. Entre eles, nada indica haver uma consciência daquilo que era considerado enfermidade. Assim, verificamos que Durkheim constatou o enquadramento, a partir do desvio e do isolamento do comportamento habitual, da própria razão de ser da enfermidade, por efeito de uma ilusão cultural, nos termos do que diz Foucault:[30] *"nuestra sociedad no quiere reconocerse en esse enfermo que ella encierra y aparta o ' encierra, en el mismo momento en que diagnostica la enfermedad, excluye al enfermo".* Como a sociedade não se reconhece na enfermidade, o enfermo, sozinho, sente-se como um estranho. Na verdade, uma sociedade se expressa positivamente por meio das enfermidades mentais que seus membros manifestam, independentemente do *status* conferido a essa patologia: seja no centro da sua vida religiosa, como o que acontece frequentemente entre os povos considerados "primitivos", seja expatriando-os e situando-os no exterior da vida social, como acontece em nossa cultura.

A patologia clássica definia o patológico a partir do anormal. Ocorre que é a enfermidade que torna possível o anormal, e não o contrário. Para Foucault:

> Lo anormal, lejos de ser el núcleo elemental, es una consecuencia del patológico. Por lo tanto, tratar de definir la enfermedad a partir de una distinción de lo normal y lo anormal es invertir los términos del problema: es hacer una condición de una consecuencia, con la finalidad, sin duda implícita, de ocultar la alienación como verdadera condición de la enfermedad.[31]

Em psiquiatria, o sujeito normal não é apenas aquele que não apresenta nenhuma alteração psiquiátrica genuína, nenhuma patologia codificável segundo os critérios internacionais. Para Cabrera Forneiro y Fuertes Rocañin:[32]

> El concepto de normalidad psíquica es más amplio, siendo preciso además de la ausencia de enfermedad, una cierta madurez de la personalidad y una capacidad de tolerancia, de flexibilidad y de adaptación al medio, aspectos todos ellos muy importantes desde la perspectiva que nos ocupa y de difícil valoración y objetivación, pero de imprescindible conocimiento.

Assim, no âmbito de ciências como a psiquiatria e a psicologia, conceitos como normalidade e anormalidade possuem certas particularidades que merecem ser aprofundadas.

---

[30] FOUCAULT, Michel. *Enfermedad mental y personalidad*. Barcelona: Paidós, 1984, p. 87.

[31] Idem, p. 117-118.

[32] CABRERA FORNEIRO, José; FUERTES ROCAÑIN, José Carlos. *La enfermedad mental ante la ley* – Manual de Forense. Madrid: Libro del Año e Universidad Pontificia Comillas, 1994, p. 263.

2.1.3. Agressão e violência: origem biológica ou sociocultural?

Há, nesta seara, dois grandes blocos teóricos a tentar explicar a agressividade. De um lado, as teorias ativas, considerando os impulsos internos como sendo a origem das agressões. Nesse campo, destacou-se muito a teoria psicanalítica de Freud. Por outro lado, há as teorias de aprendizagem, situando a origem da agressão nos ambientes que rodeiam o indivíduo, entendendo-a como um mecanismo de resposta frente a determinadas situações. Destacamos aqui a teoria da aprendizagem social da agressão. Segundo esta teoria, há três funções reguladoras da conduta agressiva: o estímulo, o reforço e o controle cognitivo, as quais tornam possível a interação recíproca, fazendo com que as pessoas influam em seus destinos e estabeleçam os limites dessa autodireção. Assim, as pessoas não são nem objetos controlados por forças ambientais, nem agentes completamente livres. As pessoas e o meio se determinam de forma recíproca.[33] Fiquemos, por enquanto, com alguns estudos psicológicos e psicanalíticos.

Existe uma dicotomia no pensamento que versa sobre a origem do comportamento agressivo. Freud, Lorenz, Robert Ardrey, Raymon Dart, Desdmond Morris, entre outros, consideravam a agressividade como algo inato. Em sentido contrário, como aprendizagem, Erick Fromm, Rodríguez Delgado, Maslow, entre outros, para quem o comportamento agressivo é mais um resultado dos meios sociais específicos que de um pretendido instinto agressivo.[34] Mas também existem casos de violência fortemente influenciados por outras razões, ainda que em menor escala, como são as alterações genéticas. No dizer de Sanmartín:

> [...] heredar una mutación que afecta al gen que codifica la serotonina, alterando su función "tranqüilizadora" [...] Hay que reconocer que estos casos son los menos. La inmensa mayoría de los casos de violência son el resultado de la incidencia de la cultura sobre la agresividad natural.[35]

Para alguns autores, geralmente freudianos, a agressividade encontra-se mesclada com o temor e o sexo em muitas ocasiões. Freud,[36] em "Três ensaios sobre teoria sexual", considerava a agres-

---

[33] CLEMENTE, Miguel; ESPINOSA, Pablo. Delincuencia, agresividad y violencia. In: CLEMENTE, Miguel; ESPINOSA, Pablo (coords.). *La mente criminal*: teorías explicativas del delito desde la psicología jurídica. Madrid: Dykinson, 2001, p. 16.

[34] ROCAMORA GARCÍA-VALLS, Pedro. *Agresividad y derecho*. Barcelona: Bosch, 1990, p. 98.

[35] SANMARTÍN, José. *La mente de los violentos*. 2. ed. Barcelona: Ariel, 2002, p. 134.

[36] *Apud* ROCAMORA GARCÍA-VALLS, Pedro. *Agresividad y derecho*. Barcelona: Bosch, 1990, p. 121-123.

sividade como um componente do instinto sexual. Dizia: *"La sexualidad de la mayor parte de los hombres muestra una mezcla de agresión, de tendencia a dominar, cuya significación biológica estará quizás en la necesidad de vencer la resistencia del objeto sexual de un modo distinto a por los actos del cortejo"*. Não há novidade em dizer-se que a essência do poder é conseguir a submissão. Para Freud, *"la comunidad se mantiene unida mediante dos factores: la fuerza compulsiva de la violência, y os lazos emocionales de sus miembros"*. A força compulsiva da violência implica componentes agressivos, e os laços emocionais entre seus membros levam (ao menos para o criador da psicanálise) a elementos sexuais.[37] Mitscherlich, pensador freudiano, na mesma linha de raciocínio, diz que o objeto de ódio pode fazer-se objeto de amor e vice-versa. Para ele, um amor que não conta com a força agressiva jamais alcançará sua meta. Isso também vem confirmado por Anna Freud,[38] *"sin la mezcla de la agresión, los impulsos sexuales serían incapaces de alcanzar cualquiera de sus fines"*.

Interessante observar que existem estudos demonstrando a analogia entre excitação sexual e agressividade. Kinsey aponta 14 câmbios fisiológicos comuns à excitação sexual e à ira, e somente refere 4 estados fisiológicos distintos nesses dois estados emocionais. Storr[39] considera que, por isso mesmo, não é raro que uma dessas respostas se converta, repentinamente, em outra.

Problemas na área da agressividade e do comportamento violento existem e são muitos, porém objetivaremos as discussões tratando dos transtornos de personalidade antissocial, já que nestes estão incluídas várias modalidades de condutas que podem redundar em comportamentos violentos.

2.2. O PROBLEMA SOB A PERSPECTIVA MÉDICA

A história é pródiga em delinquentes sexuais violentos ilustres. Marquês de Saade viveu nos tempos da Revolução Francesa, esteve três vezes preso por ordens do rei e foi condenado à decapitação. Escrevia em suas obras recomendações para que seus exemplos não fossem seguidos demonstrando preocupação com o conteúdo de

---

[37] *Apud* ROCAMORA GARCÍA-VALLS, Pedro. *Agresividad y derecho*. Barcelona: Bosch, 1990, p. 119.

[38] Idem, p. 121.

[39] Idem, p. 122.

sua literatura. Por outro lado, incitava seus leitores a que alimentassem suas paixões. No final do século XIX, surgiu o interesse médico pela obra do Marquês. Krafft-Ebing introduziu a palavra masoquismo e se apropriou da palavra sadismo, já introduzida em 1830, em francês. Em relação a isso, Simone de Beauvoir[40] assegurou que *"el erotismo de Saade no lleva al asesinato, sino a la literatura"*. Saade foi inspiração para Ted Bundy, o famoso *serial killer americano* que matou mais de 40 pessoas, tendo sido executado na cadeira elétrica em 1989. Bundy foi considerado psicopata. Tentou, até o final, manipular a Justiça e o público com a esperança de comutar a sentença. Em 1983, Bundy publicou *"El único testigo vivo"*, onde afirmou com eloquência:[41]

> Al despertar por la mañana [después de cometer sus delitos] y comprender lo que había hecho, con la cabeza despejada y todos mis sentimientos esenciales morales y éticos intactos en ese momento [me sentía] absolutamente horrorizado por ser capaz de hacer una cosa así... básicamente yo era una persona normal... no estaba mal. La humanidad y el espíritu fundamentales que Dios me había dado estaban intactos, pero desgraciadamente a veces eran vencidos. Y creo que la gente tiene que reconocer que aquellos de nosotros en que ha influido tanto la violência de los medios – en particular la violência pornográfica – no somos una especie de monstruos inherentes. Somos vuestros hijos y somos vuestros maridos... No existe protección contra esa clase de influencias que circulan libremente en una sociedad tolerante.

O interessante é que as palavras de Bundy encontram respaldo na pesquisa científica. Ademais, subjaz a motivação como a busca pelo domínio da vítima, exatamente como se demonstrou das obras de Saade. Inclusive, muitos delinquentes sexuais violentos se referem a Saade de maneira explícita, quando descrevem os instrumentos utilizados para concretizar atos de violência sexual. Na verdade, o legado de Saade foi a sistematização entre gratificação sexual e violência, tortura, dor e assassinato, o que pode ser resumido em uma única palavra: sadismo.[42]

E como, todavia, estamos relacionando os conceitos dados por ciências diversas a respeito de comportamentos agressivos como o caso dos delinquentes sexuais, é preciso analisar também, ainda que brevemente, o ponto de vista psiquiátrico.

---

[40] *Apud* CLEMENTE, Miguel; ESPINOSA, Pablo. Delincuencia, agresividad y violencia. In: CLEMENTE, Miguel; ESPINOSA, Pablo (Coords.). *La mente criminal*: teorías explicativas del delito desde la psicología jurídica. Madrid: Dykinson, 2001, p. 164.

[41] Idem, p. 173.

[42] Idem, p. 175.

2.2.1. O Transtorno de Personalidade Antissocial (TASP) – O diagnóstico psiquiátrico

É sabido que o comportamento emocional imprevisível é uma das características dos quatro transtornos de personalidade agrupados no bloco B, do DSM-IV, que são histrionismo, narcisismo, comportamento *borderline* e o Transtorno de Personalidade Antissocial. De acordo com o Manual Diagnóstico e Estatístico de Transtornos Mentais,[43] 4ª edição (DSM-IV), os transtornos de personalidade são divididos em três grupos: Grupos A, B e C. No grupo A estão os transtornos de personalidade paranóide, esquizóide e esquizotípica. No grupo B estão os transtornos de personalidade antissocial, *borderline*, histriônica e narcisista. No grupo C estão os transtornos de personalidade esquiva, dependente e obsessivo-compulsiva. Vale recordar que há duas raízes importantes para o agrupamento dos quatro transtornos referidos no grupo B: desequilíbrio emocional e psicopatias. O desequilíbrio emocional está centralmente presente tanto no Transtorno de Personalidade Antissocial como no *borderline*. Geralmente, isso resulta da combinação de uma predisposição biológica com respostas aprendidas no campo afetivo das experiências infantis. Com o tempo, esses indivíduos podem desenvolver mecanismos desajustados para lidar com intensas experiências afetivas, como a automutilação, que serve, em muitos casos, como um alívio aos sentimentos de sobrecarga, fazendo com que o paciente, ao ver seu próprio sangue, sinta-se vivo, real e no controle de alguma situação. Daí que certos comportamentos violentos dirigidos contra outros tenham funções similares, ou seja, atuam como um mecanismo para regular emoções, aliviando sentimentos de extrema pressão e sobrecarga.[44]

Referiremos aqui o Transtorno de Personalidade Antissocial (Grupo B), o qual alcança as chamadas psicopatias. Vale dizer que para alguns autores existe uma diferença significativa entre psicopatia e Transtorno de Personalidade Antissocial, sendo aquela uma espécie do gênero.

Ao se tratar de psicopatias, convém recordar que a nomenclatura atual no DSM-IV é Transtorno de Personalidade Antissocial,

---

[43] O Diagnostic and Statistical Manual of Mental Disorders (DSM), publicado pela *American Psychiatric Association já* passou por cinco revisões (II, III, III-R, IV, IV-TR). A próxima revisão será publicada em 2011 (DSM V).

[44] NEWHILL, Christina E.; MULVEY, Edward. Emocional disregulation: the key to a treatment approach for violent mentally ill individuals. *Clinical Social Work Journal*, v. 30, n. 2, 2002, p. 159-160.

ou "transtorno dissocial" no CID-10, e, em geral, é considerada uma patologia do caráter, muito diferente das outras enfermidades mentais. Apesar da ampla tendência em denominar as psicopatias de Transtornos de Personalidade Antissocial existem autores que as distinguem de modo aprofundado. Morana denomina o TASP de Transtorno Parcial (TP) e as psicopatias como Transtorno Global (TG). Tanto o TG quanto o TP de Personalidade estão relacionados a condutas antissociais, mas apresentam distinções com relação à dinâmica psíquica e às repercussões sobre o comportamento total, de acordo com Morana.[45] Refere a autora que "os portadores de TP não manifestam com tanta frequência descontrole de impulsos, e semelhante descontrole não é parte do estilo habitual do sujeito, surgindo em determinadas circunstâncias nas quais se manifesta uma conduta específica". Hare[46] refere que desde o DSM-III (1980), "psicopatia" tornou-se sinônimo de Transtorno de Personalidade Antissocial. Entende que isto aconteceu porque é mais fácil identificar condutas que se relacionam a um transtorno de personalidade do que encontrar a dinâmica subjacente, resultante de um diagnóstico com elevada confiança e duvidosa validade. Já no CID-10, os critérios de identificação do TASP podem adquirir a forma de psicopatia de condições mais atenuadas.[47] A psicopatia, para Morana,[48] é a condição mais grave de desarmonia da integração de personalidade. Segundo Hare,[49] é o elemento clínico de maior re-

---

[45] MORANA, Hilda Clotilde Penteado. *Identificação do Ponto de Corte para a Escala PCL-R (Psychopathy Checklist Revised) em População Forense Brasileira*: caracterização de dois subtipos da personalidade; transtorno global e parcial. 2003. Dissertação (Doutorado) – Ciências. Faculdade de Medicina da Universidade de São Paulo, 2003, p. 14.

[46] Idem, p. 33.

[47] Como refere Morana, a maioria dos psicopatas apresenta os elementos do TASP, mas nem todos são psicopatas. A psicopatia é a forma mais grave de manifestação do TASP tendo o indivíduo pouca possibilidade de reabilitação, dificuldade de ajuste à instituição penitenciária e alta reincidência em delitos violentos. A autora completa dizendo que pessoas portadoras de TP (em relação a portadores de TG) desenvolvem atividades profissionais com mão de obra mais especializada e apresentam relações interpessoais mais estáveis, iniciam a vida criminal mais tardiamente, apresentam comportamento agressivo em menor proporção, apesar de relatarem terem tido muitas namoradas ou companheiras, mas suas relações sexuais são, geralmente, em sequência e não promíscuas, usam mais álcool que outras drogas, praticam menos delitos contra a pessoa e apresentam maior versatilidade criminal (variam mais o tipo de delito praticado), sendo mais cooperativas na realização do exame psíquico. Possuem tendência a super valorizar-se e apresentam menores taxas de reincidência em geral. Idem, p. 115.

[48] Idem, p. 5.

[49] *Apud* MORANA, Hilda Clotilde Penteado. *Identificação do Ponto de Corte para a Escala PCL-R (Psychopathy Checklist Revised) em População Forense Brasileira*: caracterização de dois subtipos da personalidade; transtorno global e parcial. 2003. Dissertação (Doutorado) – Ciências. Faculdade de Medicina da Universidade de São Paulo, 2003.

levância para o sistema jurídico penal, e as implicações do estudo deste transtorno são importantes, seja por sua relação com taxas de reincidência criminal, seja para a seleção de tratamento apropriado e programas de reabilitação no sistema penitenciário. Para este autor, a personalidade e o comportamento dos agressores diagnosticados como psicopatas diferem de modo fundamental dos demais criminosos com relação aos seguintes aspectos: são os responsáveis pela maioria dos delitos violentos em todos os países, iniciam as carreiras criminosas em idade precoce, cometem diversos tipos de crimes e com maior frequência que os demais criminosos, são os que recebem maior número de faltas disciplinares no sistema penitenciário, apresentam insuficientes respostas aos programas de reabilitação e apresentam os mais altos índices de reincidência criminal.

Essas informações foram trazidas neste momento como elemento didático, pois a elas retornaremos quando analisarmos as questões de prognose e de reincidência. Assim, os chamados psicopatas são alcançados pela categoria "portadores de Transtornos de Personalidade Antissocial", razão pela qual passamos a adotar a expressão "psicopatas" que é mais específica. A partir de agora, portanto, estaremos trabalhando com a categoria "psicopatas sexuais violentos", pois dentre todos os transtornos mencionados, o caso das psicopatias merece maior atenção por sua estreita relação com a criminalidade violenta e com os delitos sexuais.

2.2.1.1. Falando em psicopatias

Em 1801, o médico francês Philippe Pinel elaborou a primeira definição de psicopata, cuja importância estava em descrever uma "loucura sem delírio". Ou seja, havia constatado que o psicopata não apresentava perturbação mental, mas começava a situar a psicopatia no campo dos sentimentos, temperamentos ou hábitos, o que leva o indivíduo a "uma gestão incorreta dos impulsos e metas de vida".[50] Assim, o psicopata começou a ser percebido como alguém que compreendia o caráter das normas proibitivas e sobre elas podia refletir, pois não apresentava lesões em suas faculdades de raciocínio, apesar de seriamente prejudicado para conduzir sua vida de acordo com normas de convívio social.

---

[50] *Apud* GARRIDO GENOVÉS, Vicente. *Psicópatas y otros delincuentes violentos*. Valencia: Tirant lo Blanch, 1982, p. 43.

O histórico do termo psicopata pode assim ser resumido:[51]

Loucura sem delírio	Século XIX	1801
Loucura moral	Século XIX	1835
Inferioridade (constitucional psicopática)	Século XIX	1880
Imbecilidade moral	Século XX	Início
Caráter neurótico	Século XX	1930
Psicopatia	Século XX	1940
Sociopatia (EEUU)	Século XX	1950
Transtorno de personalidade antissocial	Século XX	1980

Em cada época um distinto saber era aplicado a esses concei-tos, variando conforme a criminologia ou as descobertas da psiquia-tria. Assim, por exemplo, o termo "psicopata constitucional" (1880) coincidia com o interesse criminológico da época quanto aos fatores hereditários da delinquência. A "imbecilidade moral" aparece no início do século XX, sem dúvida devido à influência do paradigma do atavismo moral de Lombroso. Nos anos 1930, desenvolve-se o conceito de neurose aplicável às psicopatias. Nos anos 1950 e 1960, utilizam-se os conceitos de "psicopata" e de "sociopata", o primeiro para os psicopatas puros e o segundo, para os de etiologia ambien-tal, o que hoje os modernos sistemas de diagnósticos como o DSM IV (Sociedade Americana de Psiquiatria) ou o CID-10 (OMS) subs-tituíram, respectivamente, por Transtorno de Personalidade Antis-social e Transtorno de Personalidade Dissocial.[52]

Como trabalhamos aqui com o Transtorno de Personalidade Antissocial (TASP) vale mencionar alguns critérios adotados para seu diagnóstico a partir de pessoas maiores de 15 anos de idade. Vale referir que este é o modo que o DSM emprega para falar de psicopatas, porém muitas destas condutas antissociais e impulsi-vas podem ser realizadas por sujeitos não psicopatas.[53] Ressaltamos que o TASP é caracterizado por atos antissociais e criminosos con-tínuos, mas não é sinônimo de criminalidade, apesar de demons-trar substancial relação com ela. Trata-se de uma incapacidade de conformar-se às regras sociais. Na décima revisão da Classificação Internacional de Doenças (CID-10), a condição recebe o nome de

---

[51] GARRIDO GENOVÉS, Vicente. *Psicópatas y otros delincuentes violentos*. Valencia: Tirant lo Blanch, 1982, p. 44.

[52] Idem, p. 45.

[53] Idem, p. 49.

Transtorno de Personalidade Dissocial, apontando, para fins de diagnóstico, os seguintes requisitos:[54]

a) fracasso em conformar-se às normas sociais com relação a comportamentos legais, como indicado pela execução repetida de atos que constituem motivo para a detenção;

b) propensão a enganar, mentir repetidamente, usar nomes falsos ou ludibriar outros, para obter vantagens ou prazer;

c) irritabilidade e agressividade, indicadas por repetidas lutas corporais ou agressões físicas;

d) ausência de remorso, indicada por indiferença ou racionalização por ter ferido, maltratado ou roubado outra pessoa;

e) irresponsabilidade consistente, indicada por um repetido fracasso em manter um comportamento laboral consistente ou honrar obrigações financeiras;

f) impulsividade ou fracasso em fazer planos para o futuro.

Aqui utilizamos o conceito de Cabral e Nick:[55] psicopatia é uma perturbação mental com uma instabilidade emocional que torna o sujeito incapaz de controlar certos impulsos antissociais, sem que se possa diagnosticar um estado patológico determinado. No mais das vezes, no psicopata não existem deficiências ou anomalias funcionais no sistema nervoso, mas apenas diferenças funcionais neuroanatômicas e na atividade dos neurotransmissores. Se existir uma lesão, é muito sutil. Por isto tudo não podemos prosseguir sem alguns conceitos trazidos da moderna área da neurobiologia da agressão.

2.2.2. A importância da neurobiologia da agressão

A neurobiologia da agressão tem um papel fundamental na discussão sobre agressividade e violência. Na verdade pretendemos demonstrar a complexidade da matéria sem qualquer pretensão de esgotá-la, até porque esses são dados informativos utilizados no decorrer do trabalho de pesquisa, não sendo um fim em si mesmos. Quanto à influência biológica ou fisiológica, pesquisadores investigam fatores genéticos, neurotransmissores, estruturas cerebrais,

---

[54] SPORLEDER DE SOUZA, Paulo Vinícius. Bases genéticas do Transtorno de Personalidade Anti-Social sob um enfoque criminológico. In: GAUER, Gabriel Chittó (org.). *Agressividade*: uma leitura biopsicossocial. Curitiba: Juruá, 2001, p. 118-119.

[55] CABRAL, Álvaro; NICK, Eva. *Dicionário técnico de psicologia*. São Paulo: Cultrix, 2000, p. 260.

efeitos hormonais e enzimáticos como determinantes da conduta agressiva. Isso, no entanto, sofre obstáculos como a falta de definição do conceito de agressão.

Todos os seres humanos experimentam raiva e podem comportar-se agressivamente diante da provocação necessária; além disso, o comportamento agressivo pode ter causas variadas. Afora isso, é inegável a influência de fatores biológicos, ambientais, cognitivos e psicológicos, e a interação entre essas variáveis muito recentemente começou a ser investigada.

Alguns textos que descrevem intervenções cirúrgicas em humanos referem que as amídalas e os lobos temporais, além de outras estruturas do sistema límbico, controlam a agressividade.[56] Vejamos a ilustração que segue:[57]

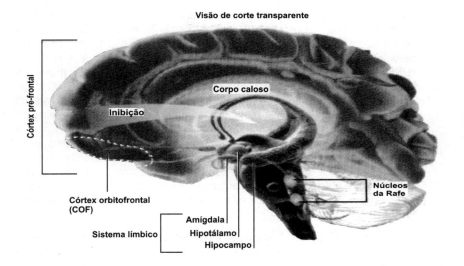

A amídala é o centro nevrálgico que integra diversos componentes automáticos na resposta agressiva e processa os *inputs* que inibem a agressividade em nossa espécie. Estes *inputs* são, principalmente, as expressões emocionais, por exemplo, a fisionomia de terror da vítima, integrando diversas respostas fisiológicas em tudo

---

[56] CHERKASKY S.; HOLLANDER E. Neuropsychiatric aspects of impulsivity and agression. In: YUDOFSKY, S. C.; MALES, R. E. (org.). *American psychiatric press textbook of neuropsychiatry*. Washington D.C.: American Psychiatric Press, 1997, p. 485-499.

[57] Mente e Cérebro. *Revista de Psicologia, Psicanálise, Neurociências e Conhecimento*, a. XIV, n. 166, p. 43, nov. 2006.

o que se refere à conduta *"Esas expresiones emocionales son universales en la especie humana. Pueden sufrir ligeras variaciones de una cultura a otra, pero tienen un substrato común que las identifica".*[58] Indivíduos psicopatas, por exemplo, costumam apresentar problemas nesta área (sistema límbico). Refere Sanmartín:

> El indivíduo que tiene bajo sí el cuerpo semidesnudo de una niña y le clava un cuchillo en sus genitales, haciendo fuerza hacia arriba, desgarrándola, y agacha su cabeza y muerde la carne tierna de su víctima, no se está dejando llevar por su animalidad. Si así fuera, siempre y cuando su biología estuviera en orden, no podría actuar como lo hace [...] Un depredador es aquel animal que, por y para comer, acecha, caza y mata a otro animal de una especie diferente a la suya. Un caníbal es, por el contrario, un depredador de la propia especie, que acecha, caza, tortura y mata a otro ser humano porque le gusta hacerlo – algo, en definitiva, antinatural. [...] Puede haber muchos motivos para que un caníbal mate como un depredador. Quizá tenga estropeado ese circuito cerrado, centrado en la amídala, que elicita la conducta agresiva y la inhibe cuando hacen su presencia otros estímulos. Quizá esté lesionada su amídala y sea incapaz de regular la agresividad de forma correcta. Pero quizá no. Tal vez ese circuito funcione perfectamente y lo anómalo sea, en cambio, la actividad el gran regulador, la corteza pré-frontal. El comportamiento de un caníbal puede deberse no tanto a sus emociones, cuanto a su razón. "En definitiva, es su historia personal la que prima en sus horribles actos a través de los espasmos de hiperexcitación que sacuden su corteza pré-frontal. Esta hiperactividad puede traducir-se en un colapso de la actividad de la amídala. La amídala es secuestrada por la corteza pré-frontal; la emoción se margina ante la razón". Y ello no sólo porque impide que la amídala capte las expresiones emocionales inhibitórias de la agresividad, sino también porque impide que la amídala ordene el conjunto de reacciones fisiológicas que integran la respuesta agresiva. Por eso un asesino de este tipo puede mostrarse frío: "ní el corazón se le dispara, ni su respiración se entrecorta, ni le sudan las palmas de las manos como a cualquier persona normal. Tampoco parece estar estresado. Es como si el horrible crimen no fuera con él".[59]

As reações fisiológicas de um psicopata ante estímulos emocionais costumam ser muito baixas. Isso se deve a uma amídala hipoativa. Esta hipótese está alicerçada nas hipóteses de Hare. *"Si la amídala de um psicopata tiene baja actividad, también debe ser reducida, cuando no nula, la producción de serotonina con la que se cierra el ciclo de la agresividad en el plano inconsciente".*[60] Quanto menos serotonina, mais agressividade. Assim, o psicopata terá um alto grau de agressividade no plano inconsciente, o qual será fortalecido, no plano consciente, por decisões oriundas de seu córtex pré-frontal, à luz de pensamentos, ideias e sentimentos adquiridos em sua vida. O

---

[58] SANMARTÍN, José. *La mente de los violentos*. 2. ed. Barcelona: Ariel, 2002, p. 100-101.

[59] Idem, p. 100-114.

[60] Idem, p. 118.

resultado será uma frieza assustadora, pois a amídala hipoativa não aquece as reações fisiológicas – as emoções – que deveriam se fazer presentes. O funcionamento anômalo do córtex ventromedial fará, também, com que o psicopata frio e hiperagressivo, *"no vea al outro como um prójimo al que la naturaleza manda respetar, sino como una presa a la que cazar y, frecuentemente, devorar"*.[61]

Aqui entra em cena outro importante personagem do cenário agressivo: o córtex pré-frontal. Sua atividade é modular as atividades do hipotálamo e do sistema límbico, e está associado a aspectos sociais e de julgamento da agressão. Lesões nesta área determinam uma desinibição da raiva, mesmo após uma provocação mínima, caracterizada pela pouca preocupação do indivíduo com as consequências de seu afeto ou de suas condutas. Lesões orbitais do córtex pré-frontal estão associadas ao aumento nas respostas emocionais. A disfunção do córtex frontal deve ser interpretada como uma predisposição à violência, sem que esta lesão, isoladamente, seja o fator determinante dela. Esta disfunção poderia ser considerada, mais apropriadamente, como um atalho para este tipo de comportamento impulsivo.[62] Há muitas pesquisas de ponta neste sentido. Sem dúvida, Adrian Rainer é o maior pesquisador de técnicas de neuroimagem aplicadas a delinquentes violentos e psicopatas, na California. Ele realizou uma importante investigação para verificar se os escanogramas cerebrais confirmariam os achados encontrados a partir de estudos neurológicos e psicológicos anteriores. Estes estudos haviam descoberto que a violência poderia estar relacionada a um funcionamento defeituoso do lobo frontal e temporal, e que as estruturas subcorticais como a amídala, o tálamo e o hipocampo, integradores do sistema límbico, estariam relacionados com a geração e regulação da agressividade.

O sistema límbico, como foi dito, governa o campo das emoções, transmitindo as informações até o córtex pré-frontal, além do que, o hipocampo, a amídala e o tálamo são importantes para a aprendizagem, memória e atenção. Anormalidades nesta seara costumam significar problemas de resposta frente ao medo, como a incapacidade de aprender com a experiência. A destruição da amídala traduz-se em carência de medo e na redução da excitação autônoma. Essas sutis diferenças neuroanatômicas surgem, na maioria dos casos, de maus tratos na infância, ou mesmo de brincadeiras como rodopiar

---

[61] SANMARTÍN, José. *La mente de los violentos*. 2. ed. Barcelona: Ariel, 2002, p. 118.

[62] GAUER, Gabriel Chittó; FERLA GUILHERMANO, Thaís. Fatores biológicos associados à conduta agressiva. In: GAUER, Gabriel Chittó (org.). *Agressividade*: uma leitura biopsicossocial. Curitiba: Juruá, 2001, p. 15.

ou sacudir bruscamente um bebê, além de fatores como ausência de vínculos afetivos com os pais, ausência de atenção materna, hereditários, dentre outros, e ao serem sofridas pelo cérebro de um bebê associadas a maus tratos, geram enfermidades neurológicas e psiquiátricas que prejudicam a capacidade de controlar impulsos.[63] Ademais, essas pequenas lesões, quando existentes, geralmente não são diagnosticadas a seu devido tempo. É interessante constatar, por exemplo, que a maior parte das pessoas que sofrem maus tratos não é violenta, mas um grande número de pessoas violentas sofreu maus tratos. Um grotesco abuso sexual e físico é outro elemento constante nos assassinos em série.[64] Esta tecnologia da tomografia por emissão de pósitrons demonstrou, portanto, que assassinos psicopáticos costumam apresentar altas taxas de atividade no córtex pré-frontal. Diz Sanmartín:

> Quando assassinam em série "destacan por su cuidado en lo que hacen, planifican su horrible acción con todo lujo de detalles, la realizan de forma aséptica valiéndose de un kit de "asesino profesional" [...] y dificultan la tarea de la policía haciendo desaparecer sus huellas".[65]

Enquanto a área dorsolateral do cérebro de um psicopata funciona bem, dado que é ali onde se planifica uma ação, e que também funcione bem a área orbito-frontal – a encarregada de levar a cabo o decidido pela dorsolateral, os problemas parecem mesmo estar situados no córtex pré-frontal. Esta área cerebral dota de sentimento a decisão tomada pela área do córtex orbito-frontal. Isso explica que o psicopata sabe o que faz, apenas não o sente, e por isso não consegue entender as reações de sua vítima, nem mesmo suas expressões faciais. Diz Sanmartín: *"Si solo se tratara de malos sentimientos, una buena reestruturacción cognitiva, tratando de eliminar distorsiones, podría traducirse en los adecuados cambios comportamentales. Pero no es así".[66]* E prossegue, referindo que até hoje *"no se han encontrado terapias cognitivo-conductuales (o de otro tipo) que sean eficaces. Algunas, incluso, han reforzado al psicópata en sus horribles acciones"*.

O já mencionado neurologista Adrian Rainer coordenou também um estudo na Universidade da California, em Los Angeles, investigando o cérebro de homicidas condenados. Também valen-

---

[63] GARRIDO GENOVÉS, Vicente. *Psicópatas y otros delincuentes violentos*. Valencia: Tirant lo Blanch, 1982, p. 58-59.

[64] Idem, p. 58.

[65] SANMARTÍN, José. *La mente de los violentos*. 2. ed. Barcelona: Ariel, 2002, p. 114-115.

[66] Idem, 2002, p. 116.

do-se do procedimento de mapeamento como a tomografia por emissão de pósitrons, encontrou uma atividade metabólica nas regiões frontais do cérebro mais baixa que a encontrada na população em geral. Num segundo momento ele constatou que esses assassinos eram aqueles que haviam matado impulsivamente, por razões ligadas ao afeto. Entretanto, nos casos de assassinos que haviam planejado os homicídios calmamente, a "sangue frio", o cérebro frontal parecia funcionar normalmente, o que explica a tomada de decisões complexas e o planejamento de detalhes, a premeditação do delito. Para quem planeja o ato, a prioridade é não ser apanhado; quem mata impulsivamente nem pensa nisso, diz Rainer.[67] O estudo neurológico de criminosos violentos "não descobertos", especialmente quando falamos no campo sexual, é uma área de pesquisa nova, até mesmo em razão da dificuldade de encontrar psicopatas em liberdade.

Também importa dizer que muito tem sido investigado no terreno da relação entre genética e criminalidade. Um dos exemplos mais interessantes são os estudos realizados com gêmeos buscando uma comparação da conduta criminosa entre os univitelinos (monozigóticos) e os bivitelinos (dizigóticos). O argumento utilizado é de que se a estrutura de um dos gêmeos univitelinos fosse tendente ao crime, a do outro também o seria, baseado na herança genética comum a ambos. Assim, as investigações são dirigidas no sentido de demonstrar quantas vezes a criminalidade de um dos gêmeos é acompanhada pelo outro, medindo-se assim, a influência dos fatores hereditários. Pesquisas realizadas em vários países apontaram uma concordância dos gêmeos monozigóticos para o crime – atingindo 67,3% dos casos estudados – e uma discordância de 32,7%. Em relação aos gêmeos dizigóticos, a situação foi inversa: concordância em 33% e discordância em 67%.[68]

Nosso genoma está sujeito a todo tipo de alterações genéticas, desde mutações, genes mal transcritos, malformações cromossômicas, etc. Com base nas primeiras investigações sobre reclusos e enfermos mentais, surgiu a hipótese de que certas malformações cromossômicas determinariam o comportamento humano e, assim,

---

[67] *Apud* STRÜBER, Daniel; LÜCK, Monika; ROTH, Gerhard. Local del crimen. *Mente y Cérebro, Revista de Psicología, Psicoanálisis, Neurociencias y Conocimiento*, n. 166, p. 38-45, nov. 2006.

[68] SPORLEDER DE SOUZA, Paulo Vinícius. *A criminalidade genética*, 1999. Dissertação (Mestrado) – Ciências Criminais, Faculdade de Direito. Pontifícia Universidade Católica do Rio Grande do Sul, 1999, p. 121-131.

o delitivo.[69] O critério básico seria um excesso ou defeito na composição dos chamados cromossomos sexuais. Cada célula contém 23 pares de cromossomos (e um desses pares constitui os cromossomos sexuais). Enquanto a mulher apresenta um par de cromossomos sexuais com formato semelhante a XX, o homem difere, pois um deles é menor, assemelhando-se a XY. As principais malformações são, por defeito, a síndrome de Turner (XO) e, por excesso, na mulher, as fórmulas XXX, XXXX e XXXXX. No homem, a síndrome de Klinefelter (XXY, XXXY, XXXXY ou XXXYY), e a conhecida trissomia XYY são as mais conhecidas. Essa trissomia XYY ficou conhecida como "gene assassino" quando de sua descoberta, em 1961, pois pesquisas revelavam que os seus portadores eram indivíduos violentos, perigosos e com propensão ao crime, ou seja, apresentavam certa inclinação à violência e à agressividade, sobretudo nos crimes contra a pessoa e nos crimes sexuais. No entanto, isso não foi comprovado cientificamente.[70] Há estudos demonstrando que os homens com tal síndrome são mais impulsivos para tomar decisões, têm temperamento mais forte e, muitas vezes, estão no limite inferior da inteligência normal. É provavel que não sejam primariamente agressivos, mas, por terem características mais impulsivas, poderiam ter um comportamento assim.

Segundo Kaplan e outros,[71] e voltando aos transtornos de personalidade do Grupo B, do DSM-IV, estes demonstram também uma base genética. Estudos baseados no moderno método denominado *Polymerase Chain Reaction* vêm identificando implicações em certos tipos de condutas antissociais, suicidas e relativas ao alcoolismo, pela variação do gene TPH (*tryptophan hydrosylase*), mapeado no braço menor do cromossomo 11. Estão sendo associados a esse gene os impulsos agressivos e os comportamentos violentos, ocasionados, principalmente, pela alteração da concentração no ácido 5-hidroxindolacético (5-HIAA) no Fluido Cefalorraquidiano (FCR).[72] Outros sistemas do cérebro também podem desenvolver uma vulnerabilidade para o comportamento agressivo. Por exemplo, efeitos centrais de arginina vasopressina (AVP) podem igualmente influenciar no desencadeamento da conduta agressiva.

---

[69] GARCÍA-PABLOS DE MOLINA, Antonio; GOMES, Luiz Flávio. *Criminologia*: introdução a seus fundamentos teóricos. 2. ed. São Paulo: Revista dos Tribunais, 1997, p. 211.

[70] Idem, p. 212.

[71] KAPLAN, H.I.; SADOCK, B.J.; GREBB, J.A. *Compêndio de psiquiatria*: ciências do comportamento e psiquiatria clínica. 7. ed. Porto Alegre: Artes Médicas, 1997, p. 692.

[72] NIELSEN, David A. *et al*. Suicidality and 5-hydroxyindoleacetc acid concentration associated with a tryptophan hydroxylase polymorphism. *Arch Gen Psychiatry*, 1994, p. 34-38.

2.3. CONSIDERAÇÕES FINAIS DO CAPÍTULO

O comportamento agressivo é multicausal e não se pode negligenciar a influência de fatores biopsicossociais. São ainda muito raros os estudos relacionando biologia e ambiente na gênese deste tipo de comportamento.

Não se pode defender teorias deterministas ou causais, pois também a criminalidade é causada por diversos fatores concomitantes. Entretanto, diante de crimes violentos e sexuais (agressivos), "é inegável que há importantes dados científicos que demonstram existir fortes indícios de uma base genética propulsora de ações ditas criminosas".[73] Vive-se hoje um estágio ainda muito inicial em termos de pesquisa na área da neurobiologia da agressão. Há que serem desenvolvidas ferramentas mais modernas para essas investigações.

Portanto, o delinquente sexual violento, desde que caracterizado como "psicopata" (Transtorno de Personalidade Antissocial) configura-se como um sujeito portador de enfermidade nos termos científicos já demonstrados aqui. Evidentemente, pessoas não psicopatas também podem cometer crimes sexuais violentos, com ou sem outros distúrbios psicológicos ou neurológicos. Entretanto, por questões de objetividade e limitação metodológica, optamos por analisar o "psicopata sexual violento". Para tanto, passemos à análise das questões da imputabilidade e da culpabilidade.

---

[73] SPORLEDER DE SOUZA, Paulo Vinícius. Bases genéticas do Transtorno de Personalidade Anti-Social sob um enfoque criminológico. In: GAUER, Gabriel Chittó (org.). *Agressividade*: uma leitura biopsicossocial. Curitiba: Juruá, 2001, p. 118.

3. (In)imputabilidade e delinquência sexual violenta: a psicopatia em questão

Não se pode falar em delinquência sexual frente às novas penas sem discutir imputabilidade. Para tanto, é imprescindível analisarmos, previamente e em tom crítico, o conceito de culpabilidade, precisamente em seu aspecto material, com breves anotações sobre os diversos matizes que o mesmo assume nas doutrinas penais brasileira e espanhola.

A partir da segunda década do século XIX procurou-se construir um Direito Penal à margem da culpabilidade. A escola positivista do Direito Penal italiano sustentava que o ser humano era incapaz de se autodeterminar, e que era totalmente condicionado. Por isso, entendia que a sanção não podia ser apenas a retribuição jurídica do delito baseada na culpabilidade do agente, mas também deveria basear-se na sua "temibilidade" ou "periculosidade". Em 1930, na então União Soviética, apresentou-se um projeto radical conforme o qual a responsabilidade penal tinha por base apenas a periculosidade do agente, excluídos o dolo e a culpa. Mesmo tendo tal projeto fracassado ficou demonstrado o quanto se pretendia eliminar a culpabilidade, partindo da negativa da autodeterminação da pessoa humana.[74]

Mas a história estimula a mudança e, totalmente em sentido contrário, muitos países democráticos vêm sustentando, já em nível constitucional, o princípio da culpabilidade. Diz a Constituição italiana de 1947, em seu art. 27: "A responsabilidade penal é pessoal. O acusado não é considerado culpado senão quando de sua condenação definitiva". A Constituição da Nicarágua determina, em seu art. 34: "O réu tem direito a que se presuma sua inocência enquanto não se prove a sua culpabilidade de acordo com a lei". A Constituição da Costa Rica, no art. 39, assegura: "Ninguém pode

---

[74] LUISI, Luis. *Os princípios constitucionais penais.* 2. ed. Porto Alegre: Sergio Fabris, 2003, p. 37.

sofrer pena senão por delito, quase delito, ou contravenção sancionados por lei anterior, e em virtude de sentença definitiva, ditada por autoridade competente, garantida previamente a oportunidade da defesa, e mediante a necessária demonstração da culpabilidade". A Constituição da Bolívia, em seu art. 16, afirma: "Presume-se a inocência do acusado enquanto não se prove a sua culpabilidade". A Constituição do Peru, na letra "c", do art. 29, refere: "Toda pessoa será considerada inocente enquanto não for declarada judicialmente a sua responsabilidade". No Brasil, diz o inc. XVII, do art. 5°, da Constituição Federal: "Ninguém será considerado culpado até o trânsito em julgado de sentença penal condenatória". Ainda, no mesmo artigo, o inc. XLVI consagra a individualização da pena, outro forte atestado da presença da culpabilidade no Texto Maior, já que a aplicação da pena tem esta por base, pois dela depende a escolha da sanção (quando houver alternativa) e sua quantificação.[75]

Na Alemanha, a culpabilidade não vem expressa na Constituição. Apesar disso, muitos doutrinadores prelecionam que ela está implícita, pois, como ilustra Jeschek, a culpabilidade "é um postulado supremo da política criminal". Para Kaufmann, a culpabilidade encontra fundamento na dignidade da pessoa humana, que na Constituição brasileira vem esculpida no art. 1°. Para o mestre italiano Mantovani, a culpabilidade é um "princípio de civilização jurídica, posto como alicerce dos modernos sistemas penais".[76]

Pois bem. Inicialmente, cabe expor três possibilidades conceituais quanto à culpabilidade:[77]

a) culpabilidade como fundamento da pena: traduz a possibilidade de aplicar-se uma pena a um autor de fato típico e ilícito. Para tanto, são necessários alguns requisitos como capacidade de culpabilidade, consciência da ilicitude e exigibilidade da conduta;

b) culpabilidade como limite da pena: no sentido de impedir que esta seja imposta aquém ou além dos limites adequados, aliada a outros critérios, dentre os quais a importância do bem jurídico tutelado e os fins preventivos, por exemplo;

---

[75] LUISI, Luis. *Os Princípios constitucionais penais*. 2. ed. Porto Alegre: Sergio Fabris, 2003, p. 37.

[76] Idem, p. 38.

[77] BITENCOURT, Cezar Roberto. Evolución y revisión de algunos conceptos de culpabilidad. In: NIETO MARTÍN, Adán (org.). *Homenaje al Dr. Marino Barbero Santos – in memoriam*. Cuenca: Universidad de Castilla-La Mancha/Universidad de Salamanca, 2001. v. 1, p. 809-821.

c) culpabilidade como conceito contrário à responsabilidade objetiva: ninguém poderá ser responsabilizado por um fato se não houver obrado, ao menos, ou com culpa (caso exista a previsão do crime culposo) ou com dolo.

Mas o princípio da culpabilidade está em crise. Dentre tantas possibilidades, isto decorre do problemático conceito de liberdade real nas decisões humanas, já que a reprovabilidade encontraria fundamento nesta liberdade concretizada. Como tal livre arbítrio nunca foi algo demonstrável, fala-se na desintegração dialética do princípio metafísico.[78]

A Constituição Federal brasileira, de 1988, em seu art. 1º, inciso III, fundamenta o Estado Democrático de Direito na dignidade da pessoa humana, e, para tanto, deve-se contemplar como corolário desta dignidade o princípio da culpabilidade (inciso LVII, do art. 5º), ao qual se conectam outros princípios tais como o da presunção de inocência, o da individualização da pena e o devido processo legal. Refere Lima de Carvalho,[79] que o princípio da culpabilidade demonstra a face ética do Direito Penal, que tem no homem o centro de seu sistema, cuja responsabilidade provém de sua dignidade de pessoa, capaz, por isso mesmo, de receber censurabilidade. Tal princípio, ademais, limita a pena, proibindo ao Estado o abuso na sanção punitiva, numa visão menos utilitarista de instrumentalização do homem para a satisfação do bem comum. Ousamos complementar no tocante à justificação ética do Direito Penal, que a nosso sentir não é apenas individual, como sustentam também autores como Hassemer, na Alemanha.[80] Há ainda que se referir que mais do que um problema de ordem individual, a culpabilidade não é fenômeno isolado, mas sim um fenômeno social, no dizer de Muñoz Conde.[81] A culpabilidade não é uma qualidade da ação, mas uma característica que se lhe atribui para poder imputar o fato criminoso a alguém. Por isso, é a correlação de forças sociais existentes em um momento determinado é que vai, em última instância, definir os limites do culpável e do não culpável; da liberdade e da não liberdade. Desse modo, não há uma culpabilidade em si (concepção individualista), mas uma culpabilidade em relação aos demais membros

---

[78] LIMA DE CARVALHO, Márcia Dometila. *Fundamentação constitucional del derecho penal.* Porto Alegre: Sérgio Fabris, 1992, p. 63-64.

[79] Idem, p. 64.

[80] HASSEMER, Winfried. *Persona, mundo y responsabilidad.* Bases para una teoría de la imputación en Derecho Penal. Valencia: Tirant lo Blanch, 1999, p. 116-117.

[81] MUÑOZ CONDE, Francisco; GARCÍA ARÁN, Mercedes. *Derecho penal:* parte general. 6. ed. Valencia: Tirant lo Blanch, 2004, p. 355.

da sociedade, tanto que modernamente propugna-se por um fundamento social em vez do tradicional elemento psicológico.

O Direito Penal não pode se afastar muito da vida cotidiana, embora algum afastamento seja sempre necessário, para que não se vincule a uma democracia demagógica como aquela que condena a ideia de ressocialização (entendida aqui como reinserção social) e clama pela pena de morte. A democracia encontra seu valor na sua dimensão substancial e não meramente formal-representativa, eis que o sistema político-cultural deve valorizar o indivíduo dentro das relações sociais que este mantém com o Estado e com as demais pessoas. No dizer de Lopes Júnior,[82] de evidente base ferrajoliana, "a democracia é o fortalecimento e valorização do débil (no processo penal, o réu), na dimensão substancial do conteúdo".

O Direito não pode se distanciar demasiadamente da realidade ignorando a cultura vigente na qual circunstâncias humanas e sociais intervêm a todo o momento. No juízo de censura, o Direito Penal cria uma ficção chamada culpabilidade, *"asignando los factores criminógenos a la persona individual y poniéndola a luz de un reflector que aumenta la oscuridad que le rodea"*.[83] Por isso, inclusive, surgiu a ideia da "ressocialização" como forma de reintegrar à sociedade aquele que dela foi excluído individualmente através de um juízo de censura feito por ela mesma.

Dito isto, resta sempre questionar: como provar que alguém, no momento do delito, tinha ou não conhecimento, discernimento e controle sobre o que fazia? E se fosse possível, em que medida isto atenuaria ou excluiria a imputabilidade do agente? Apesar dos esforços da legislação, da doutrina e da jurisprudência, tais questões permanecem sem resposta, abrindo demasiado espaço a valorações, impressões e opções discricionárias. Somente fórmulas legais mais rigorosas e taxativas poderão reduzir tais dificuldades. Quanto às possibilidades de equívoco, trata-se do mesmo preço que, para justificar o Direito Penal, é necessário pagar.[84] No mesmo sentido, o referente normativo, para Prats Canut, é, apesar das dificuldades, o único critério que permite dotar o juízo de culpabilidade de autêntica autonomia valorativa. E então a culpabilidade deverá estar

---

[82] LOPES JÚNIOR, Aury. *Introdução crítica ao processo penal*: Fundamentos da Instrumentalidade Garantista. Rio de Janeiro: Lumen Juris, 2005, p. 143.

[83] HASSEMER, Winfried. *Persona, mundo y responsabilidad*. Bases para una teoría de la imputación en Derecho Penal. Valencia: Tirant lo Blanch, 1999, p. 113-114.

[84] FERRAJOLI, Luigi. *Derecho y razón*: teoría del garantismo penal. 4. ed. Madrid: Trotta, 2000, p. 502.

fundada numa autêntica indagação da personalidade, senão será melhor prescindir de tal categoria da teoria do delito.[85]

Aliás, para os abolicionistas, deveríamos prescindir totalmente do conceito de culpabilidade. Em seu lugar, propõem conceitos que satisfaçam aquilo que a culpabilidade entranha como princípio, mas que não seja afetado por altas doses de irracionalidade em relação a funções tão importantes como fundamentar e medir a pena. Quem define o *quantum* de pena a ser aplicada, em seus patamares aceitáveis, é a lei. E não há como demonstrar como o legislador realizou a "medición" da culpabilidade.[86]

Já foi dito que o conceito de culpabilidade numa ótica normativa passou a conter uma censura dirigida ao autor do delito por haver atuado da forma como atuou, quando poderia ter atuado de forma distinta. Esta é a concepção tradicionalmente aceita, porém insustentável, posto que indemonstrável cientificamente. Evidentemente, o Direito preza pela responsabilização criminal daqueles atos praticados em liberdade, tanto é que não castiga reações puramente instintivas, inconscientes ou derivadas de força irresistível.[87] Porém, dizermos quais as opções que tinha o sujeito frente a determinado evento e como elegeu esta ou aquela alternativa não é tão simples.

O conceito puramente descritivo de liberdade ou de livre arbítrio é insuficiente para conceituar a culpabilidade que, segundo Muñoz Conde e García Arán,[88] é o conjunto de faculdades mínimas requeridas para considerar um sujeito culpável por ter praticado uma conduta típica e ilícita. Como dizem os doutrinadores espanhóis,[89] sempre se pode agir de outro modo, mas desconhecemos as reais razões pelas quais se opta por esta ou por aquela conduta. Sendo assim, como fundamentar a culpabilidade? Inclusive existem casos em que o agente, podendo escolher, opta por uma conduta prejudicial aos outros, sem que seja censurado pelo direito, como é o caso do estado de necessidade exculpante, por exemplo. Então, basear a culpabilidade exclusivamente no livre arbítrio significaria reduzi-la ao plano intelectivo e volitivo, ignorando-se que sequer são os mais importantes. Tais faculdades são condicionadas por

---

[85] QUINTERO OLIVARES, Gonzalo. *Locos y culpables*. Pamplona: Aranzadi, 1999, p. 270.

[86] Idem, p. 265-266.

[87] MUÑOZ CONDE, Francisco; GARCÍA ARÁN, Mercedes. *Derecho penal*: parte general. 6. ed. Valencia: Tirant lo Blanch, 2004, p. 353.

[88] Idem, p. 365-366.

[89] Idem, p. 353-354.

uma série de fatores psíquicos e socioculturais que devem ser considerados, e a convivência do indivíduo com os demais demonstra um complexo sistema de interação e comunicação que corresponde àquilo que a psicologia e a psicanálise denominam motivação.[90] Esta função motivadora só pode ser compreendida se situarmos o Direito Penal num contexto de controle social mais amplo. O controle social é condição básica da vida social, assegurando o cumprimento de expectativas de condutas e dos interesses contidos nas normas que regem a convivência, confirmando-as e estabilizando-as contrafaticamente, em caso de sua frustração ou descumprimento, com a respectiva sanção imposta numa determinada forma ou procedimento. Dificilmente pode ter eficácia motivadora uma norma penal voltada a inibir tais comportamentos se não estiver acompanhada por outros fatores motivadores igualmente inibitórios, ou seja, pela função motivadora exercida por outras instâncias de controle social. O contrário também é verdadeiro: a função motivadora emanada por outras instâncias seria ineficaz se não fosse confirmada e assegurada pela função motivadora da norma penal.

Isto posto, reconhecendo-se a função motivadora da norma penal, a par da função protetiva de bens jurídicos, entende-se o porquê ela desencadeia no indivíduo processos psicológicos que o induzem a respeitar tais bens. Para Muñoz Conde e García Arán,[91] o fundamento material da culpabilidade reside exatamente nesta função motivadora da norma penal, a qual, juntamente à função protetiva, constitui uma função específica desta:

> Lo importante no es que el individuo pueda elegir entre varios haceres posibles; lo importante es que la norma penal le motiva con sus mandatos y prohibiciones para que se abstenga de realizar uno de esos varios haceres posibles que es precisamente el que la norma prohíbe con la amenaza de una pena.

E prosseguem dizendo:[92]

> La motivabilidad, la capacidad para reaccionar frente a las exigencias normativas, es, según creo, la facultad humana fundamental que, unida a otras (inteligencia, afectividad, etc.), permite la atribución de una acción a un sujeto y, en consecuencia, la exigencia de responsabilidad por la acción por él cometida.

Então não basta saber se o indivíduo poderia ter agido de outro modo. Há que se conhecer as razões pelas quais atuou de uma certa maneira e não de outra. Se não for assim, teríamos que dar ra-

---

[90] MUÑOZ CONDE, Francisco; GARCÍA ARÁN, Mercedes. *Derecho penal*: parte general. 6. ed. Valencia: Tirant lo Blanch, 2004, p. 62-63.

[91] Idem, p. 357.

[92] Idem, p. 358.

zão às irônicas e sábias palavras de Anatole France:[93] *"la ley lo mismo prohíbe robar pan y dormir debajo de un puente al pobre mendigo que a un millonario"*. Da mesma forma, o conceito de culpabilidade não pode ser meramente formal.

Por outro lado, um conceito material que envolva a compreensão agir humano não pode ser feito de forma superficial. Há que se avaliar as necessidades preventivas da sociedade em dado momento histórico bem como a aplicação dos princípios constitucionais democráticos. Logicamente, não cabe ao Direito Penal acabar com as injustiças sociais, mas limitar o poder punitivo do Estado exigindo mais que uma mera relação objetiva entre ação e resultado. Vale dizer que o reconhecimento da importância de certo grau de participação subjetiva do autor no fato, a normalidade psíquica dele, o conhecimento da antijuridicidade, entre tantos fatores, supõe o avanço dirigido a uma concepção mais contemporânea e democrática de Direito Penal.[94]

É fundamental reiterar a concepção da função motivadora da norma penal como de participação e de comunicação culminando no processo de socialização do indivíduo. Numa sociedade em que coexistem diversos sistemas de valores, isto deverá ser conhecido pelo julgador. Se o sujeito desconhece – ou nem poderia ter conhecido – a ilicitude de seu agir incorre em erro de proibição, matéria que não iremos adentrar.[95] Porém, como refere Mir Puig, em se tratando de um sujeito completamente impossibilitado de ser motivado normativamente, não há que se falar em infração da norma (é como se não houvesse comportamento humano voluntário ou que não existisse dolo).[96] Para Muñoz Conde e García Arán:[97]

> La función motivadora de la norma penal (portanto típico y antijurídico) sólo puede ejercer su eficacia a nivel individual si el individuo en cuestión, autor de un hecho prohibido por la ley penal (por tanto, típico y antijurídico), tenía conciencia de la prohibición pues, de lo contrario, éste no tendría motivos para abstenerse de hacer lo que hizo.

Claro que, por vezes, razões mais profundas impedem que o temor à sanção seja obstáculo ao cometimento do delito. O mesmo se pode dizer em relação à criminalidade econômica, em que uma

---

[93] *Apud* MUÑOZ CONDE, Francisco; GARCÍA ARÁN, Mercedes. *Derecho penal*: parte general. 6. ed. Valencia: Tirant lo Blanch, 2004, p. 358.

[94] Idem, p. 359.

[95] Idem, p. 386.

[96] MIR PUIG, Santiago. *Derecho penal*: parte general. 7. ed. Barcelona: Reppertor, 2005, p. 534.

[97] MUÑOZ CONDE, Francisco; GARCÍA ARÁN, Mercedes. *Derecho penal...*, op. cit., p. 386.

carreira delitiva requer longa aprendizagem, especialização, formação permanente e *status*, sendo mais um fenômeno pessoal e social que uma conduta que possa ser freada pelo temor à pena. Não é diferente no caso dos delitos de terrorismo e de todos aqueles sancionados com pena de morte e que nunca deixaram de ser cometidos. O fato é que nem sempre se pode precisar os motivos que levaram alguém a delinquir. Eles dependem da personalidade do sujeito, do tipo de crime praticado, das oportunidades para cometê-lo, da facilidade de meios que o agente dispunha, da possibilidade de ser ou não descoberto, e só em última instância da cominação penal e da gravidade da pena prevista.[98] Enfim, são as limitações desta teoria abordadas por seus próprios defensores.[99]

Modernamente, a culpabilidade é composta pelos seguintes elementos: imputabilidade, conhecimento potencial da ilicitude e exigibilidade de outra conduta. Centraremos maior atenção no primeiro destes, ou seja, na imputabilidade do agente, pedra angular deste trabalho.

3.1. O CONCEITO DE IMPUTABILIDADE NAS LEGISLAÇÕES BRASILEIRA E ESPANHOLA

Atualmente, no Direito Penal espanhol, a culpabilidade pode ser afastada nos casos seguintes: excluindo a imputabilidade estão a menoridade (até os 18 anos incompletos), os casos de alteração na percepção desde o nascimento ou desde a infância, a alteração psíquica e os estados de intoxicação; afastando o potencial conhecimento da ilicitude está o erro de proibição; quanto à exigibilidade de outra conduta pode haver o estado de necessidade exculpante, o medo insuperável e o acobertamento entre parentes.[100]

---

[98] HASSEMER, Winfried; MUÑOZ CONDE, Francisco. *Introducción a la criminología*. Valencia: Tirant lo Blanch, 2001, p. 313.

[99] Idem, p. 312.

[100] Dizem Muñoz Conde e García Arán que a delinquência por convicção, por exemplo, nos casos de convicção religiosa ou ideológica podem encontrar abrigo constitucional no art. 16, além do art. 14.3, do CP espanhol, entendendo-se que a *"creencia jurídica diferente también puede ser comprendida como error invencible sobre la ilicitud del hecho constitutivo del delito"*. Vide: MUÑOZ CONDE, Francisco; GARCÍA ARÁN, Mercedes. *Derecho penal*: parte general. Valencia: Tirant lo Blanch, 2004, p. 400.

O Código Penal brasileiro, de modo muito semelhante, prevê as seguintes causas de exclusão da culpabilidade: a imputabilidade pode ser afastada em razão de enfermidade mental ou desenvolvimento mental incompleto ou retardado, desde que o sujeito não tenha condições de compreender o caráter ilícito de sua conduta para atuar ou deixar de atuar conforme este entendimento, no caso de sujeito menor de 18 anos e ainda no caso de embriaguez acidental completa; no tocante ao conhecimento potencial da ilicitude, este pode ser excluído pelo erro de proibição; quanto ao comportamento diverso, a obediência hierárquica à ordem não manifestamente ilegal e a coação moral invencível eliminam a exigibilidade. Também existe a possibilidade de causa supralegal de exculpação, configurando inexigibilidade de outra conduta. Nossas considerações, pois, a partir de agora, dizem respeito à imputabilidade, por questões de objetividade.

O conceito de imputabilidade surgiu no século XIX, num contexto caracterizado pelo crescimento progressivo da psiquiatria como disciplina científica autônoma. Assim, a imputabilidade veio a desempenhar uma constante função no Direito Penal: separar os indivíduos entre imputáveis e inimputáveis.

A imputabilidade, modernamente conhecida como capacidade de culpabilidade, é o conjunto de capacidades mínimas para considerar-se alguém culpável pela prática de fato típico e antijurídico. Quem carece desta capacidade, seja por transtorno mental ou por imaturidade, não pode responder criminalmente por seus atos, ainda que típicos e antijurídicos.[101] Para Martínez Garay:[102]

> [...] la inimputabilidad es la inexigibilidad de conducta adecuada al derecho, por alteración patológica suficientemente relevante de la estructura de los procesos psíquicos cognitivos y/o afectivos de la decisión de voluntad que dio lugar a la conducta delictiva.

Por tanto, a imputabilidade não é uma qualidade do sujeito, mas o resultado de uma avaliação de seu comportamento delitivo concreto. Por isso, apesar de padecer de um transtorno mental, ele pode cometer um delito em circunstâncias de isenção de culpabilidade, ou até mesmo estar acobertado por uma causa de justificação, situação em que as consequências são bastante diferentes e o sujeito não deve ser considerado inimputável. Por fim, a consideração da inimputabilidade abre as portas para a medida de segurança, o

---

[101] MUÑOZ CONDE, Francisco; GARCÍA ARÁN, Mercedes. *Derecho penal*: parte general. Valencia: Tirant lo Blanch, 1982, p. 366.

[102] Idem, p. 365

que em muitos casos pode significar consequências mais drásticas na vida do sujeito. Por tudo isso, concordamos com Martínez Garay:[103]

> En primer lugar, esta calificación como capacidad general no casa bien con las causas transitorias de inimputabilidad, ni tampoco con los trastornos mentales que, sin producir un desmoronamiento masivo de todas las funciones mentales, afectan especialmente a determinadas facetas del psiquismo. Por otro lado, la consideración sistemática de la imputabilidad en el seno del juicio de culpabilidad, y su relación con otras causas de exención, desmienten la idea de que la imputabilidad funcione siempre como presupuesto previo a la comprobación de cualquier otra cuestión de culpabilidad. Y, por último, no parece que un Derecho Penal de culpabilidad deba valorar a los sujetos en abstracto, ni establecer si son en general capaces de comprender las normas penales o de gobernar su comportamiento, sino enjuiciar la responsabilidad que corresponde por el concreto hecho cometido.

A imputabilidade é conceito integrante da cultura, sempre em constante mudança conforme a estabilidade ou instabilidade desta.[104] Além da porção conceitual, há uma normativa, diretamente imbricada no conceito de imputação. Trata-se da possibilidade de relacionar uma pessoa a algo ocorrido no mundo exterior e de responsabilizá-la por isto, aplicando-lhe um castigo segundo as regras do sistema jurídico. Enquanto realidade e cultura ditam o proibido e o justificado, o Direito Penal define os critérios desta responsabilização. Elaborar uma teoria normativa sobre os fundamentos da imputabilidade é algo fundamental, desde que baseada numa construção social, com elementos de caráter empírico, afastados a metafísica e o direito natural. Por isso não se diz que a imputação é "correta", mas "ajustada" a processos culturais e jurídico-culturais.[105]

Historicamente, os pressupostos da imputação já eram discutidos desde o tempo das ordálias. Hoje, outros são os enfoques, mas o problema segue sendo o mesmo. Desde o *guilty plea* do sistema anglo-saxão até o problemático processo de imputação coletiva, o que temos são problemas de pressupostos.

Nos dias de hoje existem três sistemas definidores dos critérios fixadores da inimputabilidade ou culpabilidade diminuída: o biológico, o psicológico e o biopsicológico. De acordo com Biten-

---

[103] *Apud* MUÑOZ CONDE, Francisco; GARCÍA ARÁN, Mercedes. *Derecho penal*: parte general. Valencia: Tirant lo Blanch, 1982, p. 446.

[104] HASSEMER, Winfried. *Persona, mundo y responsabilidad*. Bases para una teoría de la imputación en Derecho Penal. Valencia: Tirant lo Blanch, 1999, p. 160.

[105] Idem, p. 162.

court: "O sistema biológico condiciona a responsabilidade à saúde mental, à normalidade da mente". Se o agente é portador de uma enfermidade ou grave deficiência mental, deve ser declarado irresponsável. O método psicológico não indaga se há uma perturbação mental mórbida: declara a irresponsabilidade se, ao tempo do crime, estava abolida no agente, fosse qual fosse a causa, a faculdade de apreciar a criminalidade do fato (momento intelectual) e de determinar-se de acordo com essa apreciação (momento volitivo). Finalmente, o método biopsicológico é a reunião de ambos: a responsabilidade só é excluída se o agente, em razão da enfermidade ou retardamento mental, era, no momento da ação ou omissão, incapaz de entendimento ético-jurídico ou de autodeterminação. O Direito Penal brasileiro adota o sistema biopsicológico como regra. Não basta, no entanto, a configuração de doença mental ou de desenvolvimento mental incompleto ou retardado. É preciso que o agente tenha sido privado de sua capacidade de entendimento e de volição. Por isto, é necessária a averiguação do nexo causal entre a anormalidade psíquica e o crime praticado.[106] Entretanto, para a definição da menoridade penal, o legislador brasileiro adotou o sistema biológico, ignorando o desenvolvimento mental do menor de 18 anos, considerando-o inimputável, independentemente de possuir plena capacidade de entender a ilicitude do fato ou de determinar-se segundo esse entendimento. O mesmo se dá no Direito Penal espanhol.[107]

A imputabilidade, no Código Penal brasileiro, vem definida por exclusão. Além da menoridade, três circunstâncias podem levar à inimputabilidade: enfermidade mental, desenvolvimento mental incompleto e desenvolvimento mental retardado.[108] Diz o art. 26, do diploma brasileiro: "É isento de pena o agente que, por doença mental ou desenvolvimento mental incompleto ou retardado, era, ao tempo da ação ou da omissão, inteiramente incapaz de entender o caráter ilícito do fato ou de determinar-se de acordo com esse entendimento". Assim, não basta a ausência de sanidade mental, sendo indispensável a falta de capacidade de discernir, de avaliar os próprios atos, de compará-los com a ordem normativa. Exige-

---

[106] MUÑOZ CONDE, Francisco. *Teoria geral do delito*. Porto Alegre: Sergio Fabris, 1988, p. 43.

[107] É interessante ressaltar que o Código Penal espanhol, que entrou em vigor em maio de 1996 (Lei Orgânica nº 10/95), elevou a idade do adolescente para atribuir-lhe responsabilidade penal, de 16 para 18 anos (art. 19), em movimento oposto ao que hoje se propugna no Brasil.

[108] BITENCOURT, Cezar Roberto. *Tratado de direito penal*: parte geral. 9. ed. São Paulo: Saraiva, 2004, p. 360-361.

se, pois, a doença em si e a ausência da capacidade de entender ou de autodeterminar-se de acordo com esse entendimento. Para o reconhecimento do segundo aspecto basta que ao indivíduo falte um destes dois elementos, ou seja, que como consequência o sujeito tenha sofrido privação da capacidade de entender ou de querer, ou de compreender o caráter ilícito de sua conduta ou de agir conforme tal conhecimento.

Assim, a fórmula mista exposta pelo art. 20.1 do CP espanhol e pelo art. 26 do CP brasileiro retratam a corrente majoritária atualmente presente também nos Códigos Penais da Alemanha, Itália e França, cujos textos exigem a verificação do duplo requisito para fins de reconhecimento de inimputabilidade. Em geral, o perito analisa superficialmente o elemento psicológico, a anomalia psíquica, e pode manifestar-se com relação ao elemento normativo, ou seja, se em função da enfermidade mental o sujeito tinha ou não condições de entender a ilicitude do fato e de comportar-se de acordo com este entendimento. Entretanto, quem deve avaliar o elemento normativo é o juiz. Assim, pois, o elemento biopsicológico ou psiquiátrico depende totalmente de uma comprovação médica, enquanto o elemento normativo, ainda que apreciado incidentalmente pelo perito, requer uma avaliação jurídica, pois a inimputabilidade não é apenas uma avaliação clínica já que implica a responsabilização de um indivíduo por uma conduta criminosa.

Diferentemente da psicologia clínica e da psiquiatria, a psicologia e a psiquiatria forense realizam um diagnóstico para averiguar se o sujeito podia compreender a ilicitude do fato e se podia atuar de acordo com aquele entendimento. O problema, no sentir de Mir Puig,[109] está em que o segundo elemento (que o sujeito seja capaz de atuar de acordo com tal entendimento) somente teria sentido se partíssemos da liberdade de vontade ou livre arbítrio. Isso pressuporia que o sujeito, em tendo livre arbítrio no momento de decidir pelo comportamento, pudesse então optar por agir conforme a norma. Em não o fazendo, estaria cometendo um ato ilícito. O problema é que não se pode provar que, naquele momento, o indivíduo tinha como atuar conforme a norma, isto é indemonstrável cientificamente. Por isso, sustenta, não se pode fundamentar a responsabilidade penal, nem a imputabilidade, no "poder atuar de outro modo".

---

[109] MIR PUIG, Santiago. *Derecho penal*: parte general. 5. ed. Barcelona: Reppertor, 1998, p. 581.

3.2. IMPUTABILIDADE DIMINUÍDA OU SEMI-IMPUTABILIDADE

Tanto na legislação brasileira como na espanhola, entre a imputabilidade e a inimputabilidade, existe uma margem de graduação, ou seja, casos em que a culpabilidade fica diminuída, mas não excluída. Nesta faixa intermediária estão os chamados fronteiriços: aqueles que apresentam situações atenuadas ou residuais de psicoses, de oligofrenias e, particularmente, grande parte das personalidades psicopáticas ou mesmo transtornos mentais transitórios, estados que afetam a saúde mental do indivíduo sem, contudo, excluí-la, apenas diminuindo a culpabilidade em face da menor censura que se lhe pode fazer, já que o sujeito apresenta maior dificuldade de valorar o fato e de atuar de acordo com o que seria exigível. Nos casos de semi-imputabilidade, quando o agente não possuía a "plena capacidade" de entender a ilicitude do fato ou de determinar-se de acordo com esse entendimento, o Código Penal brasileiro determina a redução da pena, conforme o parágrafo único do art. 26.

No caso de provar-se a inimputabilidade de autor de fato típico e ilícito, ao tempo do crime, impõe-se a absolvição denominada "imprópria" (art. 26, do CP brasileiro), aplicando-se medida de segurança, nos termos dos arts. 96 a 99, do mesmo diploma legal. No caso dos "fronteiriços" (culpabilidade diminuída), é obrigatória a imposição de pena reduzida, no caso de condenação, nos termos do parágrafo único do art. 26, que reza:

> A pena poderá ser reduzida de um a dois terços, se o agente, em virtude de perturbação de saúde mental ou por desenvolvimento mental incompleto ou retardado não era inteiramente capaz de entender o caráter ilícito do fato ou de determinar-se conforme esse entendimento.

O juiz poderá-deverá, neste caso, conforme o art. 98,[110] após aplicar a pena, substituí-la por medida de segurança (sistema vicariante), não podendo aplicar ambas cumulativamente (o sistema binário foi abolido no Brasil pela reforma penal de 1984). Optando pela pena, repetimos: deverá reduzi-la, obrigatoriamente, de um a dois terços.

---

[110] Nos termos do art. 98, do CP brasileiro, pode-se substituir a pena reduzida (redução obrigatória, e não facultativa) pela medida de segurança, ou seja, no caso dos semi-imputáveis requer-se a condenação com a fixação de pena em concreto que poderá vir a ser substituída por medida de segurança por igual prazo, diferentemente do que ocorre com o inimputável que não tem fixado o *quantum* temporal máximo de sua medida.

O art. 20, 1°, do diploma penal espanhol, não deixa claro quais os tipos de anomalias ou alterações psíquicas que ensejam a eximente da responsabilidade criminal, o importante é que haja ou a impossibilidade de compreensão da ilicitude ou de atuar conforme tal compreensão.[111] Se a perturbação for apenas parcial, pode haver uma diminuição da imputabilidade, recebendo o tratamento de uma eximente incompleta ou de circunstância atenuante. A distinção é que nos casos de imputabilidade parcial o juiz pode, junto à aplicação da pena reduzida, impor medida de segurança desde que a pena imposta tenha sido privativa de liberdade (os sistemas vicariantes brasileiro e espanhol são diferentes). O prazo máximo de duração da medida não poderá exceder ao da pena prevista no Código Penal para o delito. Isto acontece porque o sistema vicariante espanhol permite descontar da pena o tempo de internação (que deve ter sido executada em primeiro lugar). De qualquer modo, se após a execução da medida o juiz considerar temerário perder-se os efeitos com ela obtidos, poderá suspender o cumprimento do restante da pena por um prazo não superior a sua duração, ou aplicar alguma das medidas previstas pelo art. 105.

O aspecto biopsicológico não é suficiente, isoladamente, para a configuração jurídica da semi-imputabilidade, cabendo avaliar normativamente a gravidade desta alteração na percepção e consciência do indivíduo sobre a realidade. Entretanto, outras alterações que não apenas as psíquicas, podem alterar gravemente esta consciência da realidade.[112] Às vezes, situações problemáticas de comunicação no entorno social impedem o sujeito de conhecer a realidade e de motivar-se pelas normas,[113] assim como refere o art. 20, 3°, do Código Penal espanhol, quando deficiências físicas como a surdo-mudez ou a cegueira, ou até mesmo os casos dos "meninos-lobo" e dos autistas são bons exemplos. Veja-se que de forma muito interessante os Estados Unidos reconhecem expressamente que existem psicopatias formadas no entorno social, preferindo a denominação de "sociopatas" para esses indivíduos. Por isto, pertinente a crítica de Muñoz Conde e de García Arán,[114] a qual estendemos ao conceito brasileiro de imputabilidade, para dizer que também este ficou muito restrito às faculdades intelectivas e volitivas. A crítica inicialmente feita pelos professores citados foi dirigida ao art. 20.1,

---

[111] MUÑOZ CONDE, Francisco; GARCÍA ARÁN, Mercedes. *Derecho penal*: parte general. Valencia: Tirant lo Blanch, 1982, p. 371.

[112] Ibidem.

[113] Idem, p. 370.

[114] Idem, p. 372.

do CP espanhol, cuja definição de imputabilidade refere apenas a capacidade do agente para compreender a ilicitude do ato ou para atuar de acordo com esse entendimento, tal como faz o art. 26, do CP brasileiro. Não se pode reduzir tão somente às faculdades intelectivas e volitivas toda a gama de alterações possíveis, como as psicopatológicas, por exemplo, que podem alterar a percepção incidindo no comportamento humano sem qualquer alteração nos planos da inteligência e da vontade. Faltou considerar outros planos como as alterações de memória, da afetividade, do pensamento ou mesmo da motivação, fatores fisiológicos e de aprendizagem cultural. Qualquer alteração do processo socializador deve ser considerada quando do julgamento da capacidade de culpabilidade posto que relacionada à internalização de diversas exigências normativas sociais e jurídicas.[115] Daí a importância da posição de natureza mista refletida no conceito de (in)imputabilidade. Existe, pois, um espaço para uma avaliação normativa quando se deixa de lado o elemento de base bio-psicológica e passa-se, por outro, à avaliação de caráter normativo-valorativo, no sentido de capacidade de resposta do indivíduo à motivação normativa, que poderá conduzir o psicopata à condição de inimputável. Mesmo assim, fortes segmentos jurídicos preferem focar apenas na base biopsicológica, como a jurisprudência ainda majoritária do Tribunal Supremo espanhol, apesar do que reza o conceito legal, conforme visto.

3.2.1. O problemático conceito de imputabilidade frente aos delinquentes sexuais violentos psicopatas

Existe uma distinção entre transtorno e conduta antissociais. Os graves desajustes em termos de interação social da infância e da adolescência classificam-se como transtornos apenas se persistirem, de forma sistemática, na vida adulta, não se resumindo a episódios isolados da infância ou da adolescência. Entretanto, e no intuito de demonstrar que a ciência médica avança no sentido de dar atenção a condutas antissociais (ainda que não constituam transtornos) já se encontram na codificação V do DSM (que passará a vigorar em 2011) fatores não atribuíveis a transtornos mentais, mas que podem ser tratados, como a conduta antissocial do próprio adulto. Uma das razões para tal tipo de conduta tem origem na aprendizagem, na subcultura criminal. Isto é perfeitamente perceptível nos casos de gangues de adolescentes ou de traficantes de drogas, os quais se

---

[115] MUÑOZ CONDE, Francisco; GARCÍA ARÁN, Mercedes. *Derecho penal*: parte general. Valencia: Tirant lo Blanch, 1982, p. 373

encontram adaptados a um sistema de valores, significados e normas vigentes em seu próprio grupo de relações, afora aqueles que apresentam transtornos mentais subjacentes, sejam de conduta, de personalidade antissocial ou pelo uso de drogas, sejam parafílicos ou neuróticos com irresistibilidade em seus impulsos. Assim, pedofilia e zoofilia, por exemplo, são considerados desvios e transtornos sexuais, mas uma conduta sexual agressiva pode caracterizar o Transtorno de Personalidade Antissocial se os desajustes forem contínuos e sucederem os transtornos de conduta da infância e da adolescência.[116]

Já resta claro que o Transtorno de Personalidade Antissocial é o de maior interesse para este estudo por sua potencialidade comportamental e sua história criminógena que fica, muitas vezes, oculta pela cifra negra da criminalidade. É na adolescência que o transtorno costuma exteriorizar-se mediante condutas sexuais agressivas e através do uso de drogas, dentre outros desvios com significação criminal.[117]

O Tribunal Supremo espanhol já em relação ao Código Penal anterior rechaçava a aplicação da eximente completa de alienação (*enajenación*) e transtorno mental transitório para sujeitos psicopatas.[118] Atualmente, verifica-se a mesma tendência pela não consideração da psicopatia como causa de exclusão da culpabilidade. Nota-se, por outro lado, que se inicia uma flexibilização nos critérios desse tipo de análise. Assim mesmo, e de modo mais consensual, começa-se a considerar as psicopatias como causa de isenção parcial desde 1988.

No primeiro caso que apresentamos,[119] em sentença de 29 de fevereiro de 1988, sobre um homicídio, o Tribunal Supremo referiu uma série de julgamentos que consideraram a psicopatia ou como algo irrelevante (4/4/84; 13/6/85), ou como atenuante analógica (12/3/85; 27/3/85; 1/7/86), ou, ainda como eximente incompleta de alienação mental (15/5/85; 6/2/87 e 27/5/87). A modificação no entendimento do Tribunal Supremo, como foi dito na própria sentença em comento, deve-se ao fato de que, em 1988, já se podia

---

[116] TIEGHI, Osvaldo N. *Tratado de criminología*. 2. ed. Buenos Aires: Universidad, 1996, p. 363-408.

[117] Idem, p. 403.

[118] MUÑOZ CONDE, Francisco; GARCÍA ARÁN, Mercedes. *Derecho penal*: parte general. 6. ed. Valencia: Tirant lo Blanch, 2004, p. 373.

[119] Id Cendoj: 28079120011988100678; Órgano: Tribunal Supremo. Sala de lo Penal; Sede: Madrid Sección: 1; Procedimiento: RECURSO CASACIÓN; Ponente: JOSE JIMENEZ VILLAREJO; Tipo de Resolución: Sentencia n° 537 de 29 de febrero de 1988.

perceber o quanto esta relevante e tormentosa questão das psicopatias estava em aberto, devido ao polimorfismo clínico que apresentam, o que sempre gerou muita polêmica e uma variedade infinita de decisões jurisprudenciais.

> Se trata, como se ve, de una cuestión aún no cerrada, que seguramente debe continuar abierta para que sea posible dar la respuesta jurídico-penal más adecuada a la multiplicidad de casos que la vida puede presentar ante los tribunales. Conviene, sin embargo, adelantar algunas reservas en relación con la alternativa de la atenuante analógica. De una parte, porque el concepto puramente «estadístico» de la psicopatía, según el cual ésta tendría que ser definida prioritariamente como desviación del tipo medio, en la dirección de lo nocivo y lo indeseable, tiende hoy a ser sustituido por un concepto no solo lógico en que el diagnóstico de la psicopatía se funda en la observación de una anomalía estructural de la personalidad, referida básicamente a la afectividad, o de una estructura sencillamente morbosa de raíz endógena. De otra, porque *la inclusión de las psicopatías entre los trastornos mentales, en la Novena Revisión de la Clasificación Internacional de enfermedades mentales, realizada por la Organización Mundial de la Salud, supone un serio obstáculo para continuar negándoles la condición que les otorga una tan respetable instancia científica. El psicópata no es, ciertamente, un enajenado en sentido estricto puesto que no está «fuera de sí», pero sí es un enfermo mental, aunque naturalmente su enfermedad, de acuerdo con la interpretación biológico-psiquiátrica que la doctrina ha hecho de la circunstancia número 1 del artículo 8 del Código Penal, pueda ser más o menos relevante, o en ocasiones absolutamente irrelevante, para la determinación de la imputabilidad* que quepa atribuirle, según la entidad de la merma que el sujeto experimente en sus facultades intelectivas y volitivas, es decir, en su capacidad para autodeterminarse libre y conscientemente. *Lo que, sin embargo, tendrá que ser contemplado como problemático es la posibilidad de que la psicopatía funcione como circunstancia de «análoga significación» a la enajenación mental incompleta siendo, como se deduce de lo anteriormente expuesto, una verdadera enfermedad mental.* (grifo nosso)

Neste caso, o Tribunal entendeu pela diminuição da capacidade de culpabilidade:

> Este Tribunal comparte plenamente la apreciación de la Sala de Instancia, pero entiende que tales efectos debieron traducirse en una más sensible aminoración de la imputabilidad y, consiguientemente, de la responsabilidad del procesado. Porque si la agresividad ocupa una posición nuclear en la mayoría de las personalidades psicopáticas – se ha dicho que su estado de ánimo oscila entre la tristeza agresiva, la euforia agresiva y la excitabilidad agresiva – y las reacciones del psicópata, en un buen número de casos, son desmesuradas precisamente porque no es capaz de controlar, en la misma medida que los demás, una agresividad que tiene una valencia superior a la de la mayoría, habrá que reconocer que la actuación de agentes externos tan deshinibidores como el alcohol ingerido en cantidad y la pasión de los celos eran capaces de potenciar en grado superlativo aquel rasgo, por lo que la capacidad de elegir entre una u otra conducta se verá irremediable y considera-

blemente disminuida. El motivo debe ser, en consecuencia, acogido y la sentencia casada.

Passamos, num salto temporal, de 1988 para 2004, quando em sentença[120] de 25 de março, o Tribunal Supremo finalmente reconheceu expressamente a possibilidade de admitir as psicopatias como eximentes, eis que constituem anomalias psíquicas, não sendo apenas análogas, embora não tenha sido o caso do julgado em apreço.

Esta Sala en sentencias como la nº 22/03, de 18 de marzo señala que la interpretación jurisprudencial ha venido siendo cautelosa en la aceptación como eximente de las psicopatías o trastornos de la personalidad consistentes en peculiaridades personales que afectan duramente las áreas del conocimiento, del control de los impulsos, o de la afectividad y determinan personalidades perdurablemente distintas a las que en cada cultura se vienen considerando normales, sobre todo en las relaciones interpersonales y sociales. Para aceptarlas como eximentes, aún como incompletas y efecto de atenuante, se insistía en exigir estuvieran acompañadas o determinadas por verdaderas enfermedades mentales o psicosis añadiéndose frecuentemente, cuando esto último no ocurre a la aplicación de atenuante analógica. *Pero su inclusión entre los trastornos del comportamiento en la clasificación internacional de enfermedades mentales elaborada por la Organización Mundial de la Salud, junto con la amplitud conceptual con que en el texto del actual Código Penal se recogen puede dar lugar a la posibilidad de su consideración entre las eximentes y derivadamente, cuando concurrieren todos los requisitos necesarios para eximir de responsabilidad penal como atenuante (artículo 21.1 del Código Penal), debiendo salir del campo de las atenuantes analógicas en este último caso ya que, como ha dicho muy expresivamente la sentencia de esta Sala de 14 de mayo de 2001, las psicopatías no tienen análoga significación a las anomalías psíquicas, sino que literalmente, lo son.* (Grifo nosso)

Entretanto, após a admissão geral desta possibilidade, o Tribunal Supremo reconheceu que dificilmente uma psicopatia terá o caráter de eximente completa por entender que ela apresenta uma "gravidade inferior", se comparada com outros transtornos de personalidade como psicoses graves ou oligofrenias.

Posteriormente habrá de observarse si tales causas psíquicas anómalas han determinado incapacidad, disminución de la comprensión de la ilicitud de la conducta o de actuar volitivamente en concordancia con tal comprensión y que esa relación causa-efecto ha coincidido temporalmente con la comisión del hecho, interviniendo en su génesis o en las formas de su realización. Resta señalar que la gravedad inferior de las psicopatías y trastornos de la personalidad en comparación con las psicosis graves y los niveles más profundos de la oligofrenia, impedirán prácticamente siempre su acogida como circunstancias eximentes, teniendo su normal campo de efectividad en las incompletas con valor de atenuante.

---

[120] Id Cendoj: 28079120012004100401; Órgano: Tribunal Supremo. Sala de lo Penal; Sede: Madrid. Sección: 1; Recurso: 381/2003; Resolución: 439/2004; Procedimiento: RECURSO DE CASACIÓN; Ponente: FRANCISCO MONTERDE FERRER; Tipo de Resolución: Sentencia.

Em sentença de 24 de fevereiro de 2005,[121] o Tribunal Supremo reiterou que a presença da anomalia não é suficiente, devendo haver a incapacidade para compreender a ilicitude do fato ou que não tenha podido atuar conforme este entendimento. Assim e neste caso admite, ao menos no plano teórico, a possibilidade de reconhecimento de uma eximente, seja completa ou incompleta.

En cuanto a las psicopatías, como alteración de la personalidad, no implican necesariamente una alteración de la percepción en el sentido ya explicado e igualmente concurriría la dificultad de su existencia desde el nacimiento o desde la infancia. Hoy los términos de la eximente primera del artículo 20 C.P. – cualquier anomalía o alteración psíquica- facilita su encaje a través de dicha vía" (STS de 6 de febrero de 2001). Tiene declarado esta Sala, como es exponente la Sentencia de 16 de noviembre de 1999 que las alteraciones de la personalidad pueden operar a través de la anomalía o alteración psíquica a que se refiere el artículo 20.1 o, en su caso, el artículo 21.1 del Código Penal, sin embargo, se precisa que no es suficiente este dato para que pueda ser apreciada dicha eximente, ni completa ni incompleta, puesto que la mera presencia de una anomalía o alteración psíquica puede ser irrelevante para la determinación de la imputabilidad de quien la padece y, en consecuencia, de su responsabilidad penal. *Es preciso además que el autor de la infracción penal, a causa de la alteración que sufre, no pueda comprender la ilicitud del hecho o actuar conforme a esa comprensión, es decir, es preciso que la anomalía o alteración se interponga entre el sujeto y la norma que establece la ilicitud del hecho, de forma que no pueda ser motivado por aquélla o que, pudiendo percibir el mandato o la prohibición contenidos en la norma, carezca ésta de fuerza motivadora para el sujeto porque el mismo se encuentre determinado en su actuación por causas vinculadas a su alteración psíquica que anulen la motivación normativa. Y en el supuesto de que la incapacidad para ser motivado por el precepto sea solo parcial, nacerá el presupuesto fáctico para la apreciación de la eximente incompleta* (STS de 11 de octubre de 2004). (Grifo nosso)

Apesar de todo o exposto, o Tribunal Supremo não tem reconhecido, na prática, caso em que a psicopatia se configure como eximente completa. Apesar da viabilidade teórica (e em face dos atuais conhecimentos científicos), o Tribunal não tem aberto precedente neste sentido, reconhecendo, no máximo, a existência de uma eximente incompleta. Em sentença de 27 de dezembro de 2005,[122] o Tribunal Supremo fez uma digressão histórica a respeito, e parece-nos ter assumido um posicionamento diante do dilema.

---

[121] Id Cendoj: 28079120012005200270; Órgano: Tribunal Supremo. Sala de lo Penal; Sede: Madrid Sección: 1; Recurso: 413/2004; Resolución: 379/2005; Procedimiento: PENAL – APELACION PROCEDIMIENTO ABREVIADO; Ponente: ENRIQUE BACIGALUPO ZAPATER; Tipo de Resolución: Auto.

[122] Id Cendoj: 28079120012005101548; Órgano: Tribunal Supremo. Sala de lo Penal; Sede: Madrid; Sección: 1; Recurso: 707/2005; Resolución: 1511/2005; Procedimiento: PENAL – PROCEDIMIENTO ABREVIADO/SUMARIO; Ponente: JUAN RAMON BERDUGO GOMEZ DE LA TORRE; Tipo de Resolución: Sentencia.

En efecto la entidad nosológica conocida por psicopatía, actualmente por trastorno limite de la personalidad, solo se tendrá en cuenta a efectos de eximente, en aquellos casos que fuera tan profunda que comprometa las estructuras cerebrales o coexista con una enfermedad mental y siempre que el hecho delictivo se halle en relación con la anormalidad caracteriológica padecida. *Lo decisivo no es la clasificación de un estado espiritual del autor, sino la intensidad de los efectos de la psicopatía o neurosis sobre su posibilidad de autodeterminación.* (Grifo nosso)

Em sentença de três de maio de 2006,[123] o Tribunal Supremo reforçou novamente a possibilidade de enquadramento de uma psicopatia como eximente incompleta.

Tiene declarado esta Sala, como es exponente la Sentencia de 4 de mayo de 2000, que la psiquiatría actual ha sustituido el término psicopatía por el de trastorno de la personalidad que consiste en deficiencias psicológicas que, sin constituir una psicosis, afectan a la organización y cohesión de la personalidad y a un equilibrio emocional y volitivo. Se caracterizan ciertamente por su variedad por constituir desviaciones del carácter respecto del tipo normal y pueden ser más o menos acentuadas, pudiendo incluso ser expresión – tras la redacción actual del art. 20.1º del nuevo Código penal – de anomalías o alteraciones psíquicas, *pudiendo encuadrarse en la eximente incompleta del art. 21.1º, cuando alcanzan especial afectación a la capacidad de comprensión o a la motivación de la conducta del sujeto.* (Grifo nosso)

Como constatado a partir da jurisprudência apresentada, o psicopata, em geral, costuma ser considerado penalmente imputável por ter capacidade de determinar-se para a ação criminal. Entretanto, isto não se dá devido a uma liberdade de opção para comportar-se de uma certa maneira, e sim, como diz Morana,[124] devido a uma insensibilidade estrutural de sua personalidade, ou seja, existe um prejuízo da capacidade do sujeito em não poder resistir a seu modo habitual de ser.

Realmente, "cualquier anomalía o alteración psíquica", como consta do CP espanhol, é uma nomenclatura bastante ampla. Se por um lado o legislador teve a satisfação de não utilizar nomenclaturas médicas, por outro gerou uma amplitude muito grande no conceito legal, levando a doutrina majoritária a incluir na fórmula não apenas as enfermidades mentais em sentido estrito (psicoses),

---

[123] Id Cendoj: 28079120012006100478; Órgano: Tribunal Supremo. Sala de lo Penal; Sede: Madrid; Sección: 1; Recurso: 1517/2004; Resolución: 535/2006; Procedimiento: PENAL – PROCEDIMIENTO ABREVIADO/SUMARIO; Ponente: CARLOS GRANADOS PEREZ; Tipo de Resolución: Sentencia.

[124] MORANA, Hilda Clotilde Penteado. *Identificação do Ponto de Corte para a Escala PCL-R (Psychopathy Checklist Revised) em População Forense Brasileira*: caracterização de dois subtipos da personalidade; transtorno global e parcial. 2003. Dissertação (Doutorado) – Ciências. Faculdade de Medicina da Universidade de São Paulo, p. 6.

mas também as psicopatias.[125] Entretanto, a nova fórmula, ademais do amplo conceito já mencionado, exige ainda *"la imposibilidad de comprender la ilicitud del hecho o actuar de acuerdo a esa comprensión"*. E é exatamente pela exigência deste dado normativo que as jurisprudências anteriores e também as atuais inclinam-se pela imputabilidade do psicopata como regra.[126]

Sobre o interessante tema convém refletir sobre o conceito de psicopata proposto por Zaffaroni y Pierangeli:[127]

> Si por psicópata consideramos a la persona que tiene una atrofia absoluta e irreversible de su sentido ético, esto es, un sujeto incapaz de introducir o auto-proyectar reglas o normas de conducta, entonces él no tendrá capacidad para comprender la antijuridicidad de su conducta, y, por tanto, será un inimputable. *Quien posee una incapacidad total para entender valores, aunque los conozca, no podrá entender la ilicitud.* (Grifo nosso)

Conforme Dotti,[128] num conceito mais amplo de enfermidade mental todas as perturbações do psiquismo poderiam ser incluídas, inclusive as psicopatias, pois atendem ao critério clínico e compõem as classificações internacionais de enfermidades mentais. Nas palavras de Muñoz Conde:[129]

> [...] a pesar del tiempo transcurrido desde que se iniciaron las primeras clasificaciones de las enfermedades mentales, la actual nosología psiquiátrica no es, aún, un corpus teórico absolutamente consistente y cerrado, en que cada concepto y entidad nosológica sean perfectamente delimitados o tengan una acepción universalmente válida.

Morales Prats,[130] já em 1990 (bem antes do CP espanhol de 1995, portanto), sugeria que uma nomenclatura mais ampla devia ser incluída no diploma penal, o que poderia, a seu juízo, resolver o problema, pelo menos quanto às psicopatias graves. O novo texto de 1995 contemplou a sugestão ao referir, no próprio art. 20.1, a expressão *"cualquier anomalía o alteración psíquica"*. Também respalda esta interpretação o fato de que o legislador franqueou, no art. 20.3 do CP, a possibilidade de que alguém, sem ser considerado

---

[125] SANZ MORÁN, Ángel José. *Las medidas de corrección y de seguridad en el derecho penal.* Valladolid: Lex Nova, 2003, p. 208.

[126] Idem, p. 219.

[127] ZAFFARONI, Eugenio Raul; PIERANGELI, José Henrique. *Manual de direito penal brasileiro*: parte geral. 5. ed. São Paulo: Revista dos Tribunais, 2004, p. 600.

[128] DOTTI, René Ariel. *Curso de direito penal*: parte geral. 2. ed. Rio de Janeiro: Forense, 2005, p. 417.

[129] MUÑOZ CONDE, Francisco. *Teoria geral do delito.* Porto Alegre: Sergio Fabris, 1988, p. 43.

[130] MORALES PRATS, Fermín. La alteración en la percepción: contenido y limites (Art. 8.3, CP). *Cuadernos de Política Criminal*, n. 40, p. 82-83, 1990.

genuinamente enfermo mental, apresente características socioculturais que constituam a base normativo-valorativa necessária para o perfeito encaixe quanto à aplicação da referida eximente. Neste aspecto acertou o legislador espanhol ao falar, genericamente, de *"anomalía o alteración psíquica"* ou até em *"trastorno mental transitorio"*, acolhendo aqui todas as formas de enfermidades mentais bem como aqueles defeitos ou alterações nos processos de socialização relevantes na determinação da imputabilidade de alguém, mesmo que não sejam considerados como enfermidade mental.[131]

Finalmente, na eximente aqui estudada ficam compreendidas todas as enfermidades mentais incluídas na classificação da Organização Mundial da Saúde (CID-10) e da Associação Americana de Psiquiatria (DSM-IV), com exceção dos transtornos mentais e de conduta devidos ao uso de substância química, que ficam compreendidos na eximente n°. 2, do art. 20.

3.3. CONSIDERAÇÕES FINAIS DO CAPÍTULO

Ninguém discorda que a pena é o exercício da soberania estatal sobre os indivíduos a quem se exige o submetimento à lei. O que varia são os modos de legitimar-se tal exercício de soberania e seus limites. Como diz García Arán,[132] a capacidade de motivação pode ser tão indemonstrável quanto o livre arbítrio, o conceito de prevenção geral integradora pode ter um fundo retributivo e a referência aos fins da pena pode resultar tão injusta quanto às concepções que se deseja superar. Entretanto, reconhece a autora mencionada, com a qual concordamos plenamente, que as teorias que tentam explicar a culpabilidade expõem a relação entre Direito Penal e modelo de Estado, constituindo um instrumento de interpretação e crítica importante na delimitação de "onde está" a *ultima ratio* que justifica a intervenção penal, ainda que, dogmaticamente, a culpabilidade siga sendo o momento de imputação (subjetiva) do fato a seu autor, o que não é renunciado pela moderna doutrina.[133]

---

[131] MUÑOZ CONDE, Francisco; GARCÍA ARÁN, Mercedes. *Derecho penal*: parte general. Valencia: Tirant lo Blanch, 1982, p. 376.

[132] GARCÍA ARÁN, Mercedes. Culpabilidad, legitimación y proceso. *Anuario de Derecho Penal y Ciencias Penales*, T. XLI, Fasc. I, 1998, p. 91.

[133] Idem, p. 93.

Conquistas seculares de um Direito da culpabilidade são irrenunciáveis mas não supõem necessariamente defender uma concepção tradicional como elemento da teoria do delito. Assim, a culpabilidade é a matriz histórica, o "princípio informador" do Direito Penal.[134] A culpabilidade pode indicar se o castigo é possível mas não pode determinar a necessidade de castigar.

Sem pretender esgotar o tema, foi enfrentado o tema da imputabilidade, situando, a partir disto, o problema do criminoso sexual violento na dogmática atual, espanhola e brasileira, principalmente com todas as dificuldades e polêmicas que o tema apresenta.

Com a evolução da ciência psiquiátrica, o Direito acabou reformulando alguns conceitos e entendendo que a condição de enfermo mental não poderia seguir sendo percebida como causa de um tratamento necessariamente discriminatório ou ainda pior do que aquele conferido ao sujeito imputável. Assim, a partir da Constituição espanhola de 1978 se impôs a necessidade de reconhecer ao enfermo mental valores fundamentais como a dignidade e a segurança jurídica que, pelo menos, impediam a internação ilimitada e a declaração automática de periculosidade.[135] De tudo isto deriva que o CP espanhol de 1995 trouxe algumas inovações tais como o abandono da expressão "enajenados", passando a seguinte redação:

> [...] el que al tiempo de cometer la infracción penal, a causa de cualquier anomalía o alteración psíquica, no pueda comprender la ilicitud del hecho o actuar de acuerdo a esa comprensión. El trastorno mental transitorio no eximirá de pena cuando hubiese sido provocado por el sujeto con el propósito de cometer el delito o hubiera previsto o debido prever su comisión.

Apesar da referência permanente à capacidade de distinção entre licitude e ilicitude, ao menos a doutrina e a jurisprudência já admitem que isto não é suficiente, especialmente quando o sujeito não consegue dirigir sua conduta de acordo com esta compreensão. O psicopata sabe distinguir o ilícito do lícito e, não obstante, deseja realizar o ilícito. Interessante observar, neste caso, que tal situação não seria diferente daquela em que o indivíduo é considerado culpável (sabe distinguir o lícito do ilícito e, mesmo assim, deseja agredir um bem jurídico penal).[136] A distinção é que o psicopata não se motiva em relação à lei. Este sujeito pode dirigir sua conduta por outras razões ou interesses pessoais, mas não porque a lei recomenda ou indica o proibido. O psicopata possui um superego sintônico,

---

[134] QUINTERO OLIVARES, Gonzalo. *Locos y culpables*. Pamplona: Aranzadi, 1999, p. 269.

[135] Idem, p. 114.

[136] Idem, p. 114-117.

ou seja, que atua conjuntamente com o "eu" como se fosse uma coisa só. Há que se sentir para pensar, temer o castigo, saber e sentir que será castigado, mas o psicopata nada sente.

Como podemos constatar ao longo deste capítulo, as psicopatias foram historicamente excluídas do rol das "verdadeiras" enfermidades mentais, desde as escolas clássicas de psiquiatria. Ademais, a ausência de tratamentos conhecidos e plenamente eficazes explica o porquê de tanta resistência no reconhecimento da inimputabilidade pelos tribunais. Mas tais argumentos já não procedem. Primeiramente, os transtornos de personalidade foram incluídos nas classificações internacionais de enfermidades (CID-10 e DSM IV). Além disso, já existem métodos de intervenção terapêutica, se não completamente eficazes, adequados no sentido da introdução de normas básicas de comportamento social.[137] E se estes argumentos ainda não fossem fortes o suficiente, haveria que se lembrar que o critério do tratamento é totalmente exógeno ao da imputabilidade do sujeito.[138] Atualmente, sabe-se que mais importante que a nomenclatura médica sobre a enfermidade é o conhecimento sobre o quanto ela afeta a capacidade do sujeito em conhecer a ilicitude do fato e de comportar-se conforme este entendimento. Neste exato sentido disto e especificamente em relação às psicopatias e neuroses, afirma Urruela Mora:[139] *"[...] pudiendo dar lugar estos trastornos mentales a la declaración de inimputabilidad en función de su gravedad, o sea, del grado de afección sobre la capacidad del sujeto de conocer la ilicitud del hecho o de actuar conforme a dicha comprensión".*

No dizer de Muñoz Conde e García Arán,[140] qualquer transtorno relevante sobre a capacidade de motivação do sujeito deve ser considerado dentro de um Direito Penal da culpabilidade. No mesmo sentido, segundo Bitencourt,[141] a culpabilidade deve ser diminuída na proporção direta da diminuição da capacidade motivacional.

---

[137] URRUELA MORA, Asier. *Imputabilidad penal y anomalía o alteración psíquica:* la capacidad de culpabilidad penal a la luz de los modernos avances en y genética. Granada: Comares, 2004, p. 318.

[138] PÉREZ VITORIA, Octavio. El delincuente psicopático y su tratamiento. *Revista de Estudios Penitenciarios*, p. 1098, 1970.

[139] URRUELA MORA, Asier. *Imputabilidad penal y anomalía o alteración psíquica...*, op. cit., p. 217.

[140] MUÑOZ CONDE, Francisco; GARCÍA ARÁN, Mercedes. *Derecho penal*: parte general. 6. ed. Valencia: Tirant lo Blanch, 2004, p. 373.

[141] BITENCOURT, Cezar Roberto. *Tratado de direito penal*: parte geral. 10. ed. São Paulo: Saraiva, 2006, p. 444.

Uma crítica importante endereçada à jurisprudência contemporânea espanhola apresentada refere que somente a culpabilidade (e não a periculosidade) costuma ser graduada para a fixação da pena e que certas atenuantes são admitidas apenas para sujeitos imputáveis e não são consideradas diante de inimputáveis. O resultado é que sujeitos imputáveis podem receber sanções muito menores que sujeitos inimputáveis. Isto tem gerado verdadeiras aberrações como a aplicação de atenuantes que podem levar à redução de até metade da pena para um indivíduo culpável, mas que não podem ser aplicadas a indivíduos considerados inimputáveis.[142] No mesmo sentido, a outra crítica relevante feita pela doutrina espanhola menciona que, por vezes, quando uma pessoa é declarada inimputável, deixa-se de analisar se houve dolo ou imprudência, como se essas considerações somente existissem diante do imputável.[143] Já que se assume um novo conceito de enfermidade, há que se aceitar que mesmo o inimputável possa agir com dolo ou com previsão em termos de imprudência. A não ser assim, acabaríamos estimando uma medida de segurança baseada nos marcos penais do delito doloso, quando este poderá ter sido culposo. Ademais, muitos delitos não admitem a modalidade culposa, o que significaria atipicidade, consideração esta que deve ser feita sempre em respeito aos princípios da igualdade e da legalidade, evitando-se a responsabilidade penal objetiva, proibida por ambos os ordenamentos jurídicos. Até a responsabilidade civil *ex delicto* exige a comissão prévia de um delito doloso ou imprudente. Afinal, o sujeito pode ter agido em legítima defesa ou ter cometido um erro de apreciação, num caso de legítima defesa putativa.[144]

Por tudo isso, concordamos com Quintero Olivares[145] na crítica feita à forma como a ciência penal divide as pessoas entre imputáveis e inimputáveis antes mesmo do cometimento do delito. Não é a única separação que se faz aprioristicamente, pois também se divide a população entre enfermos e sãos, entre capacitados e incapacitados. São todas falsas comparações, porque a imputabilidade é um conceito jurídico construído para estabelecer a vinculação subjetiva entre pessoas e atos delitivos. Não há sentido em referir-se a ela como uma condição natural ou social. Portanto, não se pode ser

---

[142] Vide Tribunal Supremo Espanhol, Auto de 4 de fev. 1993 (RJ 1998, 1499) in: QUINTERO OLIVARES, Gonzalo. *Locos y culpables*. Pamplona: Aranzadi, 1999, p. 153.

[143] Idem, p. 135-136.

[144] Idem, p. 142-144.

[145] Idem, p. 159.

imputável em abstrato, antes de cometer um delito, pois é uma condição que só pode ser examinada após o cometimento deste.

Parece-nos, portanto, que o conceito de *lege lata* de inimputabilidade não é o maior problema a ser enfrentado. O conceito não está equivocado ao exigir o elemento patológico. Da mesma forma, correto o mandamento legal ao prescrever que a total incapacidade de entender a ilicitude do fato exclui a imputabilidade. O dilema reside na incapacidade de autodeterminação como fator a excluir a imputabilidade. E o problema, conforme podemos concluir, tem muito mais a ver com uma eventual (in)compreensão sobre o que seja esta "autodeterminação". Para tanto, há que se reconhecer a interdisciplinaridade da matéria, recorrendo-se a outras áreas de conhecimento, como fizemos até aqui. Por isso que, para alguns, o psicopata sexual violento, como o famoso norte-americano Ted Bundy, condenado à cadeira elétrica no final da década de 1980, era um sujeito que, ao premeditar, organizar, planejar e executar friamente inúmeros crimes brutais, possuía total autodeterminação, tanto que conseguia adiar o cometimento de um crime caso percebesse que isto era necessário à melhor consecução de seu desiderato. Pensamos exatamente o oposto. Este sujeito apenas adia o crime porque verifica que seu plano de ação corre risco por algum motivo, ou seja, não deixa de praticá-lo "em função do entendimento sobre a ilicitude", como requer a lei penal, nem porque se sente motivado a abster-se da prática criminosa, nem por razões de compaixão ou solidariedade em relação à vítima. Ademais, seu desejo pelo crime permanece latente até não mais resistir, momento em que tal "capacidade de autodeterminação" finalmente falha e o indivíduo deixa de ser motivável. Esta é uma das características mais relevantes do psicopata: a compulsão para a repetição de atos violentos. Lorenz, Hale e Serafim também observaram que alguns sujeitos condenados por crimes violentos (como estupro e homicídio) e classificados com transtorno de personalidade antissocial apresentam elevados níveis de impulsividade, baixos níveis de ansiedade e ausência de sentimentos éticos.[146]

---

[146] Vide: LORENZ, A. R.; NEWMAN J. P. Deficient response modulation and emotion processing in low-anxious Caucasian psychopathic offenders: results from a lexical decision task. Emotion. v. 2, n. 2, p. 91-104, 2002. HALE L. R., GOLDSTEIN D. S., ABRAMOWITZ C. S., CALAMARI J. E., KOSSON D. S. Psychopathy is related to negative affectivity but not to anxiety sensitivity. Behav Res Ther. v. 42, n. 6, p. 697-710, 2004. SERAFIM, A. P. Correlação entre ansiedade e comportamento criminoso: padrões de respostas psicofisiológicas em homicidas [tese]. São Paulo: Faculdade de Medicina, Universidade de São Paulo: 2005.

Assim, equivocam-se alguns juristas espanhóis e brasileiros ao considerar presente a plena capacidade de autodeterminação do psicopata sexual, quando, na verdade, confundem-na com a capacidade de estes indivíduos planejarem e executarem seus desideratos criminosos. Há, pois que analisar se, no caso concreto, o sujeito tinha liberdade (e isto pressupõe saúde mental suficiente) para decidir pelo cometimento ou não daquele crime, não se devendo, *a priori*, fechar as portas para o conceito de inimputabilidade como uma possibilidade a ser aplicada em alguns casos. Soa estranho falar em conceitos como "bondade" ou "maldade" cientificamente. Estas são opções de comportamento para quem tem condições reais (e não mera faculdade) de escolher. O psicopata possui um cérebro diferente, o que está fartamente demonstrado pela medicina nos exames de ressonância magnética funcional, quando imagens boas e bonitas como uma paisagem são mostradas junto a imagens chocantes como cenas de violência. Enquanto em "pessoas normais" o cérebro reage diferentemente a estas impressões, nos psicopatas o sistema límbico simplesmente não funciona, não produzindo alteração alguma no corpo: "não sofrem taquicardia, não suam de nervoso. Por isso passam tranquilamente num detector de mentiras", como refere Ana Beatriz Barbosa Silva.[147] Esta psiquiatra refere que, segundo estatísticas norte-americanas, 4 em cada 100 pessoas são psicopatas, e que na população carcerária, segundo pesquisas nos Estados Unidos e no Canadá, 25% dos presos o são. Essas falhas no chamado "marcador somático" do psicopata foram estudadas por Damásio e sua equipe[148] e concluiu-se que determinadas lesões no córtex frontal tendem a desencadear um empobrecimento na capacidade de tomar decisões, bem como uma inadequação social decorrente. Tais sujeitos apresentam um sistema nervoso central não responsivo e com um padrão de ondas cerebrais semelhante ao de crianças e adolescentes, sugerindo uma imaturidade baixa. Também apresentam uma frequência cardíaca de repouso baixa em contraste com o pulso rápido da ansiedade e estados de alerta e "não sentem ansiedade quando mentem, cometem um crime ou se envolvem em comportamentos de alto risco [...]. O comportamento

---

[147] MENDONÇA, Martha. Entrevista com Ana Beatriz Barbosa Silva: Psicopatas não sentem compaixão. Disponível em: <http://revistaepoca.globo.com/Revista/Epoca>. Acesso em 7 jan. 2010.

[148] GAUER, Gabriel Chittó; PEREIRA, Luiz Augusto. Exercício da medicina: intimidação e violência. *Revista da AMRIGS*, v. 49, n. 2, p. 69-136, 2005.

antissocial seria um esforço para estimular um sistema nervoso central cronicamente não responsivo".[149]

Também nos parece certo que o conceito de transtorno mental adotado pelo atual CP espanhol, com base biológica bastante ampla, abarca a eximente das denominadas psicopatias e sociopatias,[150] conforme largamente demonstrado.

Neste sentido, e discutindo o conceito de alienação mental usado no CP espanhol anterior, Mir Puig[151] já dizia, com relação às psicopatias, que *"la anormalidad en la afectividad condiciona una formación anormal de la voluntad, puesto que ésta depende del estado de ánimo y de la total personalidad del sujeto"*. Concordamos com Mir Puig quando ele oferece o critério da normalidade motivacional para cimentar a concepção de responsabilidade penal. Assim, quando o sujeito sofre uma motivação anormal, que coloca em risco sua normalidade psíquica, poderá apresentar ausência de responsabilidade penal. Se tal normalidade psíquica vier a estar completamente anulada, fica excluída a imputabilidade. Tal situação difere completamente dos casos em que uma situação motivacional anormal não compromete totalmente a normalidade psíquica do sujeito, podendo gerar, no máximo, uma diminuição de sua capacidade de responsabilidade. E recordemos que antes do novo CP espanhol já se dizia que *"desde la perspectiva de la fórmula mixta habría que sostener que la base psicopatológica (psicopatía) impide al sujeto motivarse normalmente"*.[152] Para Mir Puig,[153] se a antijuridicidade é a infração da norma motivadora, pressupõe-se que esta possa ser compreendida por seu destinatário. Assim, a capacidade do sujeito para ser motivado pela norma constitui condição do injusto e, por isso mesmo, deve ser incluída como elemento do fato antijurídico. Esta capacidade de motivação deve estar relacionada ao homem concreto e não ao "homem médio" e assim, a motivabilidade (possibilidade de alguma motivação) condiciona o injusto. Entretanto, se esta motivação alcança ou não certo grau de normalidade isto é matéria de culpabilidade. Portanto, no

---

[149] GAUER, Gabriel Chittó; PEREIRA, Luiz Augusto. Exercício da medicina: intimidação e violência. *Revista da AMRIGS*, v. 49, n. 2, p. 69-136, 2005.

[150] SEGURA GARCÍA, María José. Retribución y prevención en el tratamiento legal del enfermo mental delincuente en los Estados Unidos de América: aspectos penales y procesales de la denominada insanity defense. *Cuadernos de Política Criminal*, n. 58, p. 214, 1996.

[151] MIR PUIG, Santiago. *Derecho penal*: parte general. 2. ed. Barcelona: PPU, 1985, p. 495.

[152] ALONSO ALAMO, Mercedes. Observaciones sobre el tratamiento penal de las psicopatías. In: DE LA CUESTA ARZAMENDI, José Luis; DENDALUZE, Iñaki; ECHEBURÚA, Enrique (org.). Criminología y Derecho Penal al servicio de la persona. *Libro homenaje al profesor beristain*. San Sebastián: Instituto Vasco de Criminología, 1989, p. 455.

[153] MIR PUIG, Santiago. *Estado, pena y delito*. Buenos Aires: Bdef, 2006, p. 172-174.

injusto são selecionados aqueles comportamentos que o Direito Penal deseja evitar e, para tanto, é necessário motivar o cumprimento da norma. A culpabilidade é o terreno onde as possibilidades psíquicas de motivação normal do autor do fato são examinadas. A ausência desta normalidade não impede de seguir-se valorando o fato como antijurídico pois não supõe uma impossibilidade absoluta de motivação mas somente uma ausência de normalidade do processo motivacional.

De acordo com o CP espanhol de 1944, o art. 8.1 mencionava "enajenación" (conceito normativo e não técnico-psiquiátrico), onde somente algumas enfermidades que causassem a "perda do eu" poderiam ser incluídas na fórmula. Era indiscutível que este não seria o caso das psicopatias. Tal conceito gerou uma crítica tão forte por parte da doutrina que o novo CP (1995), no art. 20.1 passou a mencionar *"anomalía o alteración psíquica"*, efetuando-se aí uma verdadeira revolução no conceito, já que possibilitou uma considerável ampliação do rol de transtornos mentais compreendidos na fórmula.[154] Inclusive aí parte considerável da doutrina criticou o conceito por ser pouco científico. Além disso, a nova configuração do art. 20.1 CP permite integrar as anomalias ou alterações psíquicas permanentes ou transitórias pois o conceito é normativo e não psiquiátrico.

Concordamos com Urruela Mora[155] no sentido de que:

A pesar de las críticas planteadas conviene poner de manifiesto el importante avance que ha supuesto la novedosa fórmula del art. 20.1 CP 1995, básicamente al permitir la integración en su ámbito de todos aquellos trastornos mentales y del comportamiento incluidos en las clasificaciones internacionales.

Também Muñoz Conde[156] refere que a alteração na afetividade que incide no processo de socialização pode fazer fracassar a internalização das normas, abrindo as portas da inimputabilidade. Concretamente manifesta o autor:

Cualquier factor que incida en los procesos de socialización, aunque no afecte a la inteligencia y a la voluntad, debe ser tenido presente al hacer el juicio sobre la imputabilidad. El sujeto no motivable por la norma, es inimputable, al haber fracasado los procesos de socialización y aprendizaje.

---

[154] URRUELA MORA, Asier. *Imputabilidad penal y anomalía o alteración psíquica:* la capacidad de culpabilidad penal a la luz de los modernos avances en y genética. Granada: Comares, 2004, p. 208-210.

[155] Idem, p. 212.

[156] MUÑOZ CONDE, Francisco. La imputabilidad del enfermo mental. *Psicopatología*, n. 2, p. 130-135, 1982.

Finalmente, concordamos plenamente com Jescheck[157] quando estabelece:

> [...] aún concurriendo la comprensión de lo injusto del hecho, la capacidad de culpabilidad puede negarse cuando el autor resultó incapaz de actuar con arreglo a aquel entendimiento (momento volitivo) por causa de la perturbación psíquica, lo que sucede sobre todo en la embriaguez alcohólica, las psicopatías y las perturbaciones sexuales, puesto que en ellas, pese a la concurrencia de una clara conciencia de lo injusto, en los casos excepcionales, hasta tal punto predominan los impulsos que conducen al hecho o pueden debilitarse los factores inhibidores, que aquellos dejan de resultar dominables.

Infelizmente, ao contrário do que se poderia imaginar, o câmbio no conceito legal do CP espanhol de 1995 não foi acompanhado de mudança similar no entendimento jurisprudencial sobre a matéria. A crítica que fazemos aqui também é aplicada à jurisprudência brasileira, que vem no mesmo sentido da espanhola.

De fato, o Tribunal Supremo espanhol continua apreciando a psicopatia como eximente incompleta ou atenuante analógica, somente admitindo a eximente completa se a psicopatia for acompanhada por outras enfermidades orgânicas ou psíquicas suplementares. A respeito disto, critica Urruela Mora:[158]

> Este criticable criterio (no sólo por restrictivo, sino también por confuso, ya que evidentemente el trastorno de la personalidad tiene que incidir en la capacidad de autodeterminación, pues de lo contrario no procederá aplicar ni la eximente ni la atenuante) es el que se ha mantenido con oscilaciones bajo la vigencia del nuevo CP de 1995, por lo que se continúa con la tendencia jurisprudencial anterior de apreciar la atenuante analógica [...] mientras que se reserva la semi-eximente para los supuestos más graves de trastorno de la personalidad, normalmente cuando se manifiesta junto con otra patología.

Também discordamos do entendimento jurisprudencial ora apresentado, pois, no dizer de López-Ibor Aliño,[159] os dados psi-

---

[157] JESCHECK JESCHECK, Hans-Heinrich; WEIGEND, Thomas. *Tratado de derecho penal*: parte general. 5. ed. Granada: Comares, 2002, p. 605.

[158] URRUELA MORA, Asier. *Imputabilidad penal y anomalía o alteración psíquica:* la capacidad de culpabilidad penal a la luz de los modernos avances en y genética. Granada: Comares, 2004, p. 320-321.

[159] LÓPEZ-IBOR ALIÑO, Juan José. *La responsabilidad penal del enfermo mental*. Madrid: Instituto de España – Real Academia Nacional de Medicina, 1951, p. 48. No mesmo sentido: ALBERCA LORENTE, Román. *La actualidad de la enfermedad y la tipicidad del delito en derecho penal*. Madrid: Tecnos, 1965, p. 61; ALONSO ALAMO, Mercedes. Observaciones sobre el tratamiento penal de las psicopatías. In: DE LA CUESTA ARZAMENDI, José Luis; DENDALUZE, Iñaki; ECHEBURÚA, Enrique (org.). Criminología y Derecho Penal al servicio de la persona. *Libro homenaje al Profesor Beristain*. San Sebastián: Instituto Vasco de Criminología, 1989, p. 448; GARRIDO GUZMÁN, Luis. El tratamiento de psicópatas y los establecimientos de terapia social. In: DE LA CUESTA ARZAMENDI, José Luis; DENDALUZE, Iñaki; ECHEBURÚA,

quiátricos demonstram que os casos mais graves de transtorno de personalidade apresentam sérias incidências sobre a própria capacidade volitiva do sujeito, tão idolatrada pela lei penal, e apenas por isto já procederia o reconhecimento da inimputabilidade. Refere Urruela Mora:[160]

> En definitiva, y en relación con estos trastornos lo que procede es superar la corriente jurisprudencial anterior, y no basar las resoluciones judiciales en la fuerte alarma social que los delitos de estos sujetos provocan en la comunidad partiendo, en lugar de ello del carácter de verdaderas anomalías psíquicas de los mismos y de su posible efecto sobre la imputabilidad del sujeto.

Soluções simplistas e simplórias não têm condições de responder questionamentos complexos e que demandam conhecimentos interdisciplinares. A teimosia pela negação da inimputabilidade como uma possibilidade, em certos casos de delinquentes sexuais violentos psicopatas vitimiza a própria sociedade já que a aplicação "equivocada" de pena ou de medida de segurança só traz transtornos a quem realmente lida com este tipo de criminoso. A aplicação de uma pena e sua execução numa casa prisional pode propiciar danos realmente consideráveis tendo em vista a ausência de um acompanhamento médico mais adequado e, ainda, a "confusão" que tal sujeito pode provocar. Trataremos sobre algumas das principais consequências jurídicas (penas e medidas de segurança) que atualmente são tendências especialmente no Brasil e na Espanha, sem prejuízo de experiências estrangeiras interessantes, nos capítulos que seguem.

Enrique (org.). *Criminología y derecho penal al servicio de la persona.* Libro homenaje al profesor Beristain. San Sebastián: Instituto Vasco de Criminología, 1989, p. 1052.

[160] URRUELA MORA, Asier. *Imputabilidad penal y anomalía o alteración psíquica:* la capacidad de culpabilidad penal a la luz de los modernos avances en y genética. Granada: Comares, 2004, p. 324.

4. As medidas de segurança aplicáveis aos delinquentes sexuais violentos

O jornal espanhol *El País*, de 10 de outubro de 2004, noticiou que os psicólogos e os educadores do presídio de Brians, em Barcelona, estavam desolados. Depois de muitos anos de trabalho com o presidiário Pedro Jiménez García, considerado psicopata em 1993, este reincidiu matando a dois policiais numa saída temporária. Pedro havia sido preso em 1993 e foi condenado a 15 anos de prisão. O condenado já se encontrava cumprindo outra pena privativa de liberdade por crime violento. Como matou policiais, a pena desta vez ficaria próxima dos 74 anos, embora naquele país o tempo de efetivo cumprimento seja de 25 anos. Questiona-se assim, de modo permanente, se o Direito Penal é legítimo e se é capaz de prevenir eventos como estes.[161]

4.1. HISTÓRICO DAS MEDIDAS DE SEGURANÇA

Desde a Antiguidade clássica, berço da filosofia ocidental, travam-se intensos debates sobre Estado e Direito, além, é claro, sobre as finalidades da pena, com destaque para a variante preventiva geral e especial. Platão dizia[162] que se o fim da pena é a aplicação de um castigo, seu efeito é o de melhorar o culpado, livrando-o do cometimento de novos delitos, além de acautelar os demais sobre as consequências da prática delituosa. Ideia semelhante foi desenvolvida em Roma, por Sêneca (4-65 d.C), o qual via na recuperação do

---

[161] SÁNCHEZ LÁZARO, Fernando Guanarteme. Un problema de peligrosidad postdelictual: reflexiones sobre las posibilidades y límites de la denominada custodia de seguridad. *Revista Penal*, n. 17, p. 142, jan. 2006.

[162] *Apud* ALVIM, Rui Carlos Machado. *Uma pequena história das medidas de segurança*. São Paulo: Instituto Brasileiro de Ciências Criminais, 1987, p. 56.

criminoso o fim e o efeito da pena, e por isso propunha a eliminação dos irrecuperáveis, e na Grécia, o ostracismo afastava das cidades os cidadãos influentes que, por suas posições políticas, pudessem gerar risco para o Estado.[163]

Já a Idade Média cristã caracterizou-se pelo rigorismo. São Tomás de Aquino, no século XIII, defendia o enrijecimento do castigo penal. Adepto da linha platônica, defendia outras espécies de penas como as terapêuticas. Marq Ancel, buscando fundar seu movimento da "nova defesa social", viu na proposta de São Tomás o que ficou denominado como "pena medicinal" (hoje, tratamento do delinquente). Tal raciocínio situa-se na base das penas canônicas em que a detenção tinha por objetivo fazer com que o pecador se arrependesse de seus atos e se redimisse através da compreensão da gravidade da sua culpa, preponderando o espírito de caridade, compaixão e misericórdia. Assim não houve convergência entre a pena medicinal de São Tomás (punição até a exaustão ou mera retribuição) e a "pena medicinal" veiculada por teólogos posteriormente (emenda do criminoso ou ressocialização).[164] Vale lembrar que, quanto aos loucos, estes eram considerados como penalmente incapazes, conforme o direito canônico. Os praxistas, desde o século XIII, seguiam o Direito Romano afirmando que infligir pena a eles constituiria *máxima iniquitas*.[165] Mais proximamente (a partir do século XVI), providências corretivas e disciplinares, até mesmo com caráter policial, foram impostas como meios preventivos, não apenas aos menores e aos loucos, mas também aos ébrios habituais, aos "vagabundos" e aos mendigos, entre outras categorias de indivíduos considerados antissociais. Interessante lembrar que até recentemente ainda tínhamos como vigente a contravenção penal de "mendicância" no Direito Penal brasileiro.

No século XIX, com a chegada dos novos tempos, com o crescimento galopante das principais cidades europeias e com a Revolução Industrial, aumentavam o desemprego e a instabilidade social. Novos métodos de combate à criminalidade surgiam ao lado do policiamento e das primeiras providências de planejamento e higienização urbanos. Marcavam-se alguns com o sinal da periculosidade aplicando-se diversas espécies de medida de segurança. Não se pretendia mais equilibrar delitos e penas, mas apenas eliminar o

---

[163] ALVIM, Rui Carlos Machado. *Uma pequena história das medidas de segurança*. São Paulo: Instituto Brasileiro de Ciências Criminais, 1987, p. 57.

[164] Idem, p. 78.

[165] FRAGOSO, Heleno Cláudio. *Lições de direito penal*: parte geral. 8. ed. Rio de Janeiro: Forense, 1985, p. 403.

indivíduo considerado inassimilável para a conservação do organismo social, tendo um sentido utilitarista, de defesa social.

O Código Penal francês de 1810 previa para os jovens que tivessem idade entre 13 e 18 anos e que atuassem "sem discernimento", medidas educativas (art. 63), e ordenava a segregação indefinida dos reputados como "vagabundos" (art. 271), depois do cumprimento da pena que lhes houvesse sido imposta. A partir de 1832, os tais "vagabundos" liberados eram submetidos à "vigilância especial" da polícia, medida essa que viria a ser acolhida, posteriormente, pelo Direito italiano.

No final do século XIX a pena deixou de ser percebida como resposta estatal sancionatória suficiente. Diante dos reincidentes, dos criminosos habituais, dos loucos e dos menores, surgia a necessidade de um tratamento diferenciado. Utilizamos a expressão "tratamento" propositalmente, até porque foi exatamente este o objetivo perseguido a partir de então, com a criação das medidas de segurança.

Eminentemente de cunho preventivo, em substituição ao cunho retributivo, especialmente diante dos chamados incuráveis, o tratamento, que por vezes significava a pura inocuização do sujeito, ainda que não tivesse delinquido, pretendia dar uma demonstração da existência e validade do ordenamento jurídico à sociedade. O crime era percebido como doença social que poderia ser "curada" através de um tratamento eficaz, principalmente graças à escola positivista italiana de Defesa Social, que via no determinismo, na periculosidade e no utilitarismo os princípios imanentes a essa categoria de resposta sancionatória.[166]

Os adeptos do princípio da defesa social partiam da premissa de que tanto a sociedade quanto o indivíduo tinham direito à própria conservação, refletindo sobre formas de controle social que permitissem até mesmo a segregação dos considerados inadaptáveis: assim, a inocuização consistiria em um bem para a própria harmonia da convivência social. No dizer de Ferrari:[167] "A justiça penal possuía, assim, uma função clínica que preservaria a sociedade, estimulando à formação da Escola da Defesa Social, propondo a substituição dos fins retributivos por novos e eficazes instrumentos preventivos". A medida preventiva era um instrumento de eficácia e de utilidade. Por isso, a utilidade, o determinismo, a defesa da

---

[166] FERRARI, Eduardo Reale. *Medidas de segurança e direito penal no estado democrático de direito*. São Paulo: Revista dos Tribunais, 2001, p. 20.

[167] Ibidem.

sociedade e a periculosidade foram características relevantes ao positivismo e tiveram papel significativo na construção das medidas.

A constatada insuficiência da pena e os evidentes riscos de estabelecer-se um sistema de medidas baseado exclusivamente nas necessidades da defesa social[168] levaram ao nascimento de um siste-

---

[168] A defesa social iniciou seus postulados com três importantes direções: a Concepção Extrema ou de Gênova, a Direção Moderada ou de Paris e, ao final, a Direção Conservadora. Representante maior da primeira delas foi Felippo Gramatica. Ele sustentava que a sanção penal seria aplicável a todos os antissociais; o indivíduo não seria punido por ter praticado um delito, mas por sua periculosidade social. Substituía-se a responsabilidade factual pela antissociabilidade subjetiva. Segundo a corrente genovesa, o sistema de defesa social deveria substituir as penas por medidas de prevenção, elegendo a cura e a educação social do homem como seus fundamentos. Marc Ancel, representante da Corrente Moderada ou de Paris, verificou que a Corrente Extrema colocava em perigo garantias individuais e propôs uma nova vertente chamada de "Nova Defesa Social". Esta corrente distinguia-se da genovesa, porque anunciava grande preocupação em relação à questão do livre arbítrio do delinquente. Pretendia a ressocialização do cidadão e um sistema onde penas e medidas de segurança convivessem de modo integrado (não unificado). Já no que respeita à Corrente Conservadora, seu grande expoente foi Nuvollone. Esta foi a corrente que mais se aproximou do Direito Penal clássico. Propugnava pela unificação entre penas e medidas, deixando em aberto, todavia, a incoerência quando da aplicação de certos princípios. Por exemplo, enquanto o princípio da legalidade exigia a prática de um crime anterior para a aplicação da pena, isto não ocorria em relação à medida de segurança, a qual prescindia da prática de um ilícito típico. Sobre o tema FERRARI, Eduardo Reale. *Medidas de Segurança e Direito Penal no Estado Democrático de Direito*. São Paulo: Revista dos Tribunais, 2001, p. 26-28. Assim, substituía-se a proporcionalidade entre pena e gravidade do delito por aquela entre pena e perversidade do delinquente. Por esta porta adentraram os loucos criminosos, que desde o início do século XIX começaram a ser separados dos loucos comuns e enviados a "hospícios penais" como o de Bethleme e o de Broadmoor, ambos em Londres. A respeito ALVIM, Rui Carlos Machado. *Uma Pequena História das Medidas de Segurança*. São Paulo: Instituto Brasileiro de Ciências Criminais. 1987, p. 24. Os positivistas consideravam que a conduta humana era tão somente o resultado de um conjunto de causas naturais e que a liberdade do indivíduo possuía um ínfimo valor. Concebiam a sociedade humana como um organismo que evoluiria como um ser biológico composto de numerosas células – indivíduos – e cuja finalidade era a mera sobrevivência; a conduta humana, em consequência, viria determinada por causas alheias ao livre arbítrio. A defesa social se converteria no único fundamento da reação frente ao delito, enquanto a culpabilidade do delinquente ficava relegada como elemento estranho a qualquer reação defensiva. A preocupação defensivista dos positivistas vinha a socorrer as carências que, desde o ponto de vista da prevenção, padecia o sistema penal clássico, excessivamente ancorado em considerações retributivas a respeito do delinquente culpável, o que, sem dúvida, permitiu grandes avanços no que diz respeito à finalidade preventiva do Direito Penal. Entretanto, por evidenciar completamente a consideração da culpabilidade na determinação da reação frente ao delito menosprezando a consideração do indivíduo delinquente, facilitou excessos que nenhum sistema penal contemporâneo poderia admitir. O positivismo determinista, em sua vertente extrema, pese haver elucidado o fundamento das medidas de segurança como forma de reação frente ao delito adequada à periculosidade do delinquente, conduzia ao esquecimento das garantias do mesmo frente ao Estado, postergando as exigências dos princípios básicos de Direito Penal (princípios da legalidade penal e da segurança jurídica, especialmente). A medida concreta a impor em cada caso, preventiva ou repressiva – e inclusiva, a eliminação do delinquente – viria determinada pela temibilidade do infrator. Consulte SANTOS REQUENA, Agustín-Alejandro. *La imposición de medidas de seguridad en el proceso penal*. Granada: Comares, 2001, p. 19-23.

ma denominado dualista, caracterizado por uma pena baseada na culpabilidade (com sua irrenunciável finalidade retributiva) complementada por uma série de medidas de segurança para quando aquela não resultasse aplicável ou adequada (por tratar-se, por exemplo, de inimputáveis), ou não bastasse para enfrentar a periculosidade.

Na França, uma lei de 27 de maio de 1885 instituiu a "pena complementar" para multirreincidentes. Consistia em uma medida de caráter preventivo, visando a relegação indeterminada dos delinquentes incorrigíveis, constituindo, portanto, uma verdadeira medida de segurança. Na Inglaterra, em 1860, foram instituídos os manicômios criminais, pelo *Criminal Lunatic Asylum Act*, a que se seguiu o *Trial of Lunatic Act*, de 1883. Posteriormente, surgiram providências contra os ébrios (*Inebriate Act*, de 1898) e para os mais jovens (*Children Act*, de 1908). O Código Penal italiano de 1889 (Código Zanardelli), que iria exercer grande influência na Europa e na América Latina, notadamente no Brasil, Uruguai e Venezuela, também incorporava disposições de prevenção mediata, típicas medidas de segurança, embora não utilizasse, ainda, tal expressão. Previa, assim, além da "vigilância especial" (arts. 28 e 42), a internação dos acusados absolvidos por *vizio totale di mente* (art. 46), bem como medidas relativas a "menores, ébrios habituais e reincidentes" (arts. 48, 53 a 58 e 80, entre outros).[169] O Código Penal norueguês de 1902 previa em seu art. 39 que se um tribunal considerasse o réu absolvido ou condenado a uma pena diminuída em virtude de sua irresponsabilidade total ou parcial, poderia ordenar a sua internação em um asilo de "alienados", em um estabelecimento de cura e assistência, ou então impor as pena de desterro ou de confinamento. Uma vez imposta, a medida terapêutica não poderia ser revogada, a menos que algum médico a declarasse desnecessária.

Já após a Segunda Guerra Mundial, os postulados da defesa social não poderiam continuar sendo desenvolvidos em sua forma pura. A preocupação por compatibilizar os princípios da defesa social com um irrenunciável humanismo ficou exemplificada pela "Nova Defesa Social", de Marq Ancel. Esta corrente doutrinária se distinguiu da tradicional por levar em consideração o livre arbítrio, proporcionar os meios mais eficazes para a eliminação do perigo, e empregar uma ampla gama de medidas para a luta contra o crime. Além disso, opôs-se radicalmente aos princípios básicos do positivismo (em especial ao determinismo e à concepção orga-

---

[169] MAGGIORE, Giuseppe. *Derecho penal*. Bogotá: Temis, 1954, 2 v, p. 396.

nicista-biológica da sociedade), outorgando especial relevância à culpabilidade e à pessoa do delinquente, levando a cabo uma ação social completa, capaz de reduzir os fatores criminógenos, por mais complexos que fossem. Não é de se estranhar, portanto, que a delimitação entre os conceitos de pena e medida de segurança, em princípio tão clara, tenha se tornado confusa conforme avançavam os conceitos de finalidade geral do Direito Penal. A pena ia perdendo seu originário caráter meramente retributivista para alcançar uma finalidade essencial ou primordialmente ressocializadora; a medida ia cedendo sua finalidade estritamente asseguratória para fazer-se educativa ou curativa. Hoje, o art. 25.2 da Constituição espanhola estabelece que as penas privativas de liberdade e as medidas de segurança estão orientadas à reinserção social.

Na Espanha, a introdução de medidas de segurança, assim denominadas, e com uma natureza já definida, teve lugar no Código Penal de 1928. Segundo o sistema dualista, iniciado no anteprojeto do Código Penal suíço (1893) salvaguardavam-se os princípios da legalidade e da jurisdicionalidade na imposição e na execução das medidas. Mais tarde, em 1933, a Lei de Vagos e Maleantes (LVM) espanhola (período de forte instabilidade social e coincidente com o auge que então experimentara as Teorias da Defesa Social) foi um instrumento excessivamente defensivista da ordem pública. Em 1970, a nova "Ley de Periculosidad y Rehabilitación Social" (LPRS) veio a confundir periculosidade criminal com periculosidade social. A periculosidade criminal consiste na probabilidade de que o sujeito realize, no futuro, uma conduta delitiva. Já a periculosidade social consistiria na exclusão, no estar à margem da sociedade, o que na verdade, exigiria medidas de caráter social. Tal confusão significava um retrocesso ao Direito Penal do séc. XIX, do ponto de vista político-criminal.[170] Assim, a regulamentação vigente até.a entrada em vigor do Código Penal de 1995 ficou limitada à Lei de Periculosidade e Reabilitação Social. No preâmbulo do texto legal elogiavam-se os resultados obtidos pela LVM, de 1933, sustentando-se substancialmente os mesmos princípios lá inspirados. Portanto, a lei de 1970 estabelecia uma série de estados perigosos nos quais poderiam ser declaradas certas pessoas, com a consequente imposição de medidas de segurança e reabilitação social: "vagabundos, drogados, prostitutas, mendigos, bêbados", enfim. Especial crítica mereceu, dentre numerosos aspectos desta lei, sua confusão constante entre periculosidade social e periculosidade cri-

---

[170] CEREZO MIR, José. *Curso de derecho penal español*: parte general. 5. ed. Madrid: Tecnos, 1996, p. 34-36.

minal, a possibilidade de aplicar medidas de segurança de caráter pré-delituoso, a amplitude na formulação de tipos nos quais havia que subsumir-se o estado perigoso, a execução da medida posterior ao cumprimento da pena, muito frequentemente perdendo o seu sentido. Em suma, chegou-se à conclusão de que a LPRS realmente servia para prolongar os efeitos da pena, infringindo princípios básicos do Direito Penal, como são os da legalidade e da intervenção mínima.

No Brasil, o Código Criminal do Império, de 1830, dispunha que os loucos que houvessem "cometido crimes" haveriam de ser recolhidos às casas a eles destinadas, ou então entregues às respectivas famílias, consoante parecesse mais apropriado ao juiz criminal (art. 12); dispunha, ainda, que os menores de 14 anos que tivessem cometido crimes "com discernimento" deveriam ser recolhidos às Casas de Correção (art. 13). O Código Penal da República, de 1890, em seus arts. 29 e 30, respectivamente, previa disposições semelhantes àquelas: os indivíduos isentos de culpabilidade em virtude de problemas mentais deveriam ser entregues às suas famílias ou então recolhidos a hospitais de alienados, se o seu estado mental assim o exigisse, "para segurança do público"; já os maiores de 9 e menores de 14 anos, que houvessem "obrado com discernimento", seriam recolhidos a estabelecimentos disciplinares industriais. Previa ainda para os "vadios" e para os "capoeiras" que fossem condenados como tais (arts. 399 e 402) e se reincidissem nessas contravenções haveria ainda a internação em colônias penais (arts. 400 e 403); para os "toxicômanos ou intoxicados habituais", a internação curativa, e para os "ébrios habituais, que fossem nocivos ou perigosos a si próprios, a outrem ou à ordem pública", a internação em estabelecimento correicional adequado à sua condição.[171] No Brasil, a medida de segurança foi disciplinada pela primeira vez através do Decreto nº 1.132, de 1903. A medida consistia no recolhimento de "alienados" que comprometessem a ordem pública ou a segurança das pessoas, independentemente de terem cometido algum crime. Depois, em 1913, com o projeto do Código Penal de Galdino Siqueira, verificou-se a influência dos estudos de Stooss e das teorias de Von Listz. A medida de tratamento veio a ser enunciada novamente no projeto de Código de autoria de Virgílio de Sá Pereira, em 1927. Era um projeto influenciado pelos textos do Código suíço e do projeto de Rocco, na Itália, baseado na exigência da periculosidade social (e não apenas criminal). Depois de outras

---

[171] Redação dada pelo art. 3º, do Decreto nº 4.294 de 06.06.1921, que modificou os termos originais do art. 396, do CP de 1890.

tentativas, a codificação das medidas de segurança aconteceu no Brasil apenas no Código Penal de 1940, em vigor atualmente, após algumas reformas.

O Código Penal de 1940, anteriormente à reforma de 1984, estipulava, no que concerne a medidas de segurança, um sistema bastante semelhante ao Código italiano de 1930 (o Código Rocco) e nele diretamente inspirado, prevendo, além da possibilidade de verificação pessoal da periculosidade do réu pelo juiz, diversas categorias de indivíduos presumidamente perigosos (os inimputáveis e semi-imputáveis por enfermidade mental, os ébrios habituais condenados por crimes cometidos como filiados à associação, bando ou quadrilha) e, consequentemente, diversas espécies de medida de segurança, fossem pessoais (internação em manicômio judiciário, em casa de custódia e tratamento; em colônia agrícola ou em instituto de trabalho, de reeducação ou de ensino profissional, liberdade vigiada, proibição de frequentar determinados lugares, exílio total) ou patrimoniais (interdição de estabelecimento ou sede de sociedade ou associação, confisco dos instrumentos e produtos de crime), em um conjunto de dispositivos considerado, à época, moderno e inovador. O Código Penal brasileiro de 1940 optou pelo sistema do duplo binário e a medida de segurança só cessava quando o indivíduo estivesse totalmente curado. Ademais, tal Código admitia a aplicabilidade da medida profilática ainda que não praticado delito algum, apesar de prever o princípio de legalidade no seu art. 75. Também, apesar de adotar o princípio da jurisdicionalidade, aquele mesmo diploma enumerava situações taxativas de presunção de periculosidade, suficientes para a aplicação da medida. Assim, a lei substituía-se ao juiz, dispensava-se a averiguação judicial, presumia-se a periculosidade. O art. 80 admitia até mesmo a aplicação provisória das medidas de segurança, pouco ou nada importando a presunção de inocência do indivíduo. A previsão de limite mínimo e a ausência de limite máximo temporal para a execução da medida decorriam de uma "necessária proteção social". A sociedade, temerosa com a periculosidade do indivíduo, e não obrigatoriamente do delinquente, preferia escamotear a perpetuidade da sanção-pena, denominando-a de "benéfico tratamento".[172]

Somente a partir da reforma da parte geral do Código brasileiro, em 1984, é que as medidas de segurança seriam destinadas, exclusivamente, aos inimputáveis e semi-imputáveis (estes, em

---

[172] FERRARI, Eduardo Reale. *Medidas de segurança e direito penal no estado democrático de direito*. São Paulo: Revista dos Tribunais, 2001, p. 36-37.

alguns casos), sendo o sistema vicariante implantado, abolindo-se o duplo binário. A reforma também revitalizou o princípio da legalidade enunciando como pressupostos obrigatórios, tanto a periculosidade criminal como, especialmente, a realização prévia de um ilícito típico na aplicação da medida de segurança. Também passou a diferenciar condutas criminais de ações antissociais abolindo a presunção de periculosidade e configurando a medida de segurança como sendo de natureza jurídico-penal. Sobreveio a Lei de Execuções Penais ou LEP (Lei n° 7.210/84), encerrando a possibilidade de aplicação provisória das medidas, sendo que a guia de internação somente poderia ser emitida pelo magistrado.[173] Um dos principais avanços da reforma foi a revogação das medidas de segurança pré-delitivas.[174] Mas esses não foram os únicos progressos consagrados pela reforma penal, no que concerne à medida de segurança. Como já referido, abandonou o legislador penal de 1984 o critério de execução sucessiva de pena e medida de segurança, de modo que esta não mais funciona, em hipótese alguma, como complemento da pena, sendo imposta apenas isoladamente (no caso dos inimputáveis), ou alternativamente (no caso dos semi-imputáveis) em relação às penas.

Mesmo considerados todos esses pequenos avanços na matéria, o fato é que as medidas ainda mascaram o real desiderato de isolamento de indivíduos considerados "perigosos" à população. Neste sentido, prelecionam Hassemer e Muñoz Conde:

> [...] la gente no mira tanto al pasado, al hecho ya cometido, sino que tiene miedo de los que se puedan cometer en el futuro. Y quiere la máxima seguridad, y no ya tanto la aplicación de todo el peso de la ley contra el asesino juzgado y condenado (lo que se da ya por supuesto), sino que la ley adopte medidas que eviten hechos similares en el futuro. Y esta seguridad cognitiva se busca por la prolongación indefinida de la duración de la pena, o por la aplicación de una medida de seguridad adicional a cumplir después de la pena.[175]

Na Alemanha, os Centros de Custódia de Segurança foram bons exemplos disso, como veremos mais adiante. Em 1998, a *Gesetz zur Bekämpfung von Sexualdelikten und Anderen Gefärlichen Straftaten* previa uma internação em Centro de Custódia de Segurança já por ocasião da primeira condenação. Tal medida significa internação

---

[173] FERRARI, Eduardo Reale. *Medidas de segurança e direito penal no estado democrático de direito.* São Paulo: Revista dos Tribunais, 2001, p. 43.

[174] ALVIM, Rui Carlos Machado. *Uma pequena história das medidas de segurança.* São Paulo: Instituto Brasileiro de Ciências Criminais, 1987, p. 120.

[175] HASSEMER, Winfried; MUÑOZ CONDE, Francisco. *Introducción a la criminología.* Valencia: Tirant lo Blanch, 2001, p. 377.

por tempo indeterminado no caso de persistir perigo de violência, e também podia ser acompanhada de uma medida adicional de vigilância no caso de liberação do sujeito.

Na Itália, apesar das críticas, permanece em vigor o conceito de delinquente por tendência como uma forma de castigar o sujeito "malvado". Como referem Cadoppi e Veneziani:[176]

> La dottrina più recente tende a ritenere queste tipologie legali di autore (delinquente abituale, profissionale, per tendenza), di ascendenza positivistica, discutibili ed anacronistiche; su tutte, quella del delinquente per tendenza mostrerebbe – oltre che mancanza di fondamento criminologico – un eccessivo sbilanciamento verso forme di responsabilità troppo eticizzanti e legate al "modo di essere" interiore del soggetto, oltretutto – si aggiunge – di difficile accertamento.

Padovani,[177] referindo-se a tal conceito ainda vigente no CP italiano, manifesta a ideia de punir a *"indole particolarmente malvagia del colpevole"*, do legislador dos anos 1930. Atualmente, os delinquentes sexuais violentos e os psicopatas em geral compõem um grupo que é potencialmente percebido como dotado de uma periculosidade quase demoníaca e que merece, portanto, todo e qualquer castigo com o propósito de proteção da sociedade. Dito isto, resta questionar o que é então esta "periculosidade".

4.2. A DEFINIÇÃO DE PERICULOSIDADE: NOTAS EXPLICATIVAS A PARTIR DAS LEGISLAÇÕES BRASILEIRA E ESPANHOLA

O termo periculosidade foi desenvolvido nos Congressos da União Internacional de Direito Penal e teve origem no verbete "temibilidade", de Garofalo.[178] A respeito de periculosidade criminal, afirma Fragoso[179] que este é um juízo de probabilidade que se formula diante de certos indícios. Trata-se de juízo empiricamente formulado e, por isso, sujeito a graves equívocos. Pressupõe uma ordem social determinada a que o sujeito deve ajustar-se e que não costuma ser questionada. Esta medida de periculosidade é o que

---

[176] CADOPPI, Alberto; VENEZIANI, Paolo. *Elementi di diritto penale*: parte generale. Padova: CEDAM, 2007, p. 529.

[177] PADOVANI, Tulio. *Diritto Penale*. Milano: Giuffré, 2006, p. 342.

[178] *Apud* LUZÓN CUESTA, José Maria. *Compendio de derecho penal*: parte general. 13. ed. Madrid: Dykinson, 2002, p. 257.

[179] FRAGOSO, Heleno Cláudio. *Lições de direito penal*: parte geral. 8. ed. Rio de Janeiro: Forense, p. 390.

limita a medida de segurança. Entretanto, há que assinalar que o juízo de periculosidade não pode conduzir a um grau de certeza jurídica, basta o risco admissível.[180] Na verdade, o julgador acaba movendo-se nas areias movediças dos indícios e das presunções.[181] Mesmo assim, as legislações penais brasileira e espanhola exigem um prognóstico de comportamento futuro que revele a probabilidade de cometimento de novos delitos, *conditio sine qua non* para que a medida possa ser imposta. Sempre é bom lembrar que não se pode confundir periculosidade com "estado perigoso". Conforme Carbonell Mateu:[182]

> [...] no tiene cabida en Derecho Penal ninguna referencia al "estado peligroso" como presupuesto de la aplicación de la medida. Tal presupuesto viene determinado por la comisión de un delito y por la peligrosidad, que ya no proviene de un "estado" de los recogidos en la derogada Ley de Peligrosidad y Rehabilitación Social. Por otra parte, la peligrosidad ha de venir referida necesariamente a la comisión de delitos, y no de conductas antisociales.

O juízo de periculosidade apresenta duas fases:[183] a primeira é o diagnóstico ou comprovação da qualidade sintomática da periculosidade do sujeito; a segunda fase é a prognose, ou seja, a comprovação da relação entre tal qualidade e o futuro criminal da pessoa. Logicamente, a doutrina tem-se manifestado acerca da dificuldade em emitir um juízo de periculosidade pois, conforme já dito, toda a probabilidade é carecedora da certeza. Como refere García Albero,[184] no juízo de periculosidade está o *punctus dolens* de toda a regulação da matéria.

Os delitos sexuais, principalmente os violentos, possuem forte tom emocional e são intensamente explorados pelos meios de comunicação. Apesar da gravidade de alguns desses delitos o fato é que possuem um nível de prevalência baixa em termos mundiais. Conforme estatísticas internacionais, os delitos sexuais ficam em torno de um por cento no conjunto dos delitos conhecidos. Sabemos que esta espécie de criminalidade tem uma cifra oculta que

---

[180] JESCHECK, Hans-Heinrich. *Tratado de derecho penal*: parte general. Granada: Comares, 1993, p. 734.

[181] COSTA JUNIOR, Paulo José da. *Direito penal*: curso completo. 5. ed. São Paulo: Saraiva, 1999, p. 215.

[182] CARBONELL MATEU, Juan Carlos. *Derecho penal*: concepto y principios constitucionales. 3. ed. Valencia: Tirant lo Blanch, 1999, p. 42-43.

[183] GARCÍA GARCÍA, Lucía. Marco jurídico de la enfermedad mental. Incapacitación e internamiento. *Revista General de Derecho*, Valencia, 2000, p. 479.

[184] GARCÍA ALBERO, Ramón. De las medidas de seguridad. In: QUINTERO OLIVARES, Gonzalo; MORALES PRATS, Fermín (org.). *Comentarios al nuevo código penal*. Pamplona: Aranzadi, 2001, p. 522.

não nos permite conhecer, com exatidão, dados mais precisos, o que sempre pode ser corrigido e melhor estimado através de pesquisas de vitimização.[185]

De acordo com as pesquisas citadas por Santiago Redondo[186] correspondentes a 1996, o índice de vitimização sexual num conjunto de 29 países avaliados ficou em 2,7%. O autor também menciona que os países asiáticos, africanos e latino-americanos costumam ficar acima do índice. As taxas europeias costumam ser mais baixas que a média, ainda que bastante variáveis. Alguns dados interessantes a respeito: Argentina: 9,6%; Índia: 7,5%; Uganda: 4,8%; Suíça: 4,6%; Áustria: 3,8%; Países Baixos 3,6%; Suécia: 2,9%; Inglaterra/Gales: 2,0%; Escócia: 1,3%; Irlanda do Norte: 1,2%; Catalunha: 1,2% e França: 0,9%.

Inobstante, os delitos sexuais em geral possuem penas de maior duração que a de outros delitos. Consequentemente, isto faz com que tenham uma aparente maior representação nas prisões, quando na verdade não excedem a 5% de toda a população carcerária.[187]

Também a reincidência dos delinquentes sexuais é baixa: enquanto a pesquisa internacional situa a reincidência geral em 50%, no caso dos delitos sexuais não excede a 20%. O problema é que os poucos que reincidem são responsáveis pelos novos delitos, geralmente graves e de modo repetitivo, sendo esta uma das maiores preocupações da criminologia e das políticas criminais atuais.[188]

A pesquisa sobre delinquência sexual, especialmente no que concerne ao tratamento e ao prognóstico de reincidência, ainda é muito insatisfatória nos países onde falta um adequado fundamento metodológico. Problemas metodológicos comuns são a falta de informação sobre os conteúdos do tratamento e as características dos delinquentes, as avaliações globais das instituições, a heterogeneidade dos grupos de delinquentes e as distintas taxas de exclusões e abandonos dos participantes nos programas, enfim.[189]

Atualmente, é difícil mencionar instrumentos científicos capazes de fazer um prognóstico sobre reincidência, sobretudo em

---

[185] SANTIAGO REDONDO, Illescas. Delincuencia sexual: mitos y realidades. In: SANTIAGO REDONDO (org.). *Delincuencia sexual y sociedad* – estudios sobre violencia. Barcelona: Ariel, 2002, p. 38-39.

[186] Idem, p. 139.

[187] Idem, p. 41.

[188] Idem, p. 42.

[189] FRIEDRICH LÖSEL. ¿Sirve el tratamiento para reducir la reincidencia de los delincuentes sexuales? In: SANTIAGO REDONDO (org.). *Delincuencia sexual y sociedad* – estudios sobre violencia. Barcelona: Ariel, 2002, p. 393.

delitos violentos. No Brasil, a Resolução do Conselho Federal de Psicologia Brasileiro n° 02/01 afirmou que a avaliação psicológica integra o rol de atividades desenvolvidas pelos psicólogos, mas não refere sua utilização como procedimento para prognose de reincidência. O próprio Conselho, na Resolução n° 07/03, refere que a elaboração de documentos por psicólogos deve considerar "a natureza dinâmica, não definitiva e não cristalizada de seu objeto de estudo". O Grupo de Trabalho do Sistema Penitenciário do Estado do Rio Grande do Sul, Brasil, concluiu que

> [...] todas essas considerações justificam a argumentação de que a prognose de reincidência através da avaliação psicológica não tem fundamentos em estudos e pesquisas até o presente momento. Não há instrumental técnico ou científico em psicologia que autorize a previsão de comportamentos futuros associados a comportamentos violentos.[190]

O fato é que não existe, no Brasil, um instrumento ou padrão que permita a identificação de sujeitos que possam chegar a reincidir, principalmente em delitos violentos.[191] Por isso, Morana propôs a aplicação do teste PCL-R (*Psychopathy Checklist Revised*)[192] em tese de doutoramento em 2003, na Faculdade de Medicina da Universidade de São Paulo (USP). A psicopatia, para a autora,[193] é a condição mais grave de desarmonia da integração da personalidade. Conforme Hare, é o elemento clínico mais relevante para o sistema jurídico penal, e as implicações do estudo deste transtorno são importantes, seja por sua relação com taxas de reincidência criminal, seja para a seleção de tratamento apropriado e programas de reabilitação no sistema penitenciário. Somente nos Estados Unidos os psicopatas são responsáveis por 50% dos delitos violentos. Calcula-se que o índice de psicopatia estaria ao redor de 1% da população em geral, e entre 15 a 20% da população penitenciária.[194] Hemphill e colaboradores[195] afirmam que a taxa de reincidência criminal ocorre aproximadamente três vezes mais em psicopatas que em outros

---

[190] Grupo de Trabalho do Sistema Prisional do Conselho Regional de Psicologia do Rio Grande do Sul. Disponível em: <www.crprs.org.br>. Acesso em: 18 mar. 2007.

[191] MORANA, Hilda Clotilde Penteado. *Identificação do Ponto de Corte para a Escala PCL-R (Psychopathy Checklist Revised) em População Forense Brasileira*: caracterização de dois subtipos da personalidade; transtorno global e parcial. 2003. Dissertação (Doutorado) – Ciências. Faculdade de Medicina da Universidade de São Paulo, 2003, p. 6.

[192] Instrumento adotado em países como Estados Unidos, Austrália, Nova Zelândia, Grã Bretanha, Bélgica, Holanda, Dinamarca, Suécia, Noruega, China, Finlândia e Alemanha.

[193] MORANA, Hilda Clotilde Penteado. *Identificação do Ponto de Corte para a Escala PCL-R (Psychopathy Checklist Revised) em População Forense Brasileira*, op. cit., p. 5.

[194] Ibidem.

[195] Idem, p. 6.

criminosos, e que em matéria de delitos violentos a taxa é quatro vezes maior para psicopatas que para não psicopatas. No Brasil, calcula-se que a reincidência criminal é de 82%, de acordo com o Departamento Penitenciário Nacional (DEPEN).[196]

De qualquer maneira, recordamos que há um modelo atuarial que vem sendo aplicado em sede de justiça criminal e na elaboração de políticas de segurança, a fim de calcular as probabilidades de cometimento de delitos sexuais violentos ou de sua reincidência.[197] Sem embargo, este modelo não consegue medir a gravidade do ato reincidente (se violento ou não). Muitos entendem que a inocuização poderia ser utilizada nos casos em que o instrumento atuarial determinasse o alto risco de reincidência violenta.[198] Devemos ter cautela quando da análise de taxas de reincidência, pois podem apresentar uma grande variação[199] em função de diferenças nos tratamentos, questões de ordem geográfica ou temporal, características pessoais dos indivíduos e, inclusive, variações na qualidade da supervisão pós-tratamento.

Enfim, instrumentos de prognóstico para a reincidência de delitos sexuais, ainda que sem reconhecimento científico, vêm sendo empregados como forma de minimizar os riscos decorrentes da prática destes delitos para a sociedade. Entretanto, devemos dizer que a reincidência pode ocorrer de qualquer modo, a qualquer momento.

4.3. O PROGNÓSTICO DE REINCIDÊNCIA EM DELITOS SEXUAIS

Não está comprovado que o perigo de reincidência nos casos de delinquentes sexuais seja maior que o de outros grupos, embora deva-se reconhecer que o alarme social naqueles casos é sempre maior.[200] Como refere Jescheck:[201]

---

[196] BRASIL. Ministério da Justiça do Brasil. Disponível em: <http://www.mj.gov.br/depen>. Acesso em: 22 abr. 2007.

[197] QUINSEY, Vernon. Treatment of sex offenders. In: TONRY, Michael (org.). *The handbook of crime and punishment*. New York: Oxford University Press, 1998, p. 407.

[198] Idem, p. 407.

[199] Idem, p. 411.

[200] HASSEMER, Winfried; MUÑOZ CONDE, Francisco. *Introducción a la criminología*. Valencia: Tirant lo Blanch, 2001, p. 375-376.

[201] JESCHECK, Hans-Heinrich; WEIGEND, Thomas. *Tratado de derecho penal*: parte general. 5. ed. Granada: Comares, 2002, p. 867.

El sacrificio excepcional que normalmente está ligado a la adopción de la medida es situado de esta forma sobre una base fáctica muy insegura cuya comprensión debería conducir a una utilización especialmente moderada de las medidas de seguridad privativas de libertad.

A delinquência sexual pode diferir da delinquência em geral. Ainda que os delinquentes sexuais cometam frequentemente delitos não sexuais, os delinquentes não sexuais raramente cometem crimes sexuais.[202] Por isso, é mais adequado procurar fatores desencadeadores específicos da delinquência sexual, tais como o interesse sexual desviado (verificado através do pletismógrafo), antecedentes por delitos sexuais do sujeito, desajustes psicológicos, signos de baixa autoestima e abuso de álcool. Existem diversas características comuns na reincidência sexual:[203] violência no cometimento do delito, ações excêntricas, rituais, fantasias desviadas abundantes e uso da pornografia, traços de psicopatologias (especialmente psicose ou deficiência orgânica), negação da responsabilidade no delito ou a justificação do mesmo, negação a ser tratado ou a participar em programas, pobreza em recursos pessoais como baixa competência social, isolamento, pobreza extrema, falta de habilidades nas relações interpessoais, reduzida capacidade verbal, incapacidade para aprender com a experiência, incapacidade no controle da conduta desviada e alta excitação ante estímulos desviados), baixa excitação sexual ante estímulos adequados, "escalada" na gravidade dos delitos sexuais, atitudes negativas frente às mulheres, desconhecimento da vítima, presença de parafilias e, finalmente, antecedentes laborais instáveis.

Na sequência, analisaremos as medidas de segurança e suas distintas formas de execução.

4.4. AS MEDIDAS DE SEGURANÇA E SEUS ASPECTOS LEGAIS

Quanto à consideração de imputabilidade existem três possibilidades para o condenado no Brasil: a primeira é ser considerado imputável e receber uma pena; a segunda é a inimputabilidade (configurada pelo art. 26, *caput*, do Código Penal) quando o autor

---

[202] GARRIDO GENOVÉS, Vicente. *Psicópatas y otros delincuentes violentos*. Valencia: Tirant lo Blanch, 1982, p. 238.

[203] Idem, p. 239-240.

do fato típico e ilícito agiu com total incapacidade de compreender o caráter ilícito de sua conduta ou foi inteiramente incapaz de determinar-se conforme aquele entendimento. Isso ocorre nos casos de enfermidade mental ou de desenvolvimento mental incompleto ou retardado. Nesta hipótese o sujeito que praticou fato típico e ilícito será absolvido impropriamente, ou seja, deverá cumprir medida de segurança. Na terceira e última hipótese, o condenado é reconhecido como semi-imputável: o autor do fato atuou sob perturbação psíquica ou desenvolvimento mental incompleto ou retardado, não sendo inteiramente capaz de entender o caráter ilícito do fato ou de conduzir-se conforme este entendimento, nos termos do art. 26, parágrafo único, do CP. Então o juiz poderá reduzir a pena privativa de liberdade de um a dois terços, em razão da capacidade penal diminuída, ou ainda aplicar a pena e substituí-la, em seguida, por medida de segurança, se for o mais recomendável (geralmente o juiz considera o parecer pericial).

Dentro do campo das medidas de segurança há que se verificar o seu conceito, formas de execução, requisitos e princípios, de modo a alcançar-se uma compreensão mais ampla e sempre comparativa entre os sistemas penais brasileiro e espanhol, especialmente voltados à temática dos delitos sexuais. Os tópicos que seguem elucidam diferenças e semelhanças entre ambos os sistemas, mas sempre reafirmam o compromisso que ambos os países têm diante de suas Constituições Federais e tratados internacionais, especialmente no sentido de reafirmar a legitimidade na busca da paz social com simultânea preocupação com a garantia de valores como o da dignidade humana. Nesse sentido, Hassemer e Muñoz Conde:[204]

> [...] debe rechazarse, como una "estafa de etiquetas", que las medidas de seguridad, pensadas como alternativas menos represivas y humanas que las penas, puedan convertirse ahora en penas encubiertas o en sanciones más graves y radicales que las penas propiamente dichas, sin ningún tipo de límites y sin las garantías[205] que, por imperativo del Estado de Derecho, hay que observar en la aplicación de una pena.

---

[204] HASSEMER, Winfried; MUÑOZ CONDE, Francisco. *Introducción a la criminología.* Valencia: Tirant lo Blanch, 2001, p. 383.

[205] Na Itália, as medidas de segurança também estão protegidas pelas garantias mencionadas. Como refere Mantovani: *"Anche le misure di sicurezza sono un istituto caratterizzante il sistema dualistico, accolto dal codice. Pure esse sono espressamente previste dalla Costituzione (art. 25/2) e, perció, in sé e per sé non sono incostituzionali, né logicamente incompatibili con lo Stato di diritto, se sottoposte a determinate garanzie".* MANTOVANI, Ferrando. *Principi di diritto penale.* Padova: CEDAM, 2002, p. 417.

4.4.1. Conceito e formas de execução das medidas de segurança

As medidas de segurança, embora sanções previstas pelo ordenamento jurídico-penal, diferem das penas. Elas limitam ou privam o condenado da liberdade, buscando sua ressocialização, mas, antes de tudo, protegem a sociedade do condenado durante um tempo limitado. Há que recordar aqui dois grandes nomes que influenciaram na criação das medidas de segurança: Von Liszt e Karl Stooss. Antigamente tínhamos o sistema monista, que conjugava três tendências: absorção da pena pela medida de segurança; absorção da medida de segurança pela pena; unificação das penas e das medidas de segurança em outra função distinta com duração mínima proporcional à gravidade do delito e máxima indeterminada, sendo a execução ajustada à personalidade do delinquente e a fins de readaptação social. Não tendo sido suficiente, sobreveio o sistema binário, do duplo-binário ou dualista,[206] resultado da concepção de Karl Stooss. Já o professor de Berlim, Von Listz, elaborou uma teoria denominada de pena-fim. Ele acreditava que toda a sanção penal tinha uma concepção baseada no fim preventivista e elegeu na defesa social, o fim justificador à imposição de sua pena-defesa, integrando num só tipo de sanção os fins retributivos e preventivos. Isso significou a concretização das ideias da pena-fim de Von Listz, configurando uma complementação sancionatória aos delinquentes ainda não recuperados. Por isso, verifica-se que, enquanto Von Listz foi o idealizador da medida de segurança, Stooss positivou-a juridicamente.[207]

Stooss criou um sistema homogêneo de medidas de segurança, preocupando-se com os reincidentes, os alcoolistas, os jovens infratores, dentre outros. Assim, nos casos em que a pena por si só não fosse eficaz, impunha-se também a medida de internação em instituições específicas, substituindo a execução da sanção-pena pela sanção-medida de segurança. Ainda segundo o anteprojeto de Stooss, se o delinquente reincidisse em período inferior a cinco anos seria submetido a uma medida de internação específica. Assim, a medida de segurança no anteprojeto resultou na criação de um sistema de dupla via sancionatória, conferindo relativa au-

---

[206] O Brasil teve o chamado "sistema duplo-binário" entre 1940 e 1984, quando o agente, após a execução da pena, cumpria uma medida de segurança caso fosse perigoso.

[207] FERRARI, Eduardo Reale. *Medidas de segurança e direito penal no estado democrático de direito.* São Paulo: Revista dos Tribunais, 2001, p. 30.

tonomia ao instituto.[208] Após o anteprojeto do Código Penal suíço de 1893, vieram os projetos dos Códigos Penais alemão de 1909, e austríaco em 1910. No Brasil, mesmo antes de 1839, diversas legislações disciplinaram as medidas de tratamento, todas, entretanto, ainda denominadas como pena. Aliás, atribui-se ao próprio Stooss a paternidade da expressão medidas de segurança (*Sichernde Massnahmen*).

A proposta de Stooss deu origem ao sistema do duplo binário, o qual propugnava pela vinculação da pena à culpabilidade e da medida de segurança à periculosidade. De acordo com esse sistema era permitida a imposição a um mesmo indivíduo de pena e de medida de segurança, sucessivamente. Salienta-se, contra o sistema binário que a aplicação sucessiva de pena e medida de segurança fere o princípio do *non bis in idem*. Em um mesmo agente se conjugariam duas consequências jurídicas advindas de um único delito. O duplo binário (execução sucessiva de pena e medida de segurança, significou total reação ao positivismo criminológico que desejava a completa supressão da pena). O problema é que pressupunha, num primeiro momento, a periculosidade dos inimputáveis, impondo ao juiz a aplicação automática de medida de segurança; outro problema é que condiciona a espécie de medida que inicialmente será aplicada à qualidade da pena cominada ao fato. Vale dizer que insanidade mental não é sinônimo de periculosidade.

O sistema supunha uma solução de compromisso capaz de incorporar as vantagens das medidas de segurança e salvaguardar as irrenunciáveis exigências do princípio de culpabilidade, conservando a essência retributiva da pena. A medida deveria ser aplicada de forma complementar à pena, mas em algumas hipóteses era inclusive possível que a medida a substituísse. No sistema de Stooss as medidas de segurança reuniam as seguintes características: tinham caráter jurisdicional e eram fundadas na periculosidade do delinquente; possuíam duração indeterminada; complementavam a pena, pois cumpriam funções preventivas que esta não poderia desempenhar; além disso, a execução deveria ocorrer em estabelecimentos especialmente previstos. O êxito dessa proposta determinou as bases sobre as quais se construiria, logo adiante, todo o sistema de medidas de segurança. Não obstante, foi o Código Penal italiano de 1930 que apresentou um conjunto sistemático de medidas de segurança, uma vez que o sistema formulado por Stooss somente foi

---

[208] FERRARI, Eduardo Reale. *Medidas de segurança e direito penal no estado democrático de direito*. São Paulo: Revista dos Tribunais, 2001, p. 31.

consagrado como lei em 1937. A partir dos projetos e da vigência desses dois códigos, as medidas de segurança, já em sua concepção atual, iriam difundir-se largamente nas legislações.

O sistema do duplo binário foi adotado pelo CP brasileiro de 1940, mas nunca vingou.[209] Faltavam estabelecimentos previstos em lei para a execução das medidas de segurança detentivas e a custódia de segurança sobreposta à pena era executada, quase sempre, como se outra pena fosse, só que indeterminada, ou então era substituída pela liberdade vigiada, "uma medida puramente retórica". Também se utilizava com frequência o expediente da concessão do livramento condicional, declarando-se a cessação da periculosidade, com o que se evitava a execução da medida de segurança detentiva aplicada. Com a reforma da parte geral do Código, em 1984, sobreveio, pois, a adoção do sistema vicariante e a alteração radical da estrutura anteriormente vigente.

O sistema vicariante é uma variante do sistema binário pelo qual se impõe pena ou medida de segurança, sendo proibida a aplicação cumulativa ou sucessiva. Trata-se de técnica dirigida a evitar a acumulação de pena e medida de segurança pelos mesmos fatos, num mesmo sujeito. Sierra López[210] diz que estamos frente a uma verdadeira solução de compromisso entre os sistemas dualistas e monistas. Pressuposto para a aplicação do sistema vicariante é a concorrência entre penas e medidas de segurança, situação a que se chega através da apreciação de uma eximente incompleta e um prognóstico de periculosidade criminal. As duas características fundamentais do sistema vicariante, ao menos no sistema jurídico espanhol, são a obrigação de executar, primeiramente, a medida de segurança, além da detração penal, o que permite eliminar um dos grandes problemas do sistema dualista que era a dupla reação ou acumulação de respostas jurídicas. Mesmo assim, a detração somente ocorre se as consequências jurídicas forem penas privativas de liberdade.[211] Quando concorrerem, pois, no Direito Penal espanhol, penas e medidas de segurança, estas não se acumulam, pois as medidas são executadas primeiramente e são computadas (detração) da pena que, porventura, vier a ser cumprida *a posteriori*, pois o

---

[209] FRAGOSO, Heleno Cláudio. *Lições de direito penal*: parte geral. 8. ed. Rio de Janeiro: Forense, 1985, p. 407.

[210] SIERRA LÓPEZ, Maria del Valle. *Las medidas de seguridad en el nuevo código penal*. Valencia: Tirant lo Blanch, 1997, p. 123.

[211] MARTÍNEZ GUERRA, Amparo. Nuevas tendencias político criminales en la función de las medidas de seguridad. *Cuadernos Luis Jiménez de Asúa*, Madrid, n. 22, p. 69, 2004.

restante da pena a cumprir poderá ser suspensa ou substituída por alguma medida não privativa de liberdade (art. 99).[212]

A superioridade deste sistema vicariante sobre o da via única da simples substituição da pena por uma medida de segurança consiste precisamente em que não sejam desatendidas por completo as exigências da prevenção geral e de reafirmação do ordenamento jurídico.[213] Tal sistema foi o adotado, para algumas hipóteses como a chamada delinquência habitual, pelo Código Penal suíço de 1937.

No Brasil não há mais qualquer resquício do antigo sistema binário, relegado ao esquecimento pelo legislador penal de 1984. Na Espanha, no ano anterior, já havia sido introduzido o modelo vicariante. Mesmo assim, ambos os sistemas vicariantes possuem algumas distinções relevantes.

No Brasil, o sistema vicariante permite que a pena possa ser reduzida de um a dois terços se o agente, em virtude de perturbação de saúde mental ou por desenvolvimento mental incompleto ou retardado, não for inteiramente capaz de compreender o caráter ilícito do fato ou de determinar-se de acordo com esse entendimento. Por isso, quando o juiz estiver diante de um agente com responsabilidade diminuída, ou seja, semi-imputável, ele terá duas alternativas: diminuição obrigatória da pena, de um a dois terços ou substituição desta por medida de segurança, seja de internação, seja de tratamento ambulatorial.

No sistema espanhol, se a perturbação for apenas parcial, também pode haver uma consideração quanto à diminuição da imputabilidade, recebendo o tratamento de uma eximente incompleta ou de circunstância atenuante. Como já dito anteriormente, a distinção é que nos casos de imputabilidade parcial o juiz pode, junto à aplicação da pena reduzida, impor medida de segurança desde que a pena imposta tenha sido privativa de liberdade. O prazo máximo de duração da medida não poderá exceder ao da pena prevista no Código Penal para o delito. Isso acontece, também como já mencionamos anteriormente, porque o sistema vicariante espanhol permite descontar da pena o tempo de internação (que deve ter sido executada em primeiro lugar). De qualquer modo, se após a execução da medida o juiz considerar temerário perder-se os efeitos com ela obtidos, poderá suspender o cumprimento do restante da pena

---

[212] LUZÓN CUESTA, José Maria. *Compendio de derecho penal*: parte general. 13. ed. Madrid: Dykinson, 2002.

[213] CEREZO MIR, José. *Estudios sobre la moderna reforma penal española*. Madrid: Tecnos, 1993, p. 127.

por um prazo não superior a sua duração, ou aplicar alguma das medidas previstas pelo art. 105.

4.4.2. Classificação das medidas de segurança

São inúmeras as formas de classificação das medidas de segurança pela doutrina, mas iniciaremos pela divisão básica em dois grandes grupos:[214] aquelas que possuem caráter terapêutico ou curativo e aquelas que possuem caráter estritamente assecuratório. Constituem o primeiro grupo a submissão a tratamento médico externo e os programas formativos diversos; já o segundo trata da proibição de permanência e de residência em determinados lugares, a custódia de segurança, a suspensão do porte de armas ou da habilitação para dirigir, a expulsão do território espanhol de estrangeiros ilegais e a inabilitação profissional, ou meramente quando pretendem apenas a inocuização do sujeito perigoso no interesse da sociedade. Em uma classificação mais abrangente, pode-se inserir o caráter corretivo ou educativo (quando a finalidade é a recuperação da personalidade e a reinserção social do sujeito). Em função da intensidade ou tipo de aflição que a medida supõe para quem a tolera, a classificação ainda se divide em medidas privativas de liberdade (supõem a internação da pessoa) e não privativas de liberdade (ou restritivas de liberdade). Em alguns ordenamentos podem existir também medidas privativas de outros direitos (como eram as medidas de caráter patrimonial, extintas no Brasil desde a reforma penal de 1984).

No tocante à classificação das medidas em função da privação (detentivas) ou da limitação (restritivas) da liberdade, deve-se dizer que ambas existem tanto no Direito Penal espanhol quanto no brasileiro. A primeira delas, a medida detentiva é, sem dúvida, uma medida aflitiva que, ao longo da história, exemplificou-se pela internação em manicômio judiciário. Esta medida detentiva é um instrumento fragmentário e residual, ou seja, somente deve ser aplicada quando não houver outra forma eficaz de tratamento. Esta medida não objetiva apenas segregar o indivíduo, mas exige um aparato terapêutico para potencializar o tratamento e a readaptação do internado, além de meios de execução que legitimem sua aplicação. Na verdade, a melhor opção para este tipo de tratamento é uma instituição especializada como, por exemplo, Patuxent, em Mariland, Estados Unidos, ou Herstedvester, na Dinamarca. Tais

---

[214] MARTÍNEZ GUERRA, Amparo. Nuevas tendencias político criminales en la función de las medidas de seguridad. *Cuadernos Luis Jiménez de Asúa*, Madrid, n. 22, 2004, p. 51.

programas, além de uma estrutura firme com regras rígidas e claras, contam com a exigência de ordem judicial para a internação de paciente, pois é normal que este queira abandonar o tratamento sempre que aparecer qualquer obstáculo. É neste sentido que refere Gabbard:[215]

> Incluso con un perfil relativamente favorable, los pacientes antisociales presentan un conjunto de dificultades en un ambiente psiquiátrico típico. Solamente tratamientos hospitalarios prolongados tienen condiciones de producir cualquier cambio durable en estos pacientes.

Ocorre que a psicoterapia individual ambulatorial de paciente com transtorno antissocial grave costuma ser uma opção bastante complicada, pois os afetos serão descarregados em local onde tal canalização não estará sendo controlada ou monitorada. E quando houver progresso na psicoterapia, este será sempre lento e doloroso, muitas vezes percebido como uma ameaça ao *self* grandioso.[216] Como os tratamentos desta natureza costumam custar muito caro em nossos países, principalmente no Brasil onde a pobreza é muito grande e as desigualdades sociais maiores ainda, muitas vezes esses pacientes acabam sendo colocados em verdadeiros depósitos de delinquentes-doentes, os quais acabam privados de sua liberdade (dentre tantas outras coisas) por muito mais tempo que os próprios condenados imputáveis. Não é novidade, como refere Messias:[217]

> [...] tais locais têm-se prestado a serem cenários de abandono, de falta de controle social das práticas ali realizadas e de conhecimento da comunidade científica sobre as peculiaridades vivenciadas em todas áreas de atuação. Têm sido locais de grandes argumentações científicas que não resultam em melhoria de qualidade de vida para os usuários. É o lugar do poder, do adestramento, da apatia, da institucionalização e da morte sem explicação.

A internação é aplicada àquele que tiver praticado fato punível com pena privativa de liberdade de reclusão, conforme o art. 99, do Código Penal brasileiro. Esta medida, executada em hospital de custódia e tratamento psiquiátrico, destina-se tanto aos inimputáveis como aos semi-imputáveis e tem clara finalidade terapêutica. Entretanto, em relação aos inimputáveis absolvidos com base no art. 26, *caput* do CPB (absolvição imprópria), ela é obrigatória, desde que tenha sido praticado ilícito típico cuja pena de prisão prevista

---

[215] GABBARD, Glen O. *Psiquiatria psicodinâmica*. Porto Alegre: Artes Médicas, 1998, p. 350-353.

[216] Idem, p. 356-358.

[217] MESSIAS, Simone Fagundes. *Ética e direitos humanos*: desafios do serviço social no manicômio judiciário do Estado de Rio Grande do Sul. 2005. Dissertação (Mestrado) – Serviço Social. Universidade Católica de Rio Grande do Sul, RS, 2005, p. 132.

seja a de reclusão. A internação será facultativa para os inimputáveis para os quais foi prevista pena privativa de liberdade na modalidade de detenção, ou para os semi-imputáveis. É que enquanto a reclusão exige o cumprimento da pena em regime inicialmente fechado, a detenção permite que se inicie em regime semiaberto ou aberto, desde que preenchidos os requisitos legais, sendo pois, mais branda.

O exame psiquiátrico e demais exames necessários ao tratamento são obrigatórios para todos os internados, conforme o art. 100, da Lei de Execuções Penais (LEP) brasileira. Apenas a título de informação, se o indivíduo for menor de dezoito anos, portanto inimputável, ele estará sujeito a medidas socioeducativas, previstas no Estatuto da Criança e do Adolescente (Lei Federal n° 8.069/90).

Assim, as medidas de segurança restritivas de direitos ou não privativas de liberdade previstas no Brasil consistem, basicamente, em tratamento ambulatorial imposto ao inimputável e ao semi-imputável que praticarem ilícito típico punido com pena de prisão na modalidade de detenção, e não de reclusão. Destina-se a casos de menor gravidade, porém em que o agente revela periculosidade atenuada. O tratamento é feito mediante comparecimento em hospital de custódia e tratamento psiquiátrico ou em outro local com estrutura médica adequada, conforme reza o art. 101, da LEP. Pensamos, inclusive, que a medida restritiva de tratamento ambulatorial deveria ser mais amplamente adotada, eis que, no dizer do *caput*, do art. 97, do CPB, hoje ela apenas se aplica a inimputáveis que cometem ilícito penal a que se comine pena de detenção (e não de reclusão), quando o que deveria ditar a modalidade do tratamento é a real necessidade terapêutica, e não uma arbitrariedade legislativa ou judicial em função de uma pena prevista em abstrato, hipoteticamente.

Na mesma esteira de raciocínio de Ribeiro[218] divergimos daqueles que consideram que a faculdade de impor tratamento ambulatorial depende da cominação da pena de detenção ao fato praticado. Aliás, é o que se pode depreender da análise do § 4°, do art. 97, do CP brasileiro, o qual dispõe: "em qualquer fase do tratamento ambulatorial, poderá o juiz determinar a internação do agente se essa providência for necessária para fins curativos". Daí observar-se que a regra da conversibilidade das medidas de segurança acontece tanto no sentido de transformar a medida inicialmente imposta em outra mais gravosa, como ao contrário, desde que tal conversão seja

---

[218] RIBEIRO, Bruno de Morais. *Medidas de segurança*. Porto Alegre: Sergio Fabris, 1998, p. 45.

necessária para fins curativos. É que o objetivo da medida de segurança é alcançar a cessação da periculosidade, e não faria sentido algum manter um tratamento ambulatorial ou uma internação que estivesse sendo contraindicada à saúde do indivíduo. Reiteramos que a cessação da periculosidade não se confunde com a cura da enfermidade mental, apesar da aparente confusão encontrada no art. 178, da LEF. Portanto, a referência para a definição terapêutica a ser executada deve ser a conclusão pericial e não a mera natureza objetiva da pena. Assim, se o perito, médico ou psicólogo forense, indicou como suficiente o tratamento ambulatorial, mesmo para o inimputável autor de infração penal punida com prisão-reclusão, é porque considerou que este não apresenta perigo real à sociedade a ensejar uma internação, posto que esta é a opção extrema em se tratando de medidas de segurança. A opção do monitoramento eletrônico seria um bom complemento aqui, embora quase nada tenha sido dito a respeito, até o momento.

Assim, deve-se evitar sempre que possível a internação em casa de tratamento, mesmo ante a expressa disposição do art. 97, *caput*, do CP brasileiro e do art. 95.2, CP espanhol. Há que se referir que a legislação brasileira, mais especificamente a Lei nº 10.216/01 (versa sobre o tratamento da saúde mental em geral) prevê que, mesmo nos casos de internação compulsória (determinados pela Justiça), a internação psiquiátrica somente será realizada mediante laudo-médico circunstanciado e motivado (art. 6º, parágrafo único, inciso III). Diante disto, sustentamos que o *caput* do art. 97, do CP brasileiro, necessita desta nova leitura, em face da especialidade da recente legislação, não sendo mais possível vincular o tipo de medida à modalidade de pena privativa de liberdade (reclusão/detenção) que teria sido imposta caso o sujeito fosse imputável. Aliás, indo um pouco mais além, nossa sugestão é que o condenado a crime cuja pena privativa de liberdade prevista seja na modalidade de reclusão fique sujeito à medida de segurança detentiva (internação) ou mesmo à restritiva (p. ex. tratamento ambulatorial ou outras), conforme orientação terapêutica individualizada, com a necessária chancela judicial. Deste modo aplicar-se-ia o *caput*, do art. 97, do CP conjuntamente com a Lei nº 10.216/01. Entretanto, se ao sujeito estivesse prevista privação de liberdade na forma de detenção, poderia este receber a medida de segurança tão somente restritiva de direitos ou ambulatorial, e não a internação, levando-se em conta a desnecessidade da medida extrema em função da menor lesividade do delito, bem como do próprio princípio da legalidade.

Na Espanha, o art. 101, apartado 1º, do CP prevê a aplicação de medida de segurança para aqueles que sejam declarados isentos de responsabilidade criminal por padecerem de uma anomalia ou alteração psíquica. Tais medidas poderão ser de internação para tratamento ou educação especial, conforme o tipo de anomalia ou alteração apresentada, ou, ainda, qualquer outra medida não privativa de liberdade prevista pelo apartado 3, do art. 96, como a proibição de permanecer ou residir em determinados locais, proibição do direito de conduzir veículos automotores e ciclomotores, proibição de obter registro ou porte de armas, perda ou suspensão da habilitação profissional, expulsão do território nacional de estrangeiros não residentes legalmente na Espanha, além de fazer uma remissão ao art. 105. Neste artigo, temos a previsão de tratamento externo em centros médicos ou estabelecimentos de caráter sociossanitário, obrigação de residir em determinado lugar, proibição de frequentar certos locais, custódia familiar, programas formativos, culturais, profissionais, de educação sexual ou outros similares e a proibição de aproximar-se da vítima ou de comunicar-se com ela ou com sua família.

No Código Penal espanhol, a aplicação das medidas privativas de liberdade está regulada pelos arts. 101 a 104. Correspondem os três tipos previstos no art. 96.2 aos arts. 101 a 103, respectivamente, e são aplicáveis aos sujeitos que sejam declarados isentos de responsabilidade criminal, conforme os números 1º, 2º e 3º, do art. 20, e conforme o art. 104, nos casos de eximente incompleta em relação a tais números. Assim, conforme o Direto Penal espanhol, aplica-se o a internação em centro psiquiátrico (arts. 101.1 e 96.1) a quem foi declarado isento de responsabilidade criminal por apresentar anomalia ou alteração psíquica (relação com o art. 20.1) e, ainda, a aqueles que, pela mesma razão, tiveram a consideração da eximente incompleta (arts. 21.1º e 104). Como o art. 21,1º fala em "qualquer anomalia", o transtorno mental transitório não está excluído", no dizer de Sierra López.[219]

A aplicação das medidas não privativas de liberdade, no Código Penal espanhol vem regulada pelos arts. 105 a 107. Diferentemente das medidas privativas de liberdade, cujos limites máximos vêm determinados pela pena de prisão que seria aplicável (arts. 101 a 103), ou pela prevista no Código para o delito (art. 104), aqui o limite máximo se estabelece, especificamente, como se vê no art. 105. Os arts. 105 a 108 do CP espanhol desenvolvem o catálogo genéri-

---

[219] SIERRA LÓPEZ, Maria del Valle. *Las medidas de seguridad en el nuevo código penal*. Valencia: Tirant lo Blanch, 1997, p. 103.

co das medidas de segurança não privativas de liberdade previstas pelo art. 96.3. São chamadas de penas acessórias ou complementares das medidas privativas de liberdade, aplicáveis desde o princípio ou durante a execução da sentença.[220]

Diante de delinquentes sexuais violentos, e ainda psicopatas, cabe analisar estas medidas, mesmo que em apertado resumo, da forma como segue:

4.4.2.1. Internação e tratamento ambulatorial em centros médicos ou estabelecimentos de caráter sociossanitário

Neste caso há que se lembrar, com especial ênfase, da medida de custódia de segurança, citada por Jescheck como medida de segurança privativa de liberdade na Alemanha. A custódia de segurança é uma medida puramente inocuizadora que objetiva proteger a sociedade de criminosos que praticam crimes graves e sobre os quais recai a probabilidade de reincidência. *"El Derecho vigente se ha esforzado en limitar la custodia de seguridad a delincuentes realmente peligrosos frente a los que la necesidad de seguridad de la poplación es irrefutable"*. Mesmo assim é inegável que esforços no sentido da reinserção social devem ser sempre empreendidos. Ainda conforme Jescheck,[221] esta é a "última medida de emergência da Política Criminal" por sua gravidade.

A Alemanha vem exigindo cada vez mais requisitos para a imposição desta grave medida, razão pela qual sua aplicação vem diminuindo. Em 1991, apenas 39 pessoas foram condenadas a esta medida.[222] Inclusive vale dizer que Jescheck[223] defende sua constitucionalidade, pois

> [...] para la prevención de riesgos inminentes para bienes jurídicos de importancia que poseen un mayor rango también deben ser admitidas injerencias en la libertad del individuo que sean independientes de la culpabilidad; además, tampoco se produce uma vulneración del principio de determinación a pesar de que el concepto de "propensión a la comisión de delitos de importancia" necesite ser objeto de una interpretación más precisa. Y mucho menos se dá una – por otra parte inadmisible – doble punición puesto que la custodia de seguridad no pretender ser un mal punitivo.

---

[220] BERDUGO GOMEZ DE LA TORRE, Ignacio et al. *Lecciones de derecho penal*: parte general. 2. ed. Barcelona: Praxis, 1999, p. 395.

[221] JESCHECK, Hans-Heinrich; WEIGEND, Thomas. *Tratado de derecho penal*: parte general. 5. ed. Granada: Comares, 2002, p. 91-92; 876-877.

[222] Idem, p. 877.

[223] Ibidem.

Entretanto, o tema é polêmico. A custódia de segurança não prevê prazo determinado de duração, e no dizer de Sierra López:[224] "[...] *escapa a los princípios del sistema vicarial y por su extrema dureza y su indeterminismo, no se adecúa a exigencias constitucionales, de tal modo, que debe ser rechazada en la forma en que se encuentra configurada*".

Na prática, a primeira condenação à custódia de segurança não pode ultrapassar a dez anos, mas condenações posteriores não exigem limite mínimo nem máximo. A custódia de segurança pode ser suspensa condicionalmente se ficar comprovado que o sujeito tem condições de comportar-se de forma responsável quando em liberdade.[225]

Os Centros de Custódia ("Custódias de Seguridad") já foram previstos pelos Códigos Penais suíço, austríaco e alemão (neste último introduzido através da *Lei Gesetz zür Bekämpfung von Sexualdelikten und Anderen Gefärlichen Straftaten*, de 1998). Para os casos de reincidência, a custódia de segurança poderia ser aplicada de forma proporcional ao fato e na graduação da culpabilidade, ou seja, também para sujeitos imputáveis, após o cumprimento da pena. Entretanto, estas medidas têm fracassado na própria Alemanha, onde acabaram se tornando um tratamento especializado dentro da execução da própria pena.[226] Ainda mencionando "medidas" posteriores ao cumprimento da pena, vale citar que em alguns países existe a possibilidade da internação civil obrigatória, que ocorre posteriormente ao cumprimento da pena privativa de liberdade, diante da persistência de sinais de periculosidade. Trata-se de medida de privação de liberdade com caráter estritamente assecuratório aplicada a sujeitos imputáveis de modo acumulado à pena imposta. A medida é amplamente adotada em Estados norte-americanos como Kansas. Lá permite-se a internação de portadores de transtornos congênitos ou adquiridos que afetem sua capacidade volitiva ou emocional com predisposição ao cometimento de delitos sexuais violentos. O maior problema desta legislação é que não definiu o conceito de "transtorno mental".[227]

---

[224] SIERRA LÓPEZ, Maria del Valle. *Las medidas de seguridad en el nuevo código penal*. Valencia: Tirant lo Blanch, 1997, p. 377-378.

[225] JESCHECK, Hans-Heinrich; WEIGEND, Thomas. *Tratado de derecho penal*: parte general. 5. ed. Granada: Comares, 2002, p. 881-882.

[226] SÁNCHEZ LÁZARO, Fernando Guanarteme. Un problema de peligrosidad postdelictual: reflexiones sobre las posibilidades y límites de la denominada custodia de seguridad. *Revista Penal*, n. 17, jan. 2006, p. 162.

[227] ASUA BATARRITA, Adela *et al*. *El pensamiento penal de beccaria*: su actualidad. Bilbao: Universidad de Deusto, 1990, p. 29.

Na Espanha, as "custódias de seguridad" foram extintas através da derrogação da Lei de Periculosidade e Reabilitação Social, de 1970. Apesar disso, a Disposição Adicional Primeira, do CP de 1995, prevê a possibilidade de que o Ministério Público inste, mas fora do âmbito penal, a "incapacitação civil" de alguém que tenha sido declarado isento de responsabilidade, conforme o art. 20.1ª e 2ª, CP. Entretanto, ainda que a internação civil não seja automática, sua desnaturalização pode convertê-la num "apêndice do sistema de medidas de segurança".[228] No Brasil também existe esta possibilidade, quando mesmo cumprida a pena ou a medida de segurança com prazo determinado, a persistir a periculosidade, pode ser realizada uma internação com caráter civil, especialmente quando o indivíduo permanece expondo sua vida ou a de outrem a perigo, nos termos que rezam as regras da curatela previstas pelos arts. 1.767 a 1.778, todos do Código Civil brasileiro.

Nos Estados Unidos existe o instituto da *insanity defense*,[229] *definido como* "o mecanismo aplicável a uma pessoa que padece uma enfermidade mental em tal grau que a torna irresponsável desde um ponto de vista legal".[230] Ademais, este conceito é utilizado tanto no Direito Penal como no Direito Civil e, ao que parece, sem muito rigor técnico. Mesmo assim, em determinado período o instituto abrangeu um leque de situações de forma que um grande número de pessoas foi submetida ao tratamento reabilitador. Mas o conceito de "ressocialização" também entrou em crise e um amplo setor doutrinário passou a defender a abolição da isenção de responsabilidade penal para os enfermos mentais. Houve também uma pressão popular muito grande para extinguir o instituto da *insanity defense* como excludente de responsabilidade penal.[231] Tal movimento teve início com o assassinato do Presidente Ronald Reagan, cujo agressor John Hinckley foi considerado enfermo mental e absolvido.

---

[228] ASUA BATARRITA, Adela *et al. El pensamiento penal de beccaria*: su actualidade. Bilbao: Universidad de Deusto, 1990, p. 31.

[229] O que se vê nitidamente nos Estados Unidos, atualmente, é uma tendência em diminuir os veredictos que concluem pela *"insanity defense"* (ou isenção de pena conforme o art. 20.1º, CP espanhol) a fim de frear o crescente aumento de sentenças absolutórias que acabam remetendo os sujeitos à execução de medidas de segurança. Devido aos altos custos destas medidas e aos poucos resultados efetivamente comprovados, o legislador acaba optando pela inocuização do indivíduo mediante prisão e posterior internação civil. Na Europa, em tempos de Direito Penal do inimigo, as coisas não são muito distintas e vemos, com frequência, a violação de princípios constitucionais-penais, sempre em nome da "segurança pública".

[230] SEGURA GARCÍA, María José. Retribución y prevención en el tratamiento legal del enfermo mental delincuente en los Estados Unidos de América: aspectos penales y procesales de la denominada insanity defense. *Cuadernos de Política Criminal*, n. 58, 1996, p. 231.

[231] Idem, p. 217.

Neste sentido, muitos estados, a exemplo da California, preferem adotar a chamada regra M´Naghten,[232] ou seja, aceita-se a tese da *insanity defense* apenas nos casos em que o sujeito seja completamente incapaz. Por esta regra não se permite a consideração dos vários graus de incapacidade aos quais uma enfermidade mental pode conduzir. Importante dizer que o sujeito absolvido por razões de *insanity* (quando for absolutamente incapaz) pode ser submetido ao chamado *mandatory commitment*: uma internação obrigatória com finalidades terapêutica e assecuratória, algo muito similar à medida de segurança de internação brasileira ou espanhola, para inimputáveis (não se aplica a semi-imputáveis). Vale lembrar que desde as décadas de 1970 e 1980 os Estados Unidos adotam a internação de delinquentes sexuais perigosos com prazo indeterminado em centros psiquiátricos para fins de tratamento: chama-se *involuntary civil commitment*. É adotada pelas chamadas "leis para psicopatas sexuais" *(Sexual Psycopath Acts)*. O problema é que tais leis conduzem a uma equiparação entre sujeitos imputáveis considerados perigosos e pessoas também perigosas, porém inimputáveis. Em 1990 surgiu o *Sexually Violent Predators Act*, no Estado de Washington. Assim, naquele Estado, se o delinquente praticou crime sexual contra pelo menos duas vítimas e diante da existência de um prognóstico de periculosidade, aplica-se uma pena, e depois, esta *civil commitment*, independentemente da existência de uma situação de habitualidade ou de reincidência. Passou-se de uma ideologia terapêutica a uma ideologia neoclássica de *just deserts*, ou seja, punitivista e inocuizadora.[233] De qualquer modo e, ainda que superficialmente, cabe diferenciar *mandatory commitment* de *civil commitment*, lembrando, é claro, que cada Estado norte-americano adota tais institutos conforme legislações independentes e peculiares. Enquanto a primeira é uma espécie de medida de segurança (sanção), tratamento compulsório aplicável ao inimputável que praticou um ilícito típico, a segunda é instituto aplicável a qualquer pessoa (não importa se praticou crime ou não, nem se é imputável ou inimputável) com sérios problemas mentais que coloque a si mesmo ou a outrem em risco (em alguns Estados exige-se a periculosidade, apesar da indefinição conceitual generalizada). Pode

---

[232] SEGURA GARCÍA, María José. Retribución y prevención en el tratamiento legal del enfermo mental delincuente en los Estados Unidos de América: aspectos penales y procesales de la denominada insanity defense. *Cuadernos de Política Criminal*, n. 58, 1996, p. 239.

[233] SILVA SÁNCHEZ, Jesús María. El retorno de la inocuización: el caso de las reacciones jurídico-penales frente a los delincuentes sexuales violentos en derecho comparado. In: SANTIAGO REDONDO (org.). *Delincuencia sexual y sociedad* – estudios sobre violencia. Barcelona: Ariel, 2002, p. 148-149.

ser aplicada também após o cumprimento integral da pena imposta pela realização prévia de crime, como forma de preservação da sociedade frente a um indivíduo que permanece "perigoso". Ressalte-se que a imprecisão terminológica dessas legislações, conforme pesquisas científicas vêm demonstrando, é fator de grave insegurança jurídica e social.[234] Vários Estados norte-americanos permitem esta internação por tempo indefinido, após o cumprimento da pena por parte de delinquentes sexuais (*sexually violent predators*) que forem considerados portadores de *mental abnormality,* algo indefinido e indefinível cientificamente, mas que conduz à probabilidade de envolvimento em violência sexual predatória novamente, justificando tal medida que, ainda no dizer da Professora de Ohio:[235]

> The parameters established by such laws for civil commitment are problematic at best and draconian at worst. First, "mental abnormality" is legislatively defined and may bear no relation to clinical classifications of mental illness. Accordingly, the term "mental abnormality" essentially serves to collapse "all badness into madness", thereby permitting the term to be applied to any behavior and ensuring "that the class of individuals potentially subject to involuntary civil commitment can be defined by the political process rather than through a system based on demonstrable medical expertise and limited by effective judicial review.

4.4.2.2. Obrigação de residir em lugar determinado, proibição de residir em certos lugares e proibição de frequentar alguns locais; proibição de aproximar-se da vítima, de alguns familiares ou de outras pessoas, ou, ainda, de comunicar-se com eles

Vale ressaltar que a respeito do direito de conhecer e, de certa forma, "escolher a vizinhança", leis como a *Megan's Law,* nos Estados Unidos, vêm tornando cada vez mais inóspito o terreno de convivência entre os chamados "cidadãos de bem" e os "predadores sexuais". Este tema será tratado mais amiúde no próximo capítulo, inclusive no que diz respeito ao monitoramento eletrônico. Quanto à medida prevista pelo art. 105, I, *g*, do CP espanhol (proibição de aproximação do agressor em relação à vítima) esta foi introduzida pelas Leis Orgânicas nº 11/99 e 14/99, referentes aos crimes contra a liberdade sexual e proteção contra maus tratos.[236] A Lei Orgânica nº 14/99 (proteção às vítimas de maus tratos) e também a LEP al-

---

[234] LOUE, Sana. The involuntary civil commitment of mentaly ill persons in the United States and Romania. *The Journal of Legal Medicine,* v. 23, p. 211-250, 2002

[235] Ibidem.

[236] BERDUGO GOMEZ DE LA TORRE, Ignacio *et al. Lecciones de derecho penal*: parte general. 2. ed. Barcelona: Praxis, 1999.

teraram o Código Penal espanhol nos arts. 33, 39, 48, 57, 153, 617 e 620, para incluir, como pena acessória, em determinados delitos, a proibição do acusado de se aproximar das vítimas, sendo que o art. 57 expressamente refere:[237]

> Los Jueces o Tribunales, en los delitos de homicídio, aborto, lesiones contra la libertad e indemnidad sexuales, la intimidad, el derecho a la propia imagen y la inviolabilidad de domicilio, el honor, el patrimônio y el orden socioeconômico, atendiento a la gravedad de los hechos o al peligro que el delincuente represente, podrán acordar en sus sentencias, dentro del período de tiempo que los mismos señalen que, en ningún caso excederá de cinco años, la imposición de una o varias de las seguientes prohibiciones: a. La de aproximación a la víctima, o a aquellos de sus familiares u otras personas que determine el Juez o Tribunal; b. La de que se comunique con la víctima, o con aquellos de sus familiares u otras personas que determine el Juez o Tribunal; c. La de volver al lugar en que se haya cometido el delito o de acudir a aquel en que resida la víctima o su família, si fueren distintos. También podrán imponerse las prohibiciones establecidas en el presente artículo, por un período de tiempo que no excederá de seis meses, por la comisión de una infracción calificada como falta contra las personas de los artículos 617 y 620 de este Código.

4.4.2.3. Custódia familiar

Parece até adequado que a família do acusado por ele se responsabilize e evite a tomada de uma medida mais severa como a internação judicial. Entretanto, como a pessoalidade das penas é princípio constitucional (e isto também se aplica às medidas) estas não devem passar da pessoa do condenado, razão pela qual não é justo que os familiares sejam responsabilizados. Sabe-se que o psicopata, por ser extremamente inteligente, sedutor e meticuloso não se deixará conter por este tipo de providência. Por outro lado, não vivendo o familiar estritamente em função do psicopata sexual, não o acompanhará permanentemente. Por fim, o familiar não é um profissional qualificado para saber lidar e enfrentar as dificuldades emocionais, as chantagens e as situações que serão apresentadas no quotidiano.

4.4.2.4. Participação em programa de tipo formativo, cultural, educativo, profissional, de educação sexual ou em outros similares

Desde a reforma antimanicomial das décadas de 1960 e 1970, deseja-se que portadores de transtornos mentais possam viver e ser

---

[237] BERINSTAIN, Antonio. *Protagonismo de las víctimas de hoy y mañana*: evolución en el campo jurídico penal, prisional y ético. Valencia: Tirant lo Blanch, 2004, p. 43.

aceitos pelas comunidades. Isso gera o dever de providenciar suporte e ferramentas necessários que garantam o êxito da medida.

4.4.2.5. Proibição de portar armas

Evidentemente que faz sentido e deve ser aplicada tal medida, evitando-se assim que o psicopata sexual tenha às mãos meios letais. Entretanto, existem outras armas que podem ser utilizadas por esses sujeitos, razão pela qual esta medida, embora seja adequada, não é muito efetiva no que tange a minimizar a periculosidade abstrata do sujeito a respeito da utilização de outros meios.

Quanto às medidas igualmente não privativas de liberdade espanholas, como a suspensão do direito de dirigir veículo automotor e a expulsão do país, deixaremos de comentá-las pela ausência de relevância no Direito Penal brasileiro em face do tema concretamente trabalhado.

4.4.3. Requisitos para a aplicação das medidas

Para a aplicação das medidas de segurança na Espanha é necessário o cumprimento dos requisitos previstos pelo art. 95, do CP espanhol, ou seja, que o sujeito tenha cometido um delito[238] e que do fato e das circunstâncias pessoais deste se possa deduzir um prognóstico de comportamento futuro que demonstre a probabilidade de ele vir a cometer novos delitos. As medidas são pós-delitivas e alicerçadas na periculosidade criminal do agente, conforme reza o art. 6º, apartado 1º.[239]

No que tange às medidas de segurança cabíveis, em se tratando de semi-imputabilidade, a regra está contida no art. 104 daquele mesmo diploma legal, sendo que o sistema espanhol admite a combinação entre penas e medidas de segurança, desde que a pena imposta seja privativa de liberdade e que a duração da medida de segurança não ultrapasse o período da pena previsto pelo Código. Nestes casos, o sujeito poderá receber não apenas uma pena atenuada mas também uma das medidas de segurança previstas pelo

---

[238] Na Espanha, a impossibilidade de impor medidas pré-delitivas somente se materializou legalmente no Código Penal de 1995, ainda que o Tribunal Constitucional viesse declarando sua inconstitucionalidade.

[239] CEREZO MIR, José. Medidas de seguridad aplicables a las personas exentas de responsabilidad penal por padecer una anomalía o alteración psíquica. In: NIETO MARTÍN, Adán (org.). *Libro homenaje al Dr. Marino Barbero Santos.* Cuenca: Universidad de Castilla-La Mancha, 2001, p. 928.

art. 104, em função dos números 1º, 2º e 3º do art. 20, da legislação penal espanhola.[240] Apenas nos casos de semi-imputabilidade (eximentes incompletas ou circunstâncias atenuantes) segue-se a regra do art. 68 do Código Penal espanhol, pois o mesmo determina que nos casos previstos pelo nº 1, do art. 21 caberá uma redução de pena.

Para a aplicação da medida de segurança de internação, conforme o art. 104, há necessidade de dois requisitos: que a pena imposta seja a privativa de liberdade e que exista a necessidade de internação no centro correspondente, pois somente em último caso deve ser eleita tal via.

O art. 99 trata do sistema vicariante no que respeita ao cumprimento da pena e da medida de segurança. Assim, o sujeito deverá cumprir, primeiramente, a internação e depois a pena, se ainda for necessária. Nada impede que a internação tenha maior duração que o prazo de pena imposta, mas não pode ser superior à pena prevista para o delito (art. 104).

A duração da medida de segurança sempre é fixada pelo magistrado da sentença e a responsabilidade pela fiscalização do cumprimento é da Vara de Execução Penal.

No Brasil, os requisitos para a aplicação das medidas de segurança são praticamente idênticos, sofrendo poucas variações. No dizer de Bitencourt,[241] são eles:

a) *Prática de fato descrito como crime.* Destaque-se que não se exige a prática de crime, mas de "fato definido como crime". É que no primeiro caso (diante da ausência de culpabilidade pela falta da imputabilidade) não se poderia empregar o conceito analítico de crime utilizado como referência neste trabalho. Seguindo: se o réu for absolvido (pelo mérito ou por insuficiência probatória) não se pode cogitar da imposição de medida de segurança, ainda que declaradamente semi ou inimputável. Portanto, antes de indagar sobre a culpabilidade, a sentença deve apreciar a existência de fato típico e ilícito, sendo nula a decisão que assim não proceder. Vale dizer que não basta a presença da inimputabilidade para a aplicação da medida de segurança. É indispensável ainda que não ocorra qualquer causa que exclua a ilicitude

---

[240] BERDUGO GOMEZ DE LA TORRE, Ignacio et al. *Lecciones de derecho penal*: parte general. 2. ed. Barcelona: Praxis, 1999, p. 400.

[241] BITENCOURT, Cezar Roberto. *Tratado de direito penal*: parte geral. 10. ed. São Paulo: Saraiva, 2006, p. 839.

de sua conduta. Se inexistir tipicidade ou ficar reconhecida causa de justificação, não há nada a punir. Assim, não há que se falar na aplicação da medida de segurança, caso contrário estaríamos admitindo uma periculosidade criminal pré-delitiva.

b) *Periculosidade do sujeito.* A medida de segurança envolve sempre um juízo de periculosidade criminal, ou seja, um prognóstico que indique a probabilidade de o sujeito vir a cometer novos delitos, também nos termos dos arts. 6.1 e 95.1.2ª, do CP espanhol. Esta periculosidade criminal deve ser reconhecida pelo juiz da sentença. A medida tem natureza essencialmente preventiva e funda-se na periculosidade do sujeito semi ou inimputável, pois a reforma penal brasileira de 1984 extinguiu a possibilidade de imposição de medidas de segurança para sujeitos imputáveis.

c) *Ausência de imputabilidade plena.* O agente imputável não pode receber medida de segurança; o semi-imputável apenas excepcionalmente estará a ela sujeito.

Por fim, ainda segundo a legislação penal brasileira, durante o cumprimento da medida serão realizados exames periódicos para a verificação de cessação da periculosidade. Conforme as conclusões de tais perícias, o juiz poderá desinternar ou liberar o interno, mas sempre em caráter provisório. Entretanto, se antes do decurso de um ano, o agente praticar qualquer fato que indique a persistência de sua periculosidade, poderá ser internado ou submetido a tratamento ambulatorial novamente, conforme determina a lei brasileira.

Inovando como de costume, o Estado brasileiro do Rio Grande do Sul realiza, desde 1966, ainda que sem previsão legal, porém com controle jurisdicional,[242] a chamada "alta progressiva".[243] Através desta medida, o sujeito internado por ter praticado fato definido como crime, ainda que cuja pena privativa de liberdade prevista seja na modalidade de reclusão (art. 97, *caput*, CP) poderá obter

---

[242] VII Encontro Nacional de Execução Penal. Carta de Porto Alegre. Disponível em: <www.tjpe.gov.br/presidio/Carta-PortoAlegre.doc>. Acesso em: 19 out. 2006.

[243] No Brasil, o prazo mínimo de cumprimento de medida de segurança privativa de liberdade varia entre um a três anos. Por isso, sustenta-se o caráter verdadeiramente terapêutico da alta progressiva, abreviando tais períodos de internação e favorecendo a reinserção social do interno. A alta progressiva pode ser concedida desde o início da internação, pela autoridade judiciária. Mais detalhes vide: PACHECO, Sérgio. Benefício del alta progresiva. In: CRESPO DE SOUZA, Carlos Alberto; GÖTTERT CARDOSO, Rogério (org.). *Psiquiatria forense*: 80 anos de prática institucional. Porto Alegre: Sulina, 2006, p. 150-152.

uma espécie de "liberdade supervisionada", após avaliação médica e com a devida chancela judicial. É pois, no sentido de aperfeiçoar o modelo legal já ultrapassado, que sugerimos, de *lege ferenda*, a completa e total desvinculação do tipo de medida de segurança a ser aplicado no caso concreto da modalidade de pena privativa de liberdade (reclusão ou detenção), a fim de que aquela possa ser escolhida baseada em critérios terapêuticos, mas sempre com o necessário controle judicial. Aliás, a propósito, cabe citar Gonzalez Rus:[244]

> [...] Es por eso que la inclusión de la sumisión a tratamiento externo en centros o establecimientos de carater socio-sanitario haya sido un acierto, debiendo servir para reducir la aplicación de las medidas de internamiento a los casos en los que la reclusión del sujeto resulte absolutamente imprescindible para alcanzar los resultados pretendidos. Mas aún si la asistencia ambulatoria se combina con la custodia familiar, dirigida a asegurar la asistencia y la vigilancia del sujeto.

Prevê o parágrafo único do art. 96, do CP, que extinta a punibilidade não se imporá medida de segurança, nem subsistirá a que tiver sido imposta, pois esta foi imposta em função do estado perigoso revelado pelo indivíduo.

Também na Espanha, no caso de desaparecer a periculosidade, o magistrado poderá determinar o término da medida. Se houver o descumprimento da mesma, o juiz ou o tribunal poderão substituir a medida não privativa de liberdade por outra, de internação (art. 100, nº 2, do CP espanhol).[245]

Por fim, muito relevante o que García Albero[246] expõe com precisão e que requer muito mais reflexão por parte daqueles que aplicam o Direito Penal no Brasil: a aplicação da medida de segu-

---

[244] GONZALES RUS, Juan José. Imputabilidad disminuida: determinación y ejecución de penas y medidas de seguridad. *Actualidad Penal*, n. 2, p. 36, jan. 1999.

[245] BERDUGO GOMEZ DE LA TORRE, Ignacio *et al. Lecciones de derecho penal*: parte general. 2. ed. Barcelona: Praxis, 1999, p. 395.

[246] Interessante questionar se o art. 95.2, do CP espanhol, ao referir que *"el juez deberá aplicar las medidas no privativas de libertad si el hecho cometido no fuere penado con pena privativa de libertad"*, deseja referir-se à pena prevista. Isto pode conduzir a caminhos muito perigosos, especialmente porque inúmeros delitos que possuem previsão de pena privativa de liberdade permitem penas substitutivas como as restritivas de direito ou multa. Por isto, parece-nos que é a pena em concreto que deveria reger a matéria, pois além das circunstâncias de caráter geral, também atenderia à gravidade do fato praticado. Ademais, este último raciocínio ainda atenderia a uma sistemática prevista pelos arts. 101, 102 e 103, do CP espanhol, os quais exigem, para a determinação da duração máxima da medida de internação, a determinação da pena concreta. Isto sem adentrarmos a necessidade de consideração da periculosidade e da indicação terapêutica, evidentemente. Vide a respeito: GARCÍA ALBERO, Ramón. De las medidas de seguridad. In: QUINTERO OLIVARES, Gonzalo; MORALES PRATS, Fermín (org.). *Comentarios al nuevo código penal*. Pamplona: Aranzadi, 2001, p. 523.

rança não pode prescindir da avaliação da culpabilidade do réu. É que tanto as penas quanto as medidas são intervenções na esfera da liberdade das pessoas devem ser justificadas e, por isso mesmo, sujeitas às garantias constitucionais, como afirma Sierra López.[247] Além disso, considerando-se que a aplicação da pena pressupõe a existência de todos os elementos do delito e que a aplicação da pena privativa de liberdade é o antecedente lógico para que possa ser formulada a decisão de substituí-la ou não por medida de segurança, valorosa esta análise.

4.5. FINALIDADES DAS MEDIDAS DE SEGURANÇA

Penas e medidas de segurança são igualmente consequências jurídicas do delito. O argumento de que a pena volta-se para o passado e a medida de segurança ao futuro encontra-se superado. É que ambas têm como pressuposto a prática de um fato previamente definido em lei como crime. Ademais, ambas miram ao futuro com a perspectiva de evitar a reincidência e visando à reinserção social do indivíduo, já que a prevenção não é um propósito exclusivo da medida de tratamento.[248] Na verdade, discordamos de González-Rivero[249] quando refere que penas e medidas não podem estar orientadas à mesma finalidade. Diz a renomada autora que aquela se impõe para compensar a culpabilidade, numa perspectiva retrospectiva, enquanto a medida se impõe com finalidade preventiva, numa perspectiva de futuro.[250]

Na verdade, as medidas de segurança voltam-se para o passado (assim como as penas) – embora a finalidade não seja predominantemente retributiva – uma vez que têm como pressuposto um delito, e sem o delito antecedente não existe medida de segurança.[251] Afora isso, penas e medidas de segurança apresentam também um

---

[247] SIERRA LÓPEZ, Maria del Valle. *Las medidas de seguridad en el nuevo código penal*. Valencia: Tirant lo Blanch, 1997, p. 68.

[248] FERRARI, Eduardo Reale. *Medidas de segurança e direito penal no estado democrático de direito*. São Paulo: Revista dos Tribunais, 2001, p. 74.

[249] GONZÁLEZ-RIVERO, Pilar. El fundamento de las penas y de las medidas de seguridad. *Cuadernos de Política Criminal*, n. 78, 2002, p. 582.

[250] Idem, p. 587-588.

[251] BERINSTAIN, Antonio. *Medidas penales*: derecho contemporáneo. Madrid: Reris, 1974, p. 58 e ss.

caráter aflitivo à medida que constituem a imposição de uma privação ou diminuição de bens jurídicos.

Indubitavelmente, penas e medidas visam à defesa social, ambas caracterizam-se jurisdicionalmente e possuem finalidades preventivas geral e especial positivas. Figueiredo Dias,[252] inclusive, diz que a finalidade preventiva especial positiva assume o protagonismo na aplicação da medida de segurança, não se negando, todavia, a função secundária da prevenção geral positiva. Por isto mesmo, discordamos de Martínez Guerra[253] quando refere que a função de prevenção geral não tem cabimento na regulação das medidas de segurança, afinal até mesmo os inimputáveis podem alcançar algum grau de motivação. Outrossim, é incontestável que a prevenção geral acaba sendo concretizada à medida que a população percebe a existência da aplicação de uma consequência jurídica a um crime praticado, ainda que por alguém considerado inimputável. Mesmo assim, de acordo com a doutrina majoritária, a finalidade preponderante da medida de segurança é a prevenção especial.[254] Tal entendimento também está amparado pelo art. 25.2, da Constituição espanhola: penas e medidas de segurança convergem ao direcionar-se para a reeducação e reinserção social. Claro que isto não pode ser interpretado com literalidade, caso em que, para alcançar tal objetivo de forma absoluta, teríamos de admitir pernicioso regresso a medidas de segurança pré-delitivas ou aguardar pela cura do sujeito para que este alcançasse a liberdade.

Assim, a maior distinção entre penas e medidas está em que as primeiras estão limitadas pela culpabilidade, enquanto as medidas, carecedoras deste limite, encontram delimitação, principalmente, no princípio da proporcionalidade.[255] Mas o tema está longe de ser pacífico. Sánchez Lázaro,[256] defensor do caráter preventivo especial negativo das medidas, refere que diante da situação extrema do psicopata, onde a preocupação maior não é o déficit de orientação normativa, mas a proteção da sociedade, só resta a inocuização, motivo

---

[252] *Apud* FERRARI, Eduardo Reale. *Medidas de segurança e direito penal no estado democrático de direito*. São Paulo: Revista dos Tribunais, 2001, p. 65.

[253] MARTÍNEZ GUERRA, Amparo. Nuevas tendencias político criminales en la función de las medidas de seguridad. *Cuadernos Luis Jiménez de Asúa*, Madrid, n. 22, 2004, p. 20.

[254] GARCÍA GARCÍA, Lucía. Marco jurídico de la enfermedad mental. Incapacitación e internamiento. *Revista General de Derecho*, Valencia, 2000, p. 469.

[255] ZUGALDÍA ESPINAR, José Miguel. *Fundamentos de derecho penal*: parte general. Las teorías de la pena y de la ley penal. Valencia: Tirant lo Blanch, 1993, p. 143.

[256] SÁNCHEZ LÁZARO, Fernando Guanarteme. Un problema de peligrosidad postdelictual: reflexiones sobre las posibilidades y límites de la denominada custodia de seguridad. *Revista Penal*, n. 17, jan. 2006, p. 151.

pelo qual deve ser afastado, segundo ele, o próprio princípio da proporcionalidade. O autor em comento prefere, em vez do sistema espanhol atual (em que a duração da medida de segurança é fixada legal e previamente) um sistema de prazos fixados antes da execução, mesclado com a possibilidade de prorrogações em caráter excepcional, conforme o caso. Justifica dizendo que se a finalidade deste instrumento é atenuar a periculosidade do delinquente, deveria ser esta a referência para a fixação do lapso temporal. Segundo o autor, tal sistema não prejudicaria a segurança jurídica porque seria estruturado no contraditório com um assessoramento especializado, previsão expressa da possibilidade de realizar propostas de cessação, substituição ou suspensão, direito de audiência, igualdade entre as partes e intervenção especializada. Neste mesmo sentido, vale recordar que nunca faltou quem defendesse que as medidas de segurança devessem priorizar o caráter inocuizador, ou que somente este pudesse ser o real objetivo a ser alcançado através delas. Sanchez Lázaro critica o fato de estas serem proporcionais à gravidade do delito, não podendo, portanto, serem mais gravosas que as penas a eles previstas. Cerezo Mir concorda com a crítica, pois, segundo ambos, trata-se de previsão inconsequente posto que as medidas deveriam estar vinculadas tão só à periculosidade do delinquente. O referido autor[257] também fala sobre as escassas possibilidades de êxito no tratamento, em particular no caso de sujeitos "dificilmente recuperáveis", como o caso dos psicopatas. Já para García García, a medida não é um castigo por um fato antijurídico, mas uma resposta à periculosidade, de cunho preventivo-especial, embora seu conteúdo possa ser considerado aflitivo pelo sujeito que as sofre, sem prejuízo de também apresentar funções de prevenção geral.[258]

4.6. SEMELHANÇAS ENTRE PENAS E MEDIDAS DE SEGURANÇA. PRINCÍPIOS APLICÁVEIS

Penas e medidas de segurança são espécies do mesmo gênero: sanção penal. Por esta razão, o sistema penal brasileiro prevê a

---

[257] SÁNCHEZ LÁZARO, Fernando Guanarteme. Un problema de peligrosidad postdelictual: reflexiones sobre las posibilidades y límites de la denominada custodia de seguridad. *Revista Penal*, n. 17, jan. 2006, p. 147-148.

[258] GARCÍA GARCÍA, Lucía. Marco jurídico de la enfermedad mental. Incapacitación e internamiento. *Revista General de Derecho*, Valencia, 2000, p. 470.

possibilidade de substituição da pena privativa de liberdade por medida de segurança, no caso de agente semi-imputável, além da possibilidade de detração do tempo de prisão. Além disso, prevê que, extinta a punibilidade, não se imporá medida de segurança nem subsistirá a execução da que tenha sido imposta. Tais evidências contradizem frontalmente a opinião dos que negam a mesma natureza jurídica a ambos os institutos. Importante conclusão que daí se infere diz respeito até mesmo aos prazos prescricionais aplicáveis às medidas. Considerando-se que a prescrição do crime é causa de extinção da punibilidade, o mesmo prazo aplicável para a prescrição de um delito vale tanto em relação à pena quanto à medida de segurança.

Culpabilidade e periculosidade são os dois pontos de conexão do atual sistema de reação estatal frente a um delito: o delito cometido por um autor culpável dará lugar à imposição de uma pena; o delito cometido por um autor não culpável, mas perigoso, dará lugar à imposição de uma medida. Na verdade, penas e medidas, apesar das diferenças teóricas, cumprem, na prática, o mesmo papel e têm, de fato, a mesma finalidade e conteúdo.[259] A finalidade executiva é a mesma: reinserção e reabilitação social (art. 25.2, Constituição Federal espanhola). Não é por outra razão que os especialistas norte-americanos e ingleses já não discutem as diferenças entre elas, pois ambas implicam privação ou restrição de direitos fundamentais.[260]

No dizer de Muñoz Conde,[261] tem-se na verdade a eterna discussão entre um Direito Penal retributivo e um Direito Penal preventivo, entre o *punitur quia peccatum est* e o *punitur ne peccetur*, entre culpabilidade e periculosidade, entre penas e medidas.

Maurach[262] referia que, do ponto de vista formal, chama-se culpabilidade o conjunto de condições que justificam a imposição de uma pena ao autor de um delito; denomina-se periculosidade o conjunto de condições que justificam a imposição de uma medida.

As medidas de segurança possuem natureza jurídico-penal. Como exceção, citamos o Código Penal italiano, que as prevê como sanções de natureza administrativa. Entretanto, atualmente, dou-

---

[259] MUÑOZ CONDE, Francisco. *Direito penal e controle social*. Rio de Janeiro: Forense, 2005, p. 42.

[260] BERINSTAIN, Antonio. *Medidas penales*: derecho contemporáneo. Madrid: Reris, 1974, p. 46-47.

[261] MUÑOZ CONDE, Francisco. *Direito penal e controle social*. Rio de Janeiro: Forense, 2005, p. 36.

[262] Idem, p. 36-37.

trina e jurisprudência italianas são majoritárias em reconhecer sua natureza criminal. Como referem Cadoppi y Veneziani:[263] *"Ormai pressoché definitivamente superata la tesi secondo cui le misure di sicurezza avrebbero natura amministrativa"*. Por isso, Mantovani também empreende a distinção doutrinária entre tais medidas administrativas (preventivas, baseadas em periculosidade, mas pré-delitivas) e as medidas de segurança criminais, propriamente ditas e pós-delitivas:[264]

> [...] le misure specialpreventive ante o praeter delictum, essendo applicabili ai soggetti pericolosi prima della conissione o a prescindere dalla avvenuta commissione di reati. Con le misure di sicurezza hanno in conune il presupposto della pericolosità del soggetto, fondandosi entrambe su un giudizio di probabilità di futuri atti criminosi. Mentre, però, nelle seconde la pericolosità è post delictum, essendone il reato conmesso una componente sintomatica e trattandosi di una probabilità di recidiva, nelle prime la pericolosità è sine delicto o ante delictum, prescindendo il relativo giudizio dalla precedente conmissione di reati.

O fato é que com a crise do sistema de *doble via*, penas e medidas passaram a se aproximar ainda mais. Para Zugaldía Espinar[265] surgiu, assim, um novo "monismo", caracterizado por considerar penas e medidas como detentoras dos mesmos conteúdos e funções, sendo que as medidas devem estar rodeadas pelas mesmas garantias que as penas. Portanto, ambas as espécies de sanções devem obedecer aos mesmos princípios, caso contrário configurarão grave risco às garantias individuais fundamentais.[266] Exemplos disto estão no art. 6°, do CP espanhol, que destaca o fundamento preventivo da medida de segurança, fazendo o contraponto em relação ao art. 5°,[267] fundado na culpabilidade. Os princípios da proporcionalidade e da intervenção mínima também vieram consagrados por aquele diploma legal, visto que o art. 6° estabelece três exigências, a saber: as duas primeiras (as medidas não podem resultar mais gravosas

---

[263] CADOPPI, Alberto; VENEZIANI, Paolo. *Elementi di diritto penale*: parte generale. Padova: CEDAM, 2007, p. 523. No mesmo sentido: PADOVANI, Tulio. *Diritto Penale*. Milano: Giuffré, 2006, p. 339; FIANDACA, Giovanni; MUSCO, Enio. *Diritto Penale*: parte generale. Bologna: Zanichelli, 2007, p. 809.

[264] MANTOVANI, Ferrando. *Principi di diritto penale*. Padova: CEDAM, 2002, p. 428.

[265] ZUGALDÍA ESPINAR, José Miguel. *Fundamentos de Derecho Penal*: parte general. Las teorías de la pena y de la ley penal. Valencia: Tirant lo Blanch, 1993, p. 142.

[266] MUÑOZ CONDE, Francisco. *Direito penal e controle social*. Rio de Janeiro: Forense, 2005, p. 43.

[267] Artículo 5. No hay pena sin dolo o imprudencia. Artículo 6. 1. Las medidas de seguridad se fundamentan en la peligrosidad criminal del sujeto al que se impongan, exteriorizada en la comisión de un hecho previsto como delito. 2. Las medidas de seguridad no pueden resultar ni más gravosas ni de mayor duración que la pena abstractamente aplicable al hecho cometido, ni exceder el límite de lo necesario para prevenir la peligrosidad del autor.

nem ter maior duração que as penas que seriam aplicáveis) referem-se ao princípio da proporcionalidade, e a terceira à intervenção mínima do Direito Penal (a medida não pode exceder o necessário para prevenir a periculosidade do autor). Com isso, abandona-se a perversa lógica que considerava a medida como um "saudável" meio terapêutico ou educativo. Ademais, o caráter infindável e ilimitado das medidas de antigamente, no Direito Penal espanhol, gerava problemas como internações perpétuas ou por períodos mais longos que os das penas aplicadas aos imputáveis pela prática de fatos de mesma natureza. Assim, parece que o Código Penal espanhol adotou melhor opção que o brasileiro, evitando a discriminação do inimputável e assegurando que este "verdadeiramente" não será submetido a castigos perpétuos, respeitando o princípio da igualdade.[268]

Na legislação brasileira, os arts. 1º e 2º, do Código Penal, assim como os incisos XXXIX e XL, do art. 5º, da Constituição Federal, que se referem aos princípios da legalidade, da anterioridade, da irretroatividade maléfica e da retroatividade benéfica da lei penal, respeitam indistintamente às penas e às medidas de segurança. Somente são aplicáveis as medidas legalmente previstas anteriormente à prática do fato. Do mesmo modo, a lei posterior ao fato que, de qualquer modo, favorecer o agente, será aplicada em seu benefício.

Enfim, como penas e medidas de segurança são formas de controle social devem ser limitadas e devem obedecer a todos os princípios como o da legalidade, o da irretroatividade, o da proporcionalidade, o da lesividade, o da intervenção mínima, o da igualdade, o da humanidade e o da presunção da inocência.[269]

Passemos, pois, a analisar mais detidamente cada um dos princípios aplicáveis à matéria.

4.6.1. Princípio da legalidade

O princípio da legalidade está presente na legislação penal brasileira tanto em sua concepção formal quanto material. Nenhum indivíduo será acusado e muito menos sancionado penalmente, seja com medida de segurança, seja com pena, sem anterior previsão

---

[268] BERDUGO GOMEZ DE LA TORRE, Ignacio et al. *Lecciones de derecho penal*: parte general. 2. ed. Barcelona: Praxis, 1999, p. 394.

[269] GOMES, Luís Flávio. *Duração das medidas de segurança*. São Paulo: Revista dos Tribunais, 1991, p. 260.

legal escrita. Decorrente da Constituição Federal brasileira de 1988, o inciso XXXIX, do art. 5º, bem como do art. 2º do Código Penal brasileiro, o princípio da legalidade impede a aplicação de medidas de segurança não criminais, ou não previstas previamente na legislação, à época da infração. Assim, todas as medidas de segurança criminais somente podem ser impostas se os seus pressupostos estiverem presentes de forma integral. Não pode o Estado interferir indefinidamente no direito à liberdade do cidadão. É inconstitucional não haver um limite máximo temporal pré-definido diante da alínea "b", do inciso XLVII, do art. 5º, combinado com a cláusula pétrea do § 4º, do art. 60, da Carta Magna pátria. A respeito diz Muñoz Conde:[270]

> La duración de la medida pos-delictiva, impuesta y aplicada coactivamente por el juicio correspondiente, no puede prolongarse indebidamente con el pretexto de la peligrosidad criminal que la originó. Para evitar esos excesos, se hace necesario un sistema global de medidas que, paralelo al de las penas, determine claramente los presupuestos y los límites de la aplicación de la medida.

O próprio art. 3º, da Lei nº 7.210/84 (LEP) estatui: "Ao condenado e ao internado serão assegurados todos os direitos não atingidos pela sentença ou pela lei". Não é diferente na Espanha, onde medidas de segurança somente podem ser aplicadas se previstas em lei, com anterioridade, atendidos os pressupostos da periculosidade criminal, ou seja, após o cometimento de um fato típico e antijurídico.

Também assim a Constituição espanhola apresenta, nos arts. 25.2 e 9.3, o mesmo princípio, fazendo o mesmo o CP espanhol, nos arts. 1.2, 2.1, 96 e 105. Assim, exigem-se os seguintes pressupostos para a aplicação de uma medida de segurança: cometimento prévio de um fato previsto em lei como crime, prognóstico de periculosidade criminal e estado de inimputabilidade ou de semi-imputabilidade para o autor do mesmo.[271]

Quanto à garantia da irretroatividade, esta é corolário do princípio da legalidade.[272] Assim, a medida de segurança a ser imposta será aquela prevista na época da infração, e não aquela do instante da execução, exceto quando mais benéfica. No caso de o indivíduo

---

[270] MUÑOZ CONDE, Francisco. *Direito penal e controle social*. Rio de Janeiro: Forense, 2005, p. 58.

[271] MARTÍNEZ GUERRA, Amparo. Nuevas tendencias político criminales en la función de las medidas de seguridad. *Cuadernos Luis Jiménez de Asúa*, Madrid, n. 22, 2004, p. 39.

[272] CERNICCHIARO, Luis Vicente; COSTA JUNIOR, Paulo José da. *Direito penal na constituição*. 3. ed. São Paulo: Revista dos Tribunais, 1995, p. 64.

estar recuperado à época da execução entendemos que não se aplicará mais a medida de segurança, pois ausente o fim especial preventivo.

O art. 2.2, do CP espanhol,[273] excepciona o princípio da irretroatividade, desde que se trate de lei mais favorável ao réu. Isto também deve ser aplicado no caso de medida de segurança, posto que o art. 2.1 trata exatamente da regra geral (irretroatividade) e aplica-se à pena e à medida, razão pela qual a exceção prevista no apartado 2, do mesmo artigo, também deve ser estendida a ambos os casos. Diferentemente ocorre na Alemanha, onde é aplicada a lei vigente ao tempo da sentença[274] em relação à medida de segurança.

O princípio da irretroatividade não admite a aplicação da analogia *in malam partem*:[275] assim, nem sempre uma nova medida de segurança pode ser aplicada ao caso concreto, cujo crime foi anteriormente cometido. A grande dificuldade está em estabelecer se tal medida é mais benéfica ao acusado ou não, considerando-se aí seu caráter terapêutico, sobretudo.

4.6.2. Princípio da jurisdicionalidade

A aplicação da medida de segurança, apesar de ter um domínio sancionatório diverso da pena, exige o sucessivo exercício das funções estatais legislativa, administrativo-executiva e judiciária. A medida de segurança condiciona-se à imposição de uma série de requisitos jurídico-formais, eliminando-se a insegurança de privações de liberdade resultantes de fatos eminentemente políticos que ofendam ao sistema democrático em que vivemos.[276]

Decorrente do princípio da jurisdicionalidade, a garantia jurisdicional exige que as medidas somente sejam executadas quando

---

[273] Artículo 2. 1. No será castigado ningún delito ni falta con pena que no se halle prevista por Ley anterior a su perpetración. Carecerán, igualmente, de efecto retroactivo las Leyes que establezcan medidas de seguridad. 2. No obstante, tendrán efecto retroactivo aquellas leyes penales que favorezcan al reo, aunque al entrar en vigor hubiera recaído sentencia firme y el sujeto estuviese cumpliendo condena. En caso de duda sobre la determinación de la Ley más favorable, será oído el reo. Los hechos cometidos bajo la vigencia de una Ley temporal serán juzgados, sin embargo, conforme a ella, salvo que se disponga expresamente lo contrario.

[274] GARCÍA GARCÍA, Lucía. Marco jurídico de la enfermedad mental. Incapacitación e internamiento. *Revista General de Derecho*, Valencia, 2000, p. 471.

[275] MARTÍNEZ GUERRA, Amparo. Nuevas tendencias político criminales en la función de las medidas de seguridad. *Cuadernos Luis Jiménez de Asúa*, Madrid, n. 22, 2004, p. 39.

[276] FERRARI, Eduardo Reale. *Medidas de segurança e direito penal no estado democrático de direito*. São Paulo: Revista dos Tribunais, 2001, p. 77-78.

impostas por sentença transitada em julgado, prolatada por juiz ou tribunal competente, conforme o art. 3.1, do CP espanhol. A execução da medida se dá na forma da lei e sob o controle dos órgãos judiciais competentes, segundo o CP espanhol, art. 3.2. No Direito Penal brasileiro a garantia da jurisdicionalidade está contida no art. 97 e parágrafos, do Código Penal: qualquer medida de segurança "só é aplicável por meio de providência judicial". Disto decorre, ainda, o princípio da individualização da execução das medidas de segurança: o indivíduo a ela submetido receberá tratamento médico-psiquiátrico o mais individualizado possível em face do distúrbio específico que apresente, sendo inclusive facultado a seus familiares contratar médico de confiança a fim de orientar e acompanhar o tratamento, devendo o juiz da execução solucionar as eventuais divergências havidas entre médicos oficiais e particulares (arts. 99, do CP; 43, 100 e 174, da LEP).

É importante que os Poderes da República cumpram suas missões constitucionalmente estabelecidas e respeitem-se reciprocamente. Assim, o Legislativo não deveria imiscuir-se na seara do Judiciário, especialmente quanto à fixação de regimes de cumprimento de pena, como o fez em relação aos crimes hediondos no Brasil (Lei Federal nº 8.072/90), para quase uma década depois ver-se o Supremo Tribunal Federal declarar aquela inconstitucionalidade. Tampouco deveria o Executivo ter a pretensão de decidir sobre direitos e benefícios em sede de execução penal em nome de uma suposta "eficiência" que se tem revelado mais prejudicial, especialmente se considerada a falência estatal na questão carcerária. Da mesma forma, o Poder Judiciário poderia evitar a intromissão indevida em assuntos que compreendam a análise da conveniência e da oportunidade por parte da Administração Pública, embora no mais das vezes limitada por legislações obsoletas e por escassos recursos humanos e materiais. Aliás, neste sentido e demonstrando a importância de todos esses aspectos, diz Berdugo Gomes de la Torre:

> Lo importante no es sólo que se garantice un estricto control judicial, sino además que la Administración de Justicia garantice la infraestructura asistencial de internamiento y ambulatorial necesaria para cumplir con los objetivos propuestos. De lo contrario, los efectos serán perniciosos y terminarán socavando las bases garantistas sobre las que el nuevo Código pretende fundamentar el sistema de medidas de seguridad.[277]

---

[277] BERDUGO GOMEZ DE LA TORRE, Ignacio et al. *Lecciones de derecho penal*: parte general. 2. ed. Barcelona: Praxis, 1999, p. 402.

Ainda nesta seara, outro exemplo desta interferência prejudicial é a fixação, pelo legislador, de regras inoportunas ao magistrado, no tocante à sujeição a medidas privativas ou restritivas de liberdade em função da pena prevista em abstrato para o delito cometido. O vigente diploma penal brasileiro prevê no art. 97, *caput*, que o magistrado imporá a medida de internação, obrigatoriamente, ao inimputável que praticar fato típico a que for cominada a pena privativa de liberdade de reclusão; se cominada a pena de detenção, o juiz poderá impor, facultativamente, sujeição a tratamento ambulatorial. Nesta questão há, evidentemente, uma limitação à atividade do juiz, à medida que um mero critério normativo torna a internação obrigatória, desconsiderando o ponto de vista terapêutico. Mesmo já tendo feito as críticas que julgávamos pertinentes a respeito, interessa aqui perceber que no caso do semi-imputável o art. 98, da mesma lei penal, flexibilizou ao magistrado a escolha da espécie de medida mais adequada ao caso, o que é digno de elogio.[278] Portanto, em se tratando de semi-imputável, conforme o parágrafo único, do art. 26, do CP, o juiz possui três alternativas:

a) aplicar somente a pena prevista para o crime, reduzida de um a dois terços quando o agente não necessitar de tratamento;

b) no caso de necessidade de tratamento, poderá determinar a internação em hospital de custódia e tratamento psiquiátrico (aplica pena e a substitui por medida de segurança);

c) se o agente necessitar de tratamento (mas não de internação), o juiz poderá sujeitá-lo à medida ambulatorial (aplica pena e a substitui por medida não privativa de liberdade).

Para finalizar, o princípio ora em apreço não admite que se aplique medida de segurança em caráter cautelar, nem mesmo no caso previsto pelo art. 60, do CP espanhol (quando sobrevém ao condenado imputável doença mental que inviabilize o prosseguimento da execução da pena). Refere Martínez Guerra[279] que a jurisprudência do Tribunal Supremo considera esta situação como sendo uma substituição da pena por medida de segurança, mas que a Procuradoria-Geral entende que o Auto Resolutório de tal incidente não constitui decisão apta para tanto, o que somente poderia

---

[278] RIBEIRO, Bruno de Morais. *Medidas de segurança*. Porto Alegre: Sergio Antonio Fabris, 1998, p. 44.

[279] MARTÍNEZ GUERRA, Amparo. Nuevas tendencias político criminales en la función de las medidas de seguridad. *Cuadernos Luis Jiménez de Asúa*, Madrid, n. 22, 2004, p. 42.

ocorrer se houvesse uma sentença colocando fim ao processo penal, após analisar a questão relativa à imputabilidade do acusado em relação ao fato criminoso.

4.6.3. Princípio da proporcionalidade e seus corolários: princípios da necessidade, subsidiariedade, intervenção mínima e ofensividade ou lesividade

O princípio da proporcionalidade é aplicável à medida de segurança como seu limite, manifestando-se em três aspectos: necessidade da medida em si, tanto que o art. 95.2 do CP espanhol proíbe que se imponha medida de segurança privativa de liberdade quando a pena que seria aplicável fosse de outra natureza, e os arts. 101, 102 e 103 referem que somente se aplica medida de segurança privativa da liberdade quando forem realmente necessárias, como *ultima ratio*. Também o art. 6.2 menciona que a medida deve manter relação com a periculosidade, seu fundamento, devendo durar o tempo necessário para preveni-la, sem exceder, no tanto, o tempo de pena que poderia ter sido aplicado. E sobre isto alguns doutrinadores divergem ora mais, ora menos. Romeo Casabona[280] entende que a proporcionalidade deveria relacionar-se exclusivamente à periculosidade do agente, embora admita a necessidade, por razões de segurança jurídica, da fixação de limites máximos, exigência derivada do princípio da legalidade. Já Mir Puig,[281] além da periculosidade, entende que a proporcionalidade também deve referir-se à gravidade do ato delitivo praticado e dos atos que o indivíduo possa vir a cometer. Resumidamente, tal princípio trata da proibição do excesso. Logicamente, deve haver uma equilibrada ponderação entre os bens em discussão, devendo incidir a medida terapêutica quando houver necessidade de tratamento ao delinquente doente. Também nesta seara pode ser mencionado o princípio da adequação ou suficiência, segundo o qual cabe ao magistrado eleger e aplicar a medida que seja mais adequada proibindo, assim, a aplicação daquela que se revele desajustada, desproporcional, desmedida ou excessiva frente à gravidade do ilícito típico e à periculosidade do agente.

Pretende este princípio o equilíbrio entre a proteção ao bem jurídico lesionado ou posto em perigo e a necessidade de privação

---

[280] *Apud* GARCÍA GARCÍA, Lucía. Marco jurídico de la enfermedad mental. Incapacitación e internamiento. *Revista General de Derecho*, Valencia, 2000, p. 475.

[281] MIR PUIG, Santiago. *Derecho penal*: parte general. 7. ed. Barcelona: Reppertor, 2005, p. 137.

de liberdade do cidadão doente, impedindo o excesso e a desproporção na consequência jurídica do delito. Assim como o princípio da culpabilidade condiciona, fundamenta e delimita a pena, o princípio da proporcionalidade deve conformar a medida de segurança, limitando o poder sancionatório do Estado. Ou seja, enquanto a culpabilidade constitui o limite da pena que não pode ser ultrapassado, a proporcionalidade possui uma função proibitiva da aplicação de medidas de segurança permeadas com carga excessiva, onerosa, ou restritiva de um direito individual desajustado.[282] Em verdade, o critério da proporcionalidade é um critério negativo, pois ao magistrado cabe indicar a desproporcionalidade de uma ou outra medida, vedando a aplicação daquela que for desnecessária, inadequada ou excessiva.

Neste juízo de proporcionalidade, deve ser considerada a gravidade dos delitos cometidos bem como o grau de periculosidade do agente quanto à probabilidade de voltar a delinquir. Além disso, afirma Jescheck[283] que o mais importante a ser considerado quanto à proporcionalidade da medida reside na importância dos "delitos previsíveis", eis que a finalidade precípua desta é a necessidade de segurança coletiva, entendimento este um tanto diferente da maioria dos penalistas. Nesta esteira de raciocínio cabe inferir que do princípio da proporcionalidade deriva o princípio da intervenção mínima.

O princípio da intervenção mínima prevê que o Estado deve utilizar todos os meios em Direito Penal admitidos, desde que sejam os menos lesivos ao indivíduo, e sempre de forma subsidiária. Tal princípio possui três funções básicas: fixar, abstratamente, as hipóteses nas quais deverão incidir as leis penais, impedindo a criminalização de condutas irrelevantes; limitar a restrição da liberdade do indivíduo e, por último, ajustar a incidência da consequência jurídica do delito à sua estrita necessidade. Assim, a medida de segurança somente será aplicável quando o tratamento for necessário, não se justificando caso o cidadão já tenha se recuperado.[284]

Um outro corolário do princípio da proporcionalidade é o princípio da ofensividade ou da lesividade. O Direito Penal não serve para atender a fins religiosos, moralistas, metafísicos ou ideológi-

---

[282] FERRARI, Eduardo Reale. *Medidas de segurança e direito penal no estado democrático de direito*. São Paulo: Revista dos Tribunais, 2001, p. 105.

[283] JESCHECK, Hans-Heinrich. *Tratado de Derecho Penal*: parte general. Granada: Comares, 1993, p. 733.

[284] FERRARI, Eduardo Reale. *Medidas de segurança e direito penal no estado democrático de direito*. São Paulo: Revista dos Tribunais, 2001, p. 110.

cos. Não é necessário, para a imposição de pena ou de medida de segurança, que as condutas sejam moralmente ilícitas. Há que se analisar a existência de agressão aos fundamentos da convivência, ou seja, há que se observar a existência de ofensa a bens jurídicos que apresentem dignidade penal.[285] Como afirma Andrade,[286] dignidade penal significa juízo qualificado de intolerabilidade social. Em decorrência de sua constatação, conclui-se pela necessidade da interferência do Direito Penal. A aplicação da medida criminal exige a análise da lesividade devendo haver uma relação entre a sanção criminal e o princípio da insignificância. Sem a proporção entre o fato delituoso e a mínima lesão ao bem jurídico penal, a conduta humana é atípica, ficando impedida a aplicação de qualquer medida de segurança.[287]

O art. 6, do CP espanhol, reza que as medidas de segurança não terão maior duração que a pena em abstrato aplicável ao fato cometido. Entretanto, em se tratando de medidas de segurança privativas de liberdade, a limitação temporal é orientada pelo prazo da pena que teria sido aplicada, conforme se depreende da leitura dos arts. 101 a 103. No caso do art. 104, ao falar do semi-imputável, o legislador espanhol menciona como referência a pena prevista em abstrato. Estamos de acordo com García Albero[288] quando refere que é um despropósito aplicar como referencial uma pena máxima em abstrato (que pressupõe a maior gravidade possível e a culpabilidade máxima do autor) justamente no caso de uma pessoa com imputabilidade diminuída. Por respeito ao princípio da proporcionalidade, cabe então interpretar-se o art. 104 da mesma forma que os arts. 101 a 103, ou seja, levando em conta a pena que teria sido imposta em concreto.

No Brasil, de modo geral, este assunto não tem recebido a devida importância. Primeiramente, porque a medida de segurança no Brasil não possui limite temporal máximo; segundo, porque não se coloca em discussão a pena em abstrato como limite à execução da medida; em consequência, sequer se avalia se tal consideração da

---

[285] FERRARI, Eduardo Reale. *Medidas de segurança e direito penal no estado democrático de direito*. São Paulo: Revista dos Tribunais, 2001, p. 118.

[286] ANDRADE, Manuel da Costa. A dignidade penal e a carência de tutela penal como referências de uma doutrina teleológico-racional do crime. *Revista Portuguesa de Ciências Criminais*, v. 2, p. 184, 1992.

[287] FERRARI, Eduardo Reale. *Medidas de segurança e direito penal no estado democrático de direito*. São Paulo: Revista dos Tribunais, 2001, p. 121.

[288] GARCÍA ALBERO, Ramón. De las medidas de seguridad. In: QUINTERO OLIVARES, Gonzalo; MORALES PRATS, Fermín (org.). *Comentarios al nuevo código penal*. Pamplona: Aranzadi, 2001, p. 541.

pena em abstrato seria uma forma mais gravosa imposta ao semi-imputável ou ao inimputável caso comparado ao imputável (sendo que este dificilmente é condenado à pena máxima em abstrato). E o mais lamentável é que em pleno século XXI, quando simulacros de reformas penais estão em marcha no Brasil, proposta alguma tramita para reparar essas aberrações.

Na Espanha, uma medida privativa de liberdade pode ser substituída por outras não privativas.[289] Cumprida a medida, o juiz poderá ordenar o cumprimento da pena, descontando o tempo de duração daquela, ou decidir pela suspensão da execução do restante da pena se os efeitos alcançados através do cumprimento da medida tiverem sido satisfatórios. Para Cerezo Mir,[290] o prazo de execução das medidas de segurança não deve guardar proporcionalidade com o fato criminoso, mas sim com a periculosidade do agente, como já referimos anteriormente. O referido autor sustentava (antes da entrada em vigor do atual Código Penal espanhol de 1995) que se algum prazo de duração da medida de segurança houvesse que ser estabelecido, este teria que ser calculado em função do tempo estimado de duração do tratamento necessário. Ele próprio chegou a sugerir números, como três anos para uma internação em centro de desabituação ou centro reeducador; para uma internação em centro educativo especial, centro de terapia social, ou, ainda, em centro de custódia, sugeria que o período não ultrapassasse a cinco anos; e, no caso de internação psiquiátrica recomendou que não se indicasse prazo algum de duração. Entendemos desarrazoada a proposta de ingerência do legislador em fixar prazos que são de cunho eminentemente jurisdicional e independentemente do caso concreto: o conceito de inimputabilidade não pode ser fixado com exclusividade pelo médico ou pelo legislador, mas também normativo, aplicado pelo juiz conforme cada situação. Como já mencionado, na Espanha, para Cerezo Mir,[291] a medida de internação não deveria ter prazo determinado, mas deveria persistir em função da periculosidade. Para o mesmo autor o critério seria o da eliminação

---

[289] GARCÍA ALBERO, Ramón. De las medidas de seguridad. In: QUINTERO OLIVARES, Gonzalo; MORALES PRATS, Fermín (org.). *Comentarios al nuevo código penal*. Pamplona: Aranzadi, 2001, p. 542.

[290] CEREZO MIR, José. *Estudios sobre la moderna reforma penal española*. Madrid: Tecnos, 1993, p. 181.

[291] CEREZO MIR, José. Medidas de seguridad aplicables a las personas exentas de responsabilidad penal por padecer una anomalía o alteración psíquica. In: NIETO MARTÍN, Adán (org.). *Libro homenaje al Dr. Marino Barbero Santos*. Cuenca: Universidad de Castilla-La Mancha, 2001, p. 928. BITENCOURT, Cezar Roberto. *Tratado de direito penal*: parte geral, São Paulo: Saraiva, 2006, p. 930.

desta, e não a exigência de cura. Termina por criticar esta novidade do Código Penal espanhol de 1995, qual seja, o estabelecimento de limites temporais às medidas, alegando ser isto nefasto político-criminalmente.

4.6.4. Princípios da presunção de inocência, da igualdade e da dignidade

O princípio da presunção de inocência impede a aplicação da medida de segurança quando não se tenha suficiente lastro em fatos típicos e ilícitos.[292] "Penas e medidas de segurança, enquanto espécies de sanções penais, são consequências jurídicas relacionadas ao *jus puniendi*, exigindo o mesmo tratamento,[293] tendo ambas caráter de *ultima ratio*.[294]

Para Figueiredo Dias[295] o princípio *in dubio pro reo* tem plena validade em matéria de juízo de prognose, incidindo sem nenhuma limitação. Por isso, quando o Estado não tiver certeza sobre o exercício de punição estatal não incidem nem a pena, nem a medida de segurança. Também assim quando incerta a periculosidade do infrator ou quando duvidosa a configuração do ilícito-típico, pressupostos irrenunciáveis à medida terapêutico-criminal. Assim, o fato somente legitima uma intervenção do poder público através da medida de segurança se e enquanto comprovada a persistência da periculosidade do autor.[296]

Há que se referir, por sua relevância constitucional, o igualmente importante princípio da dignidade humana. Este princípio exige que se alcance ao delinquente doente as condições mínimas de tratamento, ou seja, profissionais habilitados, progressividade terapêutica e individualização na execução da medida de segurança.

Assim também na Itália, por exemplo, onde as medidas de segurança, conforme Mantovani, não podem estar dirigidas à neutra-

---

[292] FERRARI, Eduardo Reale. *Medidas de segurança e direito penal no estado democrático de direito.* São Paulo: Revista dos Tribunais, 2001, p. 129.

[293] Idem, p. 131.

[294] GARCÍA GARCÍA, Lucía. Marco jurídico de la enfermedad mental. Incapacitación e internamiento. *Revista General de Derecho,* Valencia, 2000, p. 479.

[295] DIAS, Jorge de Figueiredo. *Direito penal português*: conseqüências jurídicas do crime. Lisboa: Aequitas Editorial Notícias, 1993, p. 444.

[296] LÍBANO MONTEIRO, Cristina. Perigosidade de inimputáveis e in dubio pro reo. *Boletim da Faculdade de Direito da Universidade de Coimbra,* n. 24, p. 166-168, 1997.

lização e à marginalização do indivíduo. Exatamente considera o autor:[297]

> [...] in un ordinamento personalistico, incentrato sui principi di sviluppo della personalitá, di solidarietá, di tutela della salute e della protezione dell'infanzia e della gioventú, debe tendere alla rimozione dei fattori predisponenti alla criminalitá, cone tali ostaculi al pieno sviluppo della persona umana.

E especificamente no que tange ao princípio da dignidade humana, no campo das medidas, Mantovani prossegue:

> [...] vale sostanzialmente quanto detto in merito al trattamento e alla pena, specie per quanto riguarda i trattamenti pericolosi per la vita e l'integrità psico-fisica del soggetto (interventi di psicochirurgia, evirazione anche coattiva dei delinquenti sessuali). Per evitare utilizzazioni aberranti le misure di sicurezza vanno concepite ed applicate alla luce del principio personalistico, intendendo l'uomo non come "entità naturalistica", ma come "valore".[298]

Não há como falar do princípio da dignidade humana sem analisar o princípio da igualdade, o qual fundamenta a democracia. Sem adentrar no mérito da igualdade formal ou material, refere-o inúmeras vezes, Tavares,[299] especialmente quando diz ser atentatório à dignidade humana que uma lei dispense o mesmo tratamento a mentalmente sadios e a enfermos.

Problema grave e que fere o princípio da dignidade e também o da proporcionalidade é internação, no Brasil, que ocorre sem limite máximo determinado, persistindo enquanto durar a periculosidade. A cessação da periculosidade será demonstrada por perícia médica, realizada no decurso do prazo mínimo de internação, que pode variar entre um e três anos, critério que leva em consideração a gravidade da doença mental, a possibilidade ou a impossibilidade de recuperação e a duração prevista do tratamento curativo necessário. A perícia será repetida anual e obrigatoriamente, e poderá ser facultativamente renovada a qualquer tempo, por determinação do juiz de execuções, *ex officio* ou a requerimento do Ministério Público, ou, ainda, do próprio interessado. Se a perícia concluir pela cessação da periculosidade, a medida será revogada através de sentença e será ordenada a desinternação, conforme o art. 179, da LEP. Se dentro de um ano o agente praticar fato indicativo da persistência da periculosidade, a internação será restabelecida, conforme art. 97, § 3º, do Código Penal brasileiro.

---

[297] MANTOVANI, Ferrando. *Principi di diritto penale*. Padova: CEDAM, 2002, p. 419.

[298] Idem, p. 419.

[299] TAVARES, Juarez. Critérios de seleção de crimes e cominação de penas. *Revista Brasileira de Ciências Criminais*, número especial de lanzamiento, dez. 1992, p. 77-78.

Martínez Guerra refere que existem autores[300] sustentando um "meio-termo" entre a indeterminação da duração da medida e os prazos legalmente pré-estabelecidos, sugerindo a utilização de limites específicos com base *a la previsión de curación del sujeto*", e não em valores legais que não atendam à necessidade de sua imposição.[301] Até poderia ser assim, não fosse a exigência de "cura" que, a nosso juízo, deveria ser substituída pelo desiderato de uma melhora terapêutica e pelo afastamento da periculosidade criminal. Quanto às medidas de segurança privativas de liberdade, diz-se o mesmo, pois a preocupação excessiva do legislador em criar um paralelismo com o sistema de penas fez com que fosse esquecido que o real objetivo da medida deveria guiar-se pela natureza concreta do tratamento que lhe justifica. Assim, uma preocupação excessiva e exclusiva com a prevenção especial conduziria à internação ou a outras medidas por tempo indeterminado, pois não se pensaria na gravidade do fato nem na proporcionalidade da pena, mas apenas na cessação de periculosidade. Isto sim (e o exemplo concreto é o modelo brasileiro) constitui verdadeiro Direito Penal do autor, o que é insustentável. Por isto, a maioria dos Códigos Penais modernos têm estabelecido que, somente em casos excepcionais, pode uma medida de segurança ser executada após a pena, e mesmo assim, sempre por tempo determinado, com um limite máximo previsto.[302]

Já no Brasil, como já dissemos, não existe prazo máximo determinado em se tratando de medida de segurança, o que, para Mir Puig,[303] representa uma gravidade muito maior que as penas em si mesmas. Na verdade, tanto as penas como as medidas de segurança constituem medidas de defesa social e não passam de formas de controle social.[304]

Embora reconheçamos com Reale Jr.[305] que a justificativa para que as medidas de segurança tenham prazo máximo indeterminado no Brasil esteja na busca da superação da periculosidade do agente, devemos lembrar que o sancionado não é interdito e que o aparato

---

[300] MARTÍNEZ GUERRA, Amparo. Nuevas tendencias político criminales en la función de las medidas de seguridad. *Cuadernos Luis Jiménez de Asúa*, Madrid, n. 22, 2004, p. 66-67.

[301] Ibidem.

[302] ASUA BATARRITA, Adela *et al. El pensamiento penal de beccaria*: su actualidad. Bilbao: Universidad de Deusto, 1990, p. 93.

[303] MIR PUIG, Santiago. *Derecho penal*: parte general. 2. ed. Barcelona: PPU, 1985, p. 04.

[304] HASSEMER, Winfried. *Fundamentos del derecho penal*. Barcelona: Bosh, 1984.

[305] REALE JÚNIOR, Miguel. *Penas e medidas de seguridade no novo código*. Rio de Janeiro: Forense, 1985, p. 292.

legal não pode impor, como condição insuperável de soltura, a obviação da doença, mas só a do estado que o torna temível na sociedade. O liame entre ambas as qualificações é mais que evidente. Ao legislador penal, entretanto, interessa a periculosidade, de forma preponderante, enquanto a cura do transtorno mental em si incumbe, prevalentemente, à ação social do Estado, pelo que não pode ser imposta como condição para a liberdade.

4.7. CONSIDERAÇÕES FINAIS DO CAPÍTULO

Inicialmente, cabe recordar que os sistemas penais brasileiro e espanhol trabalham com o modelo vicariante de medidas de segurança. Parece-nos importante destacar que os juristas brasileiros definem de modo unânime[306] que o sistema pátrio é vicariante. A Espanha também adota o mesmo sistema, porém com características um pouco distintas. Ocorre que na reforma da parte geral do CP brasileiro, em 1984, abandonou-se o sistema do duplo binário (quando se podia aplicar medida e pena conjuntamente) e adotou-se o assim chamado "sistema vicariante". Desde então, o Brasil apenas pode aplicar medida de segurança para inimputáveis e, em alguns casos, para semi-imputáveis, porém nunca conjuntamente: ou uma, ou outra. Diversamente, na Espanha, o juiz pode seguir aplicando ambas, pena e medida, efetivando o modelo vicariante somente no momento da execução.

Entretanto, o sistema brasileiro apresenta mais inconvenientes que o espanhol no que tange à duração das medidas. O Brasil mantém a opção pelo prazo máximo indeterminado, sendo alvo de inúmeras críticas por parte da doutrina penal mais especializada, seja nacional ou internacional. Ao contrário, a Espanha preferiu delimitar os prazos de duração de suas medidas de segurança privativas de liberdade em função da pena correspondente a cada delito; quanto às não privativas de liberdade foi prévia e legalmente determinado certo prazo.

Para o Brasil, tem-se sugerido que na ausência de prazos máximos determinados sejam adotadas como referenciais as penas máximas abstratamente previstas pela legislação penal. Quanto à

---

[306] Para ilustrar: DOTTI, René Ariel. *Curso de direito penal*: parte geral. 2. ed. Rio de Janeiro: Forense, 2005, p. 621-622; BITENCOURT, Cezar Roberto. *Tratado de direito penal*: parte geral. 11. ed. São Paulo: Saraiva, 2007, p. 689; NUCCI, Guilherme de Souza. *Manual de direito penal*: parte geral e especial. São Paulo: Revista dos Tribunais, 2007, p. 549-550.

prescrição, não há dúvida de que esta gera a extinção da punibilidade pelo ilícito típico praticado (CP art. 109, IV). Mas ousamos avançar um pouco mais: sugerimos que o magistrado passe a aplicar uma pena concreta e a substitua por medida de segurança, deixando assim um marco temporal como guia, tanto para a execução quanto para a prescrição. O juiz poderia fazê-lo da mesma forma como o faz hoje em relação à dosimetria da pena do semi-imputável, deixando de considerar alguns vetores mais subjetivos e que o sujeito não apresenta em face de sua especial condição de semi-imputabilidade, e valorizando os demais critérios, de natureza mais objetiva, dentro do possível. Também pensamos em outra alternativa: o juiz poderia fixar o prazo máximo de duração da medida de acordo com a necessidade terapêutica apontada pelo *expert*, sem superar os limites da pena prevista em abstrato ou mesmo da pena em concreto que poderia ter sido aplicada e substituída, conforme propusemos anteriormente. Evidentemente, é o magistrado quem fixará a duração máxima da medida, e não se pretende aqui transferir nenhuma responsabilidade desta natureza ao perito nem ao legislador.

Um diferencial importante quanto às medidas de segurança que sugerimos ainda diz respeito ao emprego do monitoramento eletrônico. Nas hipóteses de medidas não privativas de liberdade, especialmente de tratamento ambulatorial, em certos casos, aquele poderia ser um instrumento bastante interessante, buscando-se reduzir as internações somente aos casos em que a medida terapêutica fosse absolutamente necessária.

Neste capítulo, pretendemos, pois, demonstrar algumas das principais semelhanças e diferenças entre o sistema de medidas de segurança brasileiro e espanhol, pois sabemos que uma vez abertas as portas da semi e da inimputabilidade ao psicopata delinquente sexual violento, as medidas são hipóteses a serem consideradas.

5. As novas penas aplicáveis aos delinquentes sexuais violentos

Para iniciar a temática sobre as penas aplicáveis a delinquentes sexuais violentos deve-se antes abordar o tratamento jurídico-penal conferido pelos brasileiros e pelos espanhóis, de uma forma geral e contextualizada historicamente.

Respeito e dignidade em relação ao condenado são valores muito mais antigos na Europa continental que nos Estados Unidos, mesmo porque sua origem está nas relações aristocráticas. Em termos de pena de morte, o que importava não era sua abolição, mas os debates a respeito de suas formas de execução: e para a pré-moderna tradição ocidental, a forma mais digna de execução era a decapitação.

Já o primeiro passo construído para uma legislação mais humanitária na Europa não foi a abolição da pena de morte, mas a extensão de sua forma mais digna (a decapitação) para todos, independentemente de classe ou de *status* social.

Assim como a guilhotina foi um invento humanitário, a prisão substituiu as penas corporais. Em 1830, europeus viajavam à América para conhecer os modelos de prisão. Os alemães também viajaram aos Estados Unidos e ambos os países, França e Alemanha, tiveram suas prisões baseadas em modelos norte-americanos em meados do século XIX. Isto indica uma semelhança e uma proximidade no intuito punitivo, que veio a tomar rumos completamente diferentes no decorrer do tempo. Quando Tocqueville e Beaumont retornaram da viagem à América, disseram que não se poderia aplicar aquele modelo em relação à elite europeia. Isto, segundo eles, seria inadmissível numa sociedade civilizada. E assim, apesar da influência do penitenciarismo norte-americano na Europa, aquela pequena minoria de presos das mais altas camadas sociais foi tratada diferentemente, e esse tratamento, por mais paradoxal que possa parecer, fixou os padrões para o desenvolvimento da dignidade na punição continental um século e meio mais tarde; já nos Estados Unidos faltou o tal "elemento aristocrático" do qual falava Tocqueville. Mas Tocqueville estava ciente de que havia duas formas de conduzir a igualdade: desejar que toda a sociedade crescesse, se fortalecesse e fosse reconhecida, e para isso seria preciso elevar a todos ao maior *status* social possível; ou, então, prevalecer o desejo do mais fraco de trazer o mais forte para o seu nível, tornando assim todos iguais a uns pobres diabos (igualdade na escravidão, ao invés de igualdade na liberdade).

Isto pode ser comprovado quando se verifica, após o século XVIII, que a Europa tornou-se a terra da decapitação, enquanto os Estados Unidos tornaram-se a terra do enforcamento. Claro que ambos os métodos já desapareceram em ambos os lados do oceano, mas ficaram como símbolos de uma grande diferença em termos de tradições sociais.

O Brasil segue o sistema continental europeu, tal qual a Espanha. Entretanto, as reformas penais brasileiras nesta matéria são permanente e fortemente influenciadas pela "política criminal" norte-americana, o que torna a legislação brasileira, muitas vezes, mais próxima do sistema anglo-saxão que do modelo europeu continental. Vejamos.

Países com forte tradição hierárquica e social têm desenvolvido tendências mais minimalistas em termos de Direito Penal. Enquanto os norte-americanos tendem a tratar algumas questões como demoníacas ou *mala in se* (basta lembrar que eles costumam denominar os delinquentes sexuais de "predadores"), os europeus tendem a tratar estes mesmos comportamentos como delitivos ou *mala prohibita*. Alemanha e França também têm se utilizado desse poder estatal para definir infrações de caráter penal como condutas proibidas (*mala prohibita*) e não como ontologicamente malignas ou diabólicas (*mala in se*). Esta capacidade de definir o que é proibido (e não o que é diabólico) tem sido de grande importância para o estabelecimento de uma ordem punitiva mais minimalista.

A sociedade norte-americana sempre rechaçou as penas aplicadas às pessoas de maior distinção social porque, primeiramente, foi uma sociedade na qual pessoas de *status* elevado não eram presas, diferentemente do que ocorreu na Europa continental, onde muitos intelectuais, professores, filósofos, jornalistas e políticos foram encarcerados. Ademais, os presos norte-americanos do século XIX eram quase todos oriundos de classes pobres, sendo muitos negros e outros tantos imigrantes, principalmente em meados de 1860/70.

Além disso, França e Alemanha costumavam prender duas classes de pessoas que não costumavam ser punidas com tanto rigor nos Estados Unidos: políticos e devedores insolventes. Por isto, não havia a mesma pressão no sentido de desenvolver uma punição diferenciada para essas diferentes categorias. É interessante saber que ao tempo da Guerra Civil americana, quando do tempo do governo pelos Estados do norte, muitos dissidentes políticos foram presos. Quando Lincoln suspendeu o direito ao *habeas corpus*, declarou que aqueles presos deveriam ser recolhidos aos quartéis ou a formas similares de confinamento (um eco da tradição europeia). Entretanto, não havia *"fortress confinement"* nos Estados Unidos, tampouco na Inglaterra. Como sempre foram raros esses casos, nunca houve um movimento pela abolição da pena de morte para presos (políticos ou não) e muito menos em prol da melhoria das condições de vida no cárcere, pois ali quase não havia pessoas do "topo da pirâmide social", ao contrário da França, onde jornalistas, por exemplo, foram presos ao longo do século XIX, recolhidos ao Sainte-Pelagie. Então, entre 1789 e 1790, os Estados, por seus governadores, começaram a desenvolver o "poder de perdão" (*sursis*, liberdade condicional, indultos...) nos moldes do que já acontecia com o Presidente da República. A prática do perdão como forma de expressão do poder político continuou ao longo do século seguinte. Já no início do século XIX o poder de perdão já era muito usado, pois significava a possibilidade de lidar com um sistema carcerário já superlotado. O poder de perdão se deu em nível federal também, e isso se tornou muito forte principalmente durante o século XIX. O poder de perdão era parecido na Europa e nos Estados Unidos até então, e dele nasceram os sistemas de *probation* e *parole*.

A tradição do "perdão" tem persistido nas modernas práticas europeias visando à individualização da pena. Na lei continental do século XVIII já havia certo grau de discricionariedade na aplicação da pena. E este tipo de "poder de perdão" foi e ainda é bastante empregado em toda a Europa continental.

Mas em se tratando de individualização da pena, curioso perceber a forma impressionante que os nazistas também o adotaram em termos de mitigação penal. A "tradição do perdão" europeia os fascinava porque significava o real poder do Estado, a sua própria soberania. Por isso, mantiveram tudo o que a Constituição de Weimer previa nesse sentido, chegando a promover anistias políticas periodicamente para seus inimigos (ainda que aplicando a brutalidade pela qual ficaram conhecidos). Faziam isso através de cerimônias pomposas públicas. Foram os nazistas que introduziram o que permanece como coração da moderna política criminal alemã: o sistema de *probation*, desde 1935, como uma demonstração da "generosidade estatal". O Código Fascista italiano, de 1931 e ainda vigente, também introduziu a *probation*. De fato, o sistema de *probation* nunca foi uma rejeição ao fascismo, mas a própria continuação das práticas fascistas. Daí concluirmos que a individualização das penas no fascismo nem sempre significou maximalismo penal. Para os nazistas, era vantagem demonstrar "piedade" porque isso era um atributo de um Estado forte e soberano. Isto demonstra o quanto os Estados europeus são fortes e soberanos (países com tradições de poder), mesmo durante o pior regime de todos os tempos. Assim, pois, a tradição do perdão sempre teve uma história importante na Europa continental. Como símbolo do poder estatal no século XIX, foi mantida pelos nazistas, sendo o termômetro do crescimento da individualização da pena na modernidade.

Hoje, entretanto, a Europa vem enfrentando movimentos de *"get tough on crime"*, o que tem gerado um aumento acentuado da população prisional, ainda que anistias e indultos continuem sendo concedidos com frequência. Na Alemanha há movimentos propugnando pelo neoretributivismo, o que não é novidade e ocorre em todo o mundo ocidental. O interessante é observar que o minimalismo penal cresce, paradoxalmente, lado a lado, com este neoretribucionismo. Movimentos por direitos humanos têm encorajado modelos de justiça restaurativa como opção em vez do modelo de justiça tradicional, o Direito Administrativo sancionador tem sido mais utilizado, as penas de prisão têm sido mais reduzidas e sanções alternativas vêm sendo introduzidas com uma frequência cada vez maior.

As populações carcerárias também apresentam características que merecem breve comentário. Apenas para ilustrar, enquanto os europeus operam com o princípio da proporcionalidade entre a pena e a gravidade do delito, a Suprema Corte da California vem, nos últimos 25 anos, permitindo penas privativas de liberdade cada vez mais longas, chegando a cinco ou a dez vezes mais longas que as exaradas na França. Por vezes, essa diferença chega a ser maior ainda, como, por exemplo, se compararmos tais dados com os da Alemanha. Por isso, a superpopulação carcerária cresce vertiginosamente nos Estados Unidos, chegando a triplicar no final do século passado, quando alcançou o recorde de dois milhões no ano 2000, partindo de um milhão em 1990.

Assim, como visto, após aquela ânsia por um ideal de igualitarismo até o século XIX, foi somente ao final deste, quando as ideias iluministas começaram a ser mais questionadas, que a filosofia de Beccaria começou a ceder lugar à nova filosofia da individualização das penas. Mais moderna e científica, esta tomou conta do mundo ocidental, pois a doutrina de Beccaria almejava a busca pela igualdade formal do ponto de vista criminal, como queria Kant, ou seja, um Direito Penal do fato, mas absoluta e absurdamente imbuído da própria negação à individualidade do ser humano. Foi quando, então, nasceu uma nova filosofia denominada de personalização ou de individualização da pena, que veio a ser adotada em todo o mundo ocidental, muito mais condizente com a finalidade preventiva da pena. Assim passou-se a entender o sentido da igualdade formal (que em Beccaria era o de resgatar o respeito ao indivíduo na forma da eliminação das desigualdades sociais). Sobre isto importa relatar que as reformas de 1791 na França vieram fortemente influenciadas pelas ideias de igualitarismo de Beccaria: aplicar a mesma pena para todas as pessoas que cometessem o mesmo ato, sem aplicar nenhuma atenuação ou mitigação que pudesse aliviar o efeito da punição. O Código francês de 1791 estabeleceu, assim, o sistema das penas tarifárias, ou seja, a serem identicamente aplicáveis a todos os que cometessem o mesmo ato, sem previsão para circunstâncias atenuantes. Além disso a prática do perdão foi formalmente abolida. Entretanto a ideia de que os prisioneiros políticos deveriam ter tratamento especial na prisão não morreu com a revolução.

Em 1878, nos Estados Unidos, a Suprema Corte declarou a decapitação como inaceitável numa sociedade civilizada, na mesma época em que Alemanha e França rotineiramente degolavam seus condenados. Isso não significava grau de civilidade, mas diferentes graus de consideração de *status*. Na metade do século XIX, a degola estava generalizada para pessoas de todos os *status* na Europa, e já no final do século XX velhas formas de punição para a elite europeia tornaram-se regra geral. Na América, na metade do século XVIII, o enforcamento estava generalizado, e os americanos ainda estavam vivenciando o longo declínio das penas então aplicadas à "elite" (ao invés de rumar em direção a elas). Desta forma, podemos dizer que a igualdade chegou para ambos os sistemas, mas de diferentes formas.

Com o tempo, substituiu-se o princípio da mera igualdade formal (tratar os desiguais igualmente) pelo princípio da individualização ou personalização da pena (tratar os desiguais desigualmente, na medida em que se desigualam). Este pensamento influenciou muito a Europa e os Estados Unidos do século XIX. Em inúmeros congressos criminais o crime passou a ser percebido como um problema social por aqueles que defendiam a ideia da individualização da pena com o objetivo ressocializador, rejeitando a ideia do igualitarismo absoluto. O resultado foi a introdução do poder discricionário judicial: era o fim do mesmo tratamento para pessoas que cometeram o mesmo ato, passaria a haver um tratamento ajustado a cada caso, conforme a culpabilidade de cada um.

Com a criação do *sursis* (instituto de suspensão da execução penal), em 1891, a França ingressou numa fase de legislação mais humanitária, em que o magistrado conseguia olhar para além do fato, conseguia ver a pessoa cujos atos estavam em julgamento.

Nessa esteira individualizadora, em meados da década de 1960, nos Estados Unidos e em toda a Europa ocidental as prisões começaram a sofrer reformas e a instituir programas ressocializadores; filósofos e sociólogos começaram a rejeitar o retributivismo. Medidas como *parole, probation, sursis* começaram a surgir no cenário punitivo criminal. Isso persistiu na Europa da década de 1970, ao contrário dos Estados Unidos, os quais praticamente abandonaram a utilização desses aparatos minimalistas e a própria individualização da pena, significando um retorno a um sistema mais rigoroso, como se verifica na adoção da pena de prisão perpétua e no retorno da pena de morte. Essas mudanças ocorridas nos últimos 25 anos são resultado de uma forte campanha contra a mitigação das penas e pela eterna busca da igualdade formal. Aumentava a busca por parâmetros rígidos de sentenças e por regras bastante fechadas e restritas para a exaração das mesmas.

Defensores dos movimentos de "lei e ordem" nos EEUU, principalmente nos anos 1970, entendiam que o princípio da individualização privilegiava demais os presos e que as reformas não eram necessárias. Em contrapartida, cresceu a preocupação com a vítima e, consequentemente, o retorno do retributivismo norte-americano.

5.1. A PENA PARA O DELINQUENTE SEXUAL VIOLENTO PSICOPATA: UMA QUESTÃO DE SEGURANÇA PÚBLICA?

Após examinar aspectos importantes do transtorno antissocial e da psicopatia, além das considerações jurídicas quanto às questões de culpabilidade, imputabilidade e medidas de segurança, é chegada a hora de analisarmos a possibilidade de aplicação de pena e dos fatores a ela relacionados como a reincidência e as próprias finalidades da mesma, especialmente a "ressocialização" e a "inocuização".

Para ilustrar melhor o assunto, lembramos aqui as palavras do renomado sociólogo polonês Bauman,[307] que narra com particular preciosismo fato envolvendo a prisão de um pedófilo, demonstrando a necessidade psicossocial de engajamento numa causa que revela o sentimento de insegurança coletiva mesclado a um forte desejo de vingança. Aliás, já dizia Hacker sobre isto:

> Si no existieran delincuentes y locos, habría que inventarlos como objetos de agresión legítima para la liberación de impulsos colectivos. Como chivos expiatorios de la sociedad, cumplen la importante función social de evacuar tendencias agresivas que deberían ser reprimidas y desplazadas, si no pudieran descargarse mediante la válvula agresiva del castigo y la coacción.[308]

A seguir, então breve parte do relato de Bauman:

> Comentando os recentes acontecimentos amplamente divulgados, desencadeados em três cidades diferentes do West Country pela notícia de que o pedófilo Sidney Cooke foi libertado da prisão e voltou para casa, Decca Aitkenhead, repórter do "Guardian" abençoada por um sexto sentido sociológico, de cuja rica colheita vamos nos valer aqui inúmeras vezes, observou: – Se há uma coisa garantida para levar as pessoas às ruas hoje em dia, é o boato de que há um pedófilo por perto. A utilidade desses protestos é cada vez mais questionada. O que não perguntamos, no entanto, é se esses protestos têm efetivamente algo a ver com os pedófilos.
>
> Aitkenhead focalizou uma dessas cidades, Yeovil, onde viu uma eclética multidão de avós, adolescentes, e mulheres de negócio que raramente, se é que alguma vez, expressaram qualquer desejo de se engajar numa ação pública montando cerco à delegacia local, não tendo sequer certeza de que Cooke estava lá de fato lá. A ignorância que tinham dos fatos só perdia para sua determinação de fazer algo a respeito e serem vistos fazendo; e a determinação aumentava enormemente com a nebulosidade dos fatos. Pessoas que a vida toda ficaram longe dos protestos públicos vinham agora participar do assédio à delegacia e gritar "matem o bastardo", preparadas para a vigília pelo tempo que fosse. Por quê? Estavam atrás de alguma coisa além do confinamento seguro de um inimigo público a quem nunca viram e de cujo paradeiro não tinham certeza alguma? Aitkenhead tem uma resposta para essa desconcertante questão, uma resposta convincente: – O que Cooke oferece, onde quer que esteja, é uma rara oportunidade de realmente odiar alguém, em voz alta, publicamente e com absoluta impunidade. É uma questão do bem contra o mal, e portanto um gesto contra Cooke define você como decente. As pessoas e grupos que ainda se podem respeitavelmente odiar são pouquíssimos. Os pedófilos encaixam-se como uma luva.
>
> "Por fim encontrei a minha causa", disse a principal líder do protesto, ela mesma sem nenhuma experiência anterior de um papel público. O que Debra provavel-

---

[307] BAUMAN, Zygmunt. *Em busca da política*. Rio de Janeiro: Jorge Zahar, 2000, p. 17-18.

[308] *Apud* ROCAMORA GARCÍA-VALLS, Pedro. *Agresividad y derecho*. Barcelona: Bosch, 1990, p. 254.

mente encontrou não foi a sua causa, mas uma causa comum – a sensação da motivação comunitária.

As manifestações têm toques de comícios políticos, de cerimônias religiosas e reuniões sindicais – todas essas experiências grupais que costumavam definir a noção de identidade das pessoas e de que já não mais dispõem. Por isso, agora, elas se organizam contra os pedófilos. Em poucos anos, a causa será outra.[309]

Sabemos da importância que possui a mídia quanto ao sentimento de insegurança pública que pode ser criado ou acentuado. Efetivamente, os meios de comunicação não geram sentimento de insegurança quando divulgam fatos violentos, mas sim quando induzem à conclusão de que o Estado deve reformar a legislação penal (quase sempre acusada de ineficaz) e propor o aumento das penas, submetendo todos a uma vida quase insuportavelmente regulada e, ainda, sem qualquer respeito à proporcionalidade entre fato e castigo. Assim, fica a ideia de que sem muitas leis, sem muitos rigores, sem até mesmo a imposição de uma solução através da força, não há saída.[310] Isto faz-nos lembrar da famosa assertiva de Jeffery:[311] "mais leis, mais penas, mais policiais, mais prisões, significam mais presos e maior repressão, porém não necessariamente menos delitos".

O atual discurso inflamado e inflamante da chamada segurança cidadã coloca a "periculosidade" (e o medo) do delinquente acima de tudo. Ainda que vivamos numa sociedade considerada pós-moderna encontramos, quase paradoxalmente, políticas atuariais como a gestão administrativa de riscos, facilitando a reativação de propostas doutrinárias em prol de um Direito de Medidas (de segurança, é claro). Para tanto, busca-se no indivíduo não apenas mais características físicas ou sociais, mas sim "qualidades" que o identifiquem como gerador de insegurança coletiva, cuja única e mais simples solução é a inocuização, o alijamento da sociedade, de preferência de modo perpétuo. Nem é preciso explicar que os delinquentes sexuais violentos são percebidos deste modo, estando eles dentro ou fora da prisão.[312]

---

[309] BAUMAN, Zygmunt. *Em busca da política*. Rio de Janeiro: Jorge Zahar, 2000, p. 17-18.

[310] LARRAURI PIJOAN, Elena. Populismo punitivo y penas alternativas a la prisión. In: BACIGALUPO, Silvina; CANCIO MELIÁ, Manuel (org.). *Derecho penal y política transnacional*. Barcelona: Atelier, 2005, p. 312.

[311] *Apud* SCHECAIRA, Sérgio Salomão. Prisões do Futuro? Prisões no Futuro?. In: PASSETI, Edson; SILVA, Roberto Baptista Dias da. (org.). *Conversações abolicionistas*: uma crítica do sistema penal e da sociedade punitiva. São Paulo: IBCCrim, 1997, p. 174-175.

[312] DÍEZ RIPOLLÉS, José Luis. De la sociedad del riesgo a la seguridad ciudadana: un debate desenfocado. In: BACIGALUPO, Silvina; CANCIO MELIÁ, Manuel (org.). *Derecho penal y política transnacional*. Barcelona: Atelier, 2005, p. 271.

Mesmo sabendo-se que a violência é "um elemento estrutural do fato social e não um saldo negativo anacrônico de uma ordem bárbara em vias de desaparecimento",[313] busca-se a "efetividade da justiça penal" a qualquer preço, criando-se monstros irreparáveis. Como refere Diéz Ripollés:[314] *"La búsqueda de la efectividad a corto plazo no sólo deja sin satisfacer sus objetivos pragmáticos declarados, sino que produce unos efectos devastadores en la estructura de racionalidad del Derecho Penal"*. Aliás, deste modo, a sociedade norte-americana quadruplicou sua população carcerária em uma década, e a espanhola duplicou a sua desde os anos 1980.[315] Na verdade, o populismo[316] na área penal ganhou muitos adeptos. Descobriu-se quão rentável isto pode ser politicamente. Reformular as irremediáveis preocupações com a segurança individual, plasmando-as na ânsia pelo combate ao crime, efetivo ou potencial e, assim, de defesa da segurança pública é um eficiente estratagema político que pode dar belos frutos eleitorais.[317]

Há que se admitir que estamos frente a um Estado que há muito deixou de ser de "bem-estar". Podemos perceber uma tendência geral de deslocar todas as questões públicas para a área do Direito Penal, uma tendência a criminalizar estes problemas sociais e particularmente aqueles que são considerados ou que podem ser cons-

---

[313] MAFFESOLI, Michel. *Dinâmica da violência*. São Paulo: RT/Vértice, 1987, p. 21.

[314] DÍEZ RIPOLLÉS, José Luis. De la sociedad del riesgo a la seguridad ciudadana: un debate desenfocado. In: BACIGALUPO, Silvina; CANCIO MELIÁ, Manuel (org.). *Derecho penal y política transnacional*. Barcelona: Atelier, 2005, p. 275.

[315] LARRAURI PIJOAN, Elena. Populismo punitivo y penas alternativas a la prisión. In: BACIGALUPO, Silvina; CANCIO MELIÁ, Manuel (org.). *Derecho penal y política transnacional*. Barcelona: Atelier, 2005, p. 287-288.

[316] Na California, a população vota matéria jurídico-penal. Salvo melhor juízo, não parece o modelo ferrajoliano de democracia, pois este corresponde a um conceito material e não simplesmente formal. Assim, é a esfera do intangível, os direitos mais importantes e inalienáveis, conquistados historicamente, os que devem ser preservados sempre e que definem o exercício da democracia, independentemente da vontade de qualquer maioria. De qualquer modo, o conceito norte-americano de democracia ainda está muito lastreado no ideário formal. Como exemplo recorde-se que em 2004 a população do Estado da California foi às urnas para votar, dentre vários temas, a Proposição n. 66 (Three Strikes Limited to Serious Crimes). A nova proposta definia que somente a terceira condenação por crime violento ou grave ameaça ensejaria a prisão perpétua. Mais de dois terços da população estavam a favor da proposição, porém na última hora, ocorreu uma grande mudança. Após a propaganda televisiva do governador Schwarzenegger referir que no caso de aprovação daquela Proposição mais de 4 mil presos cumprindo pena de prisão perpétua seriam soltos a população se assustou e recuou na possibilidade de fazer uma alteração que era necessária. Assim, 4.440.682 (47%) votaram a favor da proposição n. 66, enquanto 5.080.942 (53%) votaram contra, resultando na manutenção da política de lei e ordem. A respeito: *The Examiner*. 4 nov. 2004. San Francisco, CA, p. 15.

[317] BAUMAN, Zygmunt. *Em busca da política*. Rio de Janeiro: Jorge Zahar, 2000, p. 59.

truídos como – capazes de afetar a segurança da pessoa, do corpo ou da propriedade.[318] O Estado e suas estruturas mais importantes faliram: não se consegue mais oferecer boas perspectivas aos mais jovens, nem apoio ou assistência aos idosos. Por outro lado, cada vez mais são implementadas políticas extremas de controle aliadas à privatização de áreas antes consideradas essenciais.[319] Como refere Tavares: *"De un Derecho Penal orientado hacia la persona se pasa a un Derecho Penal orientado hacia el Estado. Tal vez en este paso se pueda encontrar el gérmen de la crisis del Derecho Penal actual"*.[320]

O Direito Penal não pode ser instrumento para a obtenção desta efetividade a qualquer preço, pois não é sua tarefa realizar as pretensões estatais à custa dos indivíduos. A democracia não significa a vontade da maioria. Nenhuma maioria ou mesmo unanimidade pode decidir aquilo que não é decidível: há uma esfera constitucionalmente subtraída à vontade da maioria, como a igualdade das pessoas ("desviadas" ou não) e os direitos fundamentais, como a vida e a liberdade, independentemente da vontade da maioria.[321] Muitos operadores do Direito criticam o garantismo confundindo-o com morosidade e excesso de burocracia burocrático. Porém, no dia em que o Direito Penal abandonar o garantismo, ele terá perdido sua razão de existir. A legislação de emergência que informa o nosso sistema jurídico atual vem informada pela máxima de que os fins justificam os meios, utilizando-se de um Direito Penal meramente simbólico para a produção de processos espetaculares.[322]

Portanto, o problema que ora lidamos é sério e grave. Daí referirmos alguns casos emblemáticos ocorridos no Brasil, tão somente a fim de pedir passagem à discussão das sanções que podem ser aplicadas, sem prejuízo da correspondente discussão acerca de suas efetividades. Adriano da Silva, brasileiro, acusado de ter assassinado 12 menores no norte do Estado do Rio Grande do Sul, entre 2002 e 2004. A maioria das vítimas sofreu abuso sexual. Já foi julgado na comarca de Passo Fundo por cinco desses homicídios, sendo

---

[318] BAUMAN, Zygmunt. *Em busca da política*. Rio de Janeiro: Jorge Zahar, 2000, p. 59.

[319] TAVARES, Juarez. Globalización, Derecho penal y seguridad pública. In: BACIGALUPO, Silvina; CANCIO MELIÁ, Manuel (org.). *Derecho penal y política transnacional*. Barcelona: Atelier, 2005, p. 308.

[320] Idem, p. 307.

[321] FERRAJOLI, Luigi. La pena in una società democratica. *Questione giustizia*, Milano, n. 3-4, p. 527-39, 1996.

[322] FERRAJOLI, Luigi. Per un programma di diritto penale minimo. In: PEPINO, Livio (coord.). *La riforma del diritto penale*: garanzie ed effettività delle techniche di tutela. Milano: FrancoAngeli, 1993, p. 57-69.

condenado em todos. Também já foi julgado em Sananduva e em Soledade, restando condenado em ambas as ocasiões. Encontra-se preso cumprindo pena na Penitenciária de Alta Segurança de Charqueadas (PASC), onde aguarda os demais julgamentos. Francisco das Chagas Rodrigues de Brito, brasileiro do Maranhão, 45 anos, mecânico de bicicletas, acusado de matar e emascular 42 meninos entre 10 e 14 anos, vendedores ambulantes. Chagas já foi julgado por vários desses crimes e já se encontra cumprindo pena, que até aqui já alcançou 211 anos de privação de liberdade. Foi considerado semi-imputável por ser portador de TASP, tendo reduzida capacidade de controlar seus impulsos. Leandro Basílio Rodrigues Relva, 19 anos, "o Maníaco de Guarulhos", São Paulo, revelou ter estuprado pelo menos 50 mulheres entre 20 e 30 anos de idade, sendo que, no mínimo, matou cinco delas. Na verdade, ele confessou ter matado 18 pessoas, sendo 14 mulheres e 4 homens. Começou aos 17 anos, matando sua própria esposa, em Minas Gerais. Seu envolvimento já foi confirmado em 7 destes homicídios. Por fim, o mais recente caso ocorrido no Rio Grande do Sul mas ainda sob investigação: a técnica de enfermagem Vanessa Pedroso Cordeiro, 25 anos de idade, suspeita de administrar sedativos como diazepam e morfina para bebês saudáveis, onde deles foram parar na UTI do hospital, em Canoas. A explicação até aqui é a de que Vanessa seria ressentida pelo fato de não ser médica e, dessa forma, com as crianças sofrendo paradas respiratórias, ela não apenas os salvaria mas ainda mostraria aos médicos a sua capacidade. O caso ainda está sob investigação. Além destes, alguns outros casos envolvendo *serial killers* entraram para a história: Ted Bundy (Estados Unidos), cujas vítimas oficiais chegaram a 30, e as não oficiais a 100; Gilles de Rais (França), reconhecido por ter matado 200 pessoas, sendo que o número de vítimas não oficiais chega a 300; Elizabeth Bathory (Hungria), responsável pela morte de 600 vítimas oficialmente, sendo que o número de mortes não oficiais a ela atribuído chega a 2000.[323]

Por isto tudo é que afirmamos, com Muñoz Conde[324] que "o dilema da sociedade atual é o conflito entre o respeito aos direitos do indivíduo, inclusive os do indivíduo delinquente e os direitos de uma sociedade que vive com medo. A sociedade pode recorrer à pena; o delinquente deve ser tratado como pessoa. Numa sociedade injusta, cujas falhas estruturais são, muitas vezes, causas imediatas da delinquência, a tensão dialética entre tais extremos não é

---

[323] *Revista Ciência Criminal*, agosto 2006, p. 52-56. <www.cienciacriminal.com.br>

[324] MUÑOZ CONDE, Francisco. *Direito penal e controle social*. Rio de Janeiro: Forense, 2005, p. 109.

simples. Quase sempre o dilema se resolve em favor da sociedade (prevenção geral), até porque todos os sistemas de controle social devem proteger os interesses sociais. O que desejamos é que esta finalidade preventiva geral possa cumprir a sua função de forma justa, racional e controlável, com o mínimo de custo de repressão e sacrifício das liberdades individuais. Se o Direito Penal não conseguir fazer isto, será tão cego e vazio como aquele que defendia as velhas teorias absolutas puramente retribucionistas.

A matéria é tão complexa que vários países vêm tentando minimizar este tipo de delinquência através de legislações mais rigorosas. Assim, já citamos a Alemanha com seus centros de custódia de segurança e com suas penas para "além" das penas.Também cabe referir a nova regulamentação a respeito da liberdade vigiada, cuja duração varia entre dois e cinco anos, e pode converter-se em período indeterminado se persistir o perigo ou se não forem cumpridas as condições estabelecidas.[325] Ademais, vale lembrar que a retenção do delinquente para um tratamento prolongado por mais tempo que o previsto, por qualquer razão que seja, ainda que permanente o estado de periculosidade agride a segurança jurídica e a própria finalidade de reinserção social, constitucionalmente prevista, pois significa converter pena ou medida de segurança numa sanção indeterminada ou numa prisão perpétua disfarçada.

5.2. "FINALIDADES" DA PENA NO CASO ESTUDADO

Quanto às penas propriamente ditas, em relação aos delitos de âmbito sexual sabe-se que a existência de castigos com duração elevada não costumam alcançar os efeitos de prevenção geral que seriam de se esperar. É que existe ampla plasticidade do instinto sexual que muitas vezes não é suscetível de ser abolida radicalmente. Uma expressiva pressão social e legal sobre a sexualidade poderá ocasionar manifestações substitutivas que poderão fomentar a aparição de outras condutas (até de maior gravidade), convertendo-se em fator criminógeno.[326] Quanto à prevenção especial, muito se tem

---

[325] SILVA SÁNCHEZ, Jesús María. El retorno de la inocuización: el caso de las reacciones jurídico-penales frente a los delincuentes sexuales violentos en derecho comparado. In: SANTIAGO REDONDO (org.). *Delincuencia sexual y sociedad* – estudios sobre violencia. Barcelona: Ariel, 2002, p. 154-155.

[326] DÍEZ RIPOLLÉS, José Luis. *El derecho penal ante el sexo*: límites, criterios de concreción y contenido del derecho penal sexual. Barcelona: Bosch, 1981, p. 249-250.

perguntado sobre o papel do Direito Penal no caso dos delinquentes sexuais, pois se sabe que não existe tratamentos nem penas comprovadamente eficazes nesta matéria.[327]

Quando pensamos nas finalidades da pena, especialmente no caso do delinquente sexual psicopata, há que se lembrar alguns conceitos importantes. Por exemplo, Kant entendia a lei como um imperativo categórico: um mandamento que representava uma ação em si mesma, sem referência a nenhum outro fim. Por isso, a simples prática do delito (infringência da lei) ensejava a punição, puramente retributiva. Não importava a utilidade do castigo. Para Hegel, também retribucionista, a pena era a negação da negação do Direito, necessária para restabelecer a vontade geral que foi agredida pelo criminoso. Os retribucionistas sonhavam com a realização da justiça. Entretanto, esta não é uma missão possível ao Direito Penal. Ao contrário, é praticamente incompatível com as funções deste ramo do ordenamento. Sobre o assunto, menciona Bitencourt:[328]

> Ao Direito Penal compete a proteção de bens jurídicos e não a realização da justiça, o que implicaria no castigo a todo o comportamento imoral, ou ao menos antijurídico, o que foge das pretensões reais do Direito Penal. A realização da justiça é uma função praticamente incompatível com aquela atribuída ao Direito Penal, que consiste em castigar, parcialmente, os ataques que tenham por objeto os bens jurídicos protegidos pela ordem legal. O Direito Penal, e por conseguinte a pena, buscam fins bem mais racionais: tornar possível a convivência social. A metafísica necessidade de realizar a Justiça excede os fins do Direito Penal.

Por outro lado, a finalidade da pena geralmente apontada pelos que sustentam as teorias prevencionistas é evitar que o delinquente reincida, deixando para trás o ideal metafísico da realização da justiça. Bentham, Beccaria, Filangieri, Schopenhauer e Feuerbach tratavam da prevenção geral dizendo que a coação da lei serviria como freio às condutas criminosas. Assim, as pessoas pensariam e calculariam friamente os riscos do cometimento do delito a fim de analisar a relação custo-benefício. A lei poderia vir a impedir a prática delituosa. Ocorre que as coisas não funcionam exatamente assim, especialmente em se tratando de delinquente sexual. *In casu*, se o destinatário das normas penais é o psicopata criminoso sexual, ou seja, alguém que não consegue se sentir motivado pela ameaça normativa, nem consegue fazer esta relação de custo-benefício, a corrente prevencionista fica sem argumento. García-Pablos

---

[327] DÍEZ RIPOLLÉS, José Luis. *El derecho penal ante el sexo*: límites, criterios de concreción y contenido del derecho penal sexual. Barcelona: Bosch, 1981, p. 251.

[328] BITENCOURT, Cezar Roberto. *Falência da pena de prisão*: causas e alternativas. São Paulo: Revista dos Tribunais, 1993, p. 114.

de Molina[329] refere vários estudos que demonstram que o psicopata é incapaz de aprender com o castigo pois não consegue formar uma consciência social e, portanto, nem mesmo estímulos dolorosos ou aversivos alcançarão tal escopo. No dizer de Mir Puig,[330] o problema do psicopata é seu caráter, seu modo de ser, sua personalidade em sentido estrito. São aqueles indivíduos que sofrem ou fazem sofrer aos demais, podendo cometer os crimes mais atrozes sem o menor remorso. Além disso, são pessoas que não têm afetadas nem sua inteligência, nem a normalidade da vontade, mas tão somente sua afetividade. Por isso, esta é a anomalia que apresenta os problemas jurídico-penais mais difíceis de serem resolvidos.

Já em relação à prevenção geral positiva há algumas diferenças. O Direito Penal, indubitavelmente, possui conteúdo simbólico ao transmitir os valores vigentes em um determinado contexto histórico. É preciso observar a sutil diferença entre o efeito simbólico da pena e o fim preventivo geral positivo, pois o perigo está em atender a clamores sociais impregnados de reações psicossociais. Além disso, o próprio medo, como emoção primária ligada à conservação da vida, vai enriquecendo-se através de fatores cognitivos, afetivos e, principalmente, socioculturais, sendo muitas vezes potencializado por uma mídia sensacionalista. Por isso, embora sempre exista um conteúdo de efeito simbólico na finalidade preventiva geral positiva da pena, este não pode ser mais que um simples efeito secundário ou consequência, ou seja, não pode ser convertido na *ratio essendi* da pena. Quando referimos que o conteúdo do mais recente pseudo Direito Penal é "meramente" simbólico pretendemos dizer que é vazio de conteúdo real e jurídico-penal e, por isto mesmo, inconstitucional. O mero efeito simbólico serve apenas para reduzir o sentimento de insegurança, através do efeito ilusório gerado, bem como para aliviar necessidades psicossociais, já que é da natureza humana procurar no castigo alheio um bálsamo para seus próprios sentimentos de culpa, além de funcionar também como um freio a certos impulsos delitivos. Por isso, o sentimento de insegurança pública não é passível de ser mensurado nem pode servir como parâmetro para o legislador, pois inúmeras vezes o temor relaciona-se a situações nas quais, estatisticamente, o risco de vitimização é baixo. O perigo real de um Direito Penal puramente simbólico então são as teorias sistêmicas vazias e de ruptura de garantias.

---

[329] GARCÍA-PABLOS DE MOLINA, Antonio. *Tratado de criminología*. Valencia: Tirant lo Blanch, 2003, p. 545.

[330] *Apud* MUÑOZ CONDE, Francisco. *Direito penal e controle social*. Rio de Janeiro: Forense, 2005, p. 566.

A teoria da prevenção geral positiva possui basicamente duas subdivisões: a fundamentadora e a limitadora. Para a primeira, defendida inicialmente por Welzel e hoje também por Jakobs, a proteção de bens jurídicos é apenas uma função de caráter secundário, sendo sua finalidade o reforço à vigência de certos valores e o fortalecimento da fidelidade ao Direito. Protege o sistema, não se dedicando de igual forma ao seu conteúdo.[331]

Hassemer defende a necessidade de uma função limitadora desta intervenção penal, pois critica o perigo de radicalismos que acabam legitimando uma expansão desvairada e descontrolada do Direito Penal. Destarte, a função geral positiva tem que ser limitada sob pena de esconder uma irracionalidade inadmissível. Não se pode pactuar com a instrumentalização da pena como desejo coletivo de vingança, racionalizando o que é irracional.

Já quanto à prevenção especial, voltada diretamente ao delinquente, um dos mais importantes documentos sobre o tema é o Programa de Marburgo, de Von Liszt. Referia que a pena devia ressocializar alguns, intimidar outros e, ainda, inocuizar ou neutralizar aqueles que ele denominava como "incorrigíveis". Pertinente a ácida crítica de Muñoz Conde[332] quando menciona que a sociedade deveria ser "ressocializada" antes do delinquente, ironizando a falta de reflexão, por esta mesma sociedade, da estrutura social vigente. No mesmo sentido, diz Bitencourt, o Estado não tem legitimidade para impor aos cidadãos valores morais.[333] Paralelamente a isso, o objetivo de evitar a reincidência é uma das principais metas quando da aplicação e execução da pena. Na Espanha, em torno de 5% dos presos estão condenados por crimes sexuais, mas apesar de passarem vários anos na prisão isto não significa que a conduta desviada futura poderá ser evitada. É que em inúmeros casos de delinquentes sexuais os hábitos agressivos ou abusivos de natureza sexual fazem parte da conduta do sujeito e são reiterados. É muito provável que diante de novas oportunidades o indivíduo reproduza aqueles comportamentos. Por isso, é fundamental que aprenda, quando isto for possível, a controlar sua conduta e seus hábitos sexuais, o que requer mudanças em termos de atitudes, crenças emoções, hábitos, habilidades, preferências sexuais, controle da bebida, outras dro-

---

[331] MUÑOZ CONDE, Francisco. La resocialización del delincuente, análisis y crítica de un mito. *Cuadernos de Política Criminal*, n. 7, 1979.

[332] Ibidem.

[333] BITENCOURT, Cezar Roberto. *Falência da pena de prisão*: causas e alternativas. São Paulo: Revista dos Tribunais, 1993, p. 128.

gas, etc. Portanto, podemos concluir que para diminuir o risco de reincidência é fundamental um atendimento especializado.[334]

Dentre as conhecidas funções da pena encontra-se a chamada prevenção especial negativa, também conhecida como inocuização ou incapacitação (*incapacitation*). Apesar de vista como algo pejorativo ao longo da história, nunca teve um apelo tão popular e demagógico como hoje em dia. As teorias de inocuização seletiva bem como a proliferação de leis do tipo *three-strikes* demonstram a utilidade desse discurso ponderando os custos e os benefícios econômicos do combate à criminalidade. De fato, os métodos preditivos baseados na análise psicológica individual de responsabilidade estão sendo substituídos por outros de natureza atuarial, como ocorre no âmbito dos seguros. Assim trabalha-se com gestão de riscos, com técnicas probabilísticas e quantitativas com indicadores e métodos estatísticos para emitir prognósticos de periculosidade (*overpredicting dangerousness*) sobre certas classes de pessoas. Não há interesse nas causas individuais ou sociais do delito, mas sim unicamente pelo seu controle ao menor custo possível. Neste mesmo sentido, os Estados Unidos trabalham com o conceito de *selective incapacitation*:[335] trata a doutrina norte-americana de identificar os grupos de delinquentes mais perigosos e propensos a reincidir, e mantê-los o maior tempo possível isolados da sociedade. Isto também acaba sendo utilizado em muitos Estados norte-americanos que permitem uma retenção adicional por tempo indeterminado para o delinquente sexual violento que já cumpriu sua pena, mas que ainda é identificado como perigoso.

Por derradeiro, a combinação das teorias retributivas e preventivas ensejou as teorias mistas ou unificadoras. As críticas a todas essas teorias ainda são imensas, pois existem muitos conflitos profundos nas fundamentações filosófico-jurídicas que as embasam. Para autores como Jakobs, retribuição e prevenção são ideias incompatíveis enquanto finalidades da pena. Para ele, ou se castiga o indivíduo por ter cometido um delito, utilizando a culpabilidade para fazê-lo responsável (retribucionismo), ou se castiga para evitar que cometa outro, transformando o sujeito em objeto de necessidades preventivas (prevenção). A retribuição da culpabilidade se refere ao fato enquanto perturbação social. A prevenção, no entanto,

---

[334] MARSHALL, William; SANTIAGO REDONDO, Illescas. Control y tratamiento de la agresión sexual. In: SANTIAGO REDONDO (org.). *Delincuencia sexual y sociedad* – estudios sobre violencia. Barcelona: Ariel, 2002, p. 302.

[335] HASSEMER, Winfried; MUÑOZ CONDE, Francisco. *Introducción a la criminología*. Valencia: Tirant lo Blanch, 2001, p. 377

dirige-se a evitar não a repetição do delito ou de um delito futuro qualquer, mas a erosão da configuração normativa real da sociedade. Assim, para o penalista alemão, estes são apenas efeitos da pena, cuja única finalidade possível segue sendo a afirmação e a confirmação da vigência da norma. Tanto Jakobs sustenta este entendimento que, para ele, a utilização da terminologia "prevenção geral" não deveria pretender designar o alcance ao "maior número de cabeças", mas sim por garantir o "geral", isto é, a confirmação da vigência da norma, a própria configuração da comunicação. E conclui o professor de Bonn: "a pena não é uma luta contra um inimigo, tampouco serve ao estabelecimento de uma ordem desejável, mas sim à manutenção da realidade social".[336]

Como diz Muñoz Conde, a solução para a criminalidade deve ser buscada dentro de limites que equilibrem e minimizem o eterno conflito entre prevenção geral e prevenção especial, entre sociedade e indivíduo, entre os legítimos desejos de funcionalidade e eficácia dos instrumentos jurídicos sancionadores e a liberdade e a dignidade das pessoas.[337]

Algumas das penas mais conhecidas e aplicadas no caso de delinquentes sexuais violentos, ainda que psicopatas, desde que considerados imputáveis ou até mesmo semi-imputáveis, são a esterilização ou a castração química, os registros pela internet, o monitoramento em tempo real através de sistema GPS (*Global Positioning System*), os Centros de Terapia Social, além do acompanhamento dentro e fora da prisão. Vejamos.

5.3. OS CASTIGOS: EXPERIMENTOS PRÁTICOS

Os experimentos práticos nunca deixaram de existir. Da castração física à moderna castração química, os testes da medicina, novos hormônios, enfim, experimentos não faltam a pretexto de se solucionar o problema. De qualquer maneira, apenas conveniência e oportunidade não bastam para justificar penas ou medidas, pois insuficientes para justificar questões éticas. O próprio conceito de periculosidade é tão débil quanto o de culpabilidade, mas é vulgarmente utilizado para saltar as barreiras "garantistas" e para fundamentar

---

[336] JAKOBS, Günther. Sobre a teoria da pena. *Revista do Poder Judicial*, n. 47, p. 145-163, 1997.

[337] MUÑOZ CONDE, Francisco. *Direito penal e controle social*. Rio de Janeiro: Forense, 2005, p. 111-112.

a intervenção repressiva. Disto resulta que temos hoje (e novamente) propostas como as que examinaremos na sequência. A título de curiosidade, assim manifestam-se Hassemer e Muñoz Conde:[338]

> Del tratamiento químico, psico-farmacológico o psico-quirúrgico, al sometimiento a experimentación humana y al aventurerismo científico sólo hay un paso que en cualquier momento se puede dar y que ya se ha dado muchas veces en los tiempos más oscuros del nacionalsocialismo, con sus programas de esterilización y castración y aun de exterminio de deficientes mentales y psicópatas sexuales.

5.3.1. Esterilizações, cirurgias e castrações

O penalista alemão Edmund Mezguer costumava distinguir o delinquente por tendência do delinquente de estado. Este último era considerado por ele o caso mais grave, pois era percebido como consequência de uma disposição interna já reiterada e convertida em estado. Estes eram, para Mezger, os "incorrigíveis", aqueles que deveriam ser simplesmente postos à disposição da polícia, ainda que não se soubesse para qual finalidade.[339] Von Liszt definiu estes mesmos indivíduos como "proletariado da delinquência". Hoje, Jakobs denomina tudo isto como um Direito Penal para inimigos, onde cabem e se justificam todos os tipos de abusos.[340]

Tais "incorrigíveis", segundo Mezger, formavam o grupo mais temido de todos os inimigos de "la comunidad". Por isso, deveriam ser entregues à polícia "para sua custódia". Esses sujeitos eram condenados a uma pena de reclusão por tempo indeterminado. Desde o momento em que eram considerados incorrigíveis, estavam dispensadas todas as reflexões jurídicas no âmbito da determinação da pena. Mezger dizia que, nestes casos, não havia que se diferenciar a autoria da cumplicidade, nem a tentativa da consumação, categorias tão trabalhadas durante séculos pelo Direito Penal. Sua maior preocupação era a prevenção especial, não só no sentido de correção ou ressocialização apenas, mas principalmente no sentido de inocuização, sendo que, nestes casos, dispensava-se a pena de morte, pois "já havia a reclusão por tempo indeterminado".[341]

---

[338] HASSEMER, Winfried; MUÑOZ CONDE, Francisco. *Introducción a la criminología*. Valencia: Tirant lo Blanch, 2001, p. 294.

[339] MUÑOZ CONDE, Francisco. *Edmund Mezger y el derecho penal de su tiempo*: estudios sobre el derecho penal en el nacionalsocialismo. 4. ed. Valencia: Tirant lo Blanch, 2003, p. 220.

[340] *Apud* MUÑOZ CONDE, Francisco. La esterilización de los asociales en el nacionalsocialismo. *Revista Electrónica de Ciencia Penal y Criminología* – RECPC 04-05 (2005). Disponível em: <http://criminet.ugr.es/recpc/recpc_04-05.html>. Acesso em: 13 abr. 2007.

[341] MUÑOZ CONDE, Francisco. *Edmund Mezger y el derecho penal de su tiempo*: estudios sobre el derecho penal en el nacionalsocialismo. 4. ed. Valencia: Tirant lo Blanch, 2003, p. 223.

Mezger, responsável pela elaboração do projeto de lei sobre *"los extraños a la comunidad"*, em plena época do nacional-socialismo, tampouco via inconveniente em aceitar a medida de castração para os homossexuais, dizendo que a experiência médica ensinava que esta era uma arma eficaz contra certas pessoas.[342]

A esterilização forçada dos chamados "associais" (uma das mais graves espécies de crime contra a humanidade) foi uma prática constante dentro do regime nacional-socialista. Naquele período, calcula-se que entre quinhentos mil e um milhão de pessoas tenham sido esterilizadas, com ou sem enfermidades hereditárias. Eram pessoas provenientes das camadas sociais mais baixas, que praticaram pequenas infrações, muitos deles com antecedentes penais por delitos contra a propriedade ou contra a moral sexual, como prostitutas, vagabundos e mendigos. Por enfermidade hereditária entendia-se retardo mental congênito, esquizofrenia, "loucura circular" (maníaco-depressiva), epilepsia grave, surdez, cegueira, alcoolismo e graves deformidades corporais. Como refere Muñoz Conde,[343] a esterilização foi um passo prévio à eliminação física definitiva daqueles sujeitos. A solicitação de esterilização poderia vir do próprio indivíduo ou de sua família, sem prejuízo do pedido que poderia ser formulado pelo médico ou pelo diretor do hospital, mas os "Tribunales de Salud Hereditária" (*Erbgesundheitsgerichte*) é que decidiam. Os procedimentos médicos poderiam variar desde os cirúrgicos (extirpação dos ovários nas mulheres, ou dos dutos seminais nos homens), ou por raio-X, ou, ainda, por meio de tratamentos medicamentosos. Para tais "tribunais" pesava mais a suposta carga patológica do sujeito que a gravidade e a importância dos delitos que tivesse cometido ou que pudesse vir a cometer. É muito provável que, nestes casos, a esterilização se baseasse mais em razões estéticas que eugenésicas. Refere Muñoz Conde,[344] a partir de um documento fruto de um acordo entre os Promotores de Justiça (Fiscales Generales) da Baviera, reunidos em Banberg, em novembro de 1944:

> [...] en las diferentes visitas a los centros penitenciarios se observan siempre reclusos que, por su constituición corporal ni siquiera merecem el nombre de personas;

---

[342] *Apud* MUÑOZ CONDE, Francisco. *Edmund Mezger y el derecho penal de su tiempo*: estudios sobre el derecho penal en el nacionalsocialismo. 4. ed. Valencia: Tirant lo Blanch, 2003, p. 225 e 226.

[343] Idem, p. 34-35; 273-276.

[344] MUÑOZ CONDE, Francisco. La esterilización de los asociales en el nacionalsocialismo. *Revista Electrónica de Ciencia Penal y Criminología* – RECPC 04-05 (2005). Disponível em: <http://criminet.ugr.es/recpc/recpc_04-05.html>. Acesso em: 13 abr. 2007.

> parecen abortos del infierno. Sería deseable que se les fotografiara. También debería ponderarse su eliminación, independientemente de la gravedad del delito y de la pena a la que hayan sido condenados. Sólo deben exhibirse las fotografías que permitan ver claramente la deformidad.

Esta é uma concepção bio-hereditária ainda mais radical que a concepção lombrosiana de deliquente nato. Tais ideias eugênicas chegaram ao ponto de recomendar a própria eliminação de seres vivos "desprovidos de valor vital". Essas ideias também foram propostas na década de 1920, na Alemanha, pelo penalista Karl Binding, e foram aplicadas em cumprimento a uma ordem secreta de Hitler aos diretores de estabelecimentos de saúde.

A "Lei de Estranhos à Comunidade", na sua última redação, de março de 1944, dizia no seu art. 5°, § 13 (1) que, diante da possibilidade de espera de uma descendência indesejável por parte dos "estranhos à comunidade", estes deveriam ser esterilizados. Assim, estava dado o apoio jurídico expresso a uma prática habitual, com a referida e já destacada intervenção do penalista Edmund Mezger. É possível afirmar que toda esta política avançava muito além de uma luta contra a criminalidade e de uma retórica de pureza racista. Em verdade, a ideia era influir no mercado de trabalho e no desenvolvimento econômico e industrial da Alemanha, pois a classe empresarial se beneficiava com o extermínio da mão de obra excedente não qualificada além de, simultaneamente, obter um disciplinamento das massas de trabalhadores, através do terror. Ademais, a presença daqueles indivíduos pelas ruas da Alemanha era a prova de que a política de bem-estar social, símbolo do regime nacional-socialista havia fracassado. A tarefa urgente tornou-se ocultá-los e eliminá-los, ainda mais quando a guerra acabava por produzir bolsões de miséria, de mendigos e de mutilados.[345]

Não apenas o regime nazista adotou tais práticas contra deficientes mentais ou portadores de doenças hereditárias, mas também outros países como Suécia e Estados Unidos. Percorramos o tempo. Nos Estados Unidos, desde o início do século XX, novas leis para a esterilização de sujeitos portadores de enfermidades hereditárias ou de enfermidades mentais vinham sendo aprovadas nos Estados da Virgínia, New Jersey, Indiana, dentre outros.

---

[345] MUÑOZ CONDE, Francisco. La esterilización de los asociales en el nacionalsocialismo. *Revista Electrónica de Ciencia Penal y Criminología* – RECPC 04-05 (2005). Disponível em: <http://criminet.ugr.es/recpc/recpc_04-05.html>. Acesso em: 13 abr. 2007.

Quanto às cirurgias, nem sempre o desejo sexual é a causa do impulso sexual. Assim, quando o pedófilo não consegue controlar sua conduta a alternativa pode ser a redução da testosterona, o que pode ser feito através de medicação (efeito temporário) ou através da castração física (efeito definitivo e irreversível). A maioria dos países europeus proíbe o uso de cirurgia com tal finalidade, mas tais métodos já foram empregados em alguns deles e também nos Estados Unidos. Entretanto, isto gera graves efeitos secundários como diminuição do impulso e atividade sexual (não apenas dos crimes sexuais), mudanças metabólicas, perdas protéicas, alterações glandulares, descalcificação óssea, entre outros, além de transformações de personalidade e de comportamento, o que agride as pautas éticas dos sistemas jurídicos contemporâneos mais democráticos.[346] A mais incisiva propaganda sobre a moderna castração química (efeitos temporários e reversíveis) refere a "vantagem" de uma administração diária em forma de injeção intramuscular que reduz as fantasias e as ações de cunho erótico entre 50 e 76%, além de abarcar efeitos que duram entre um e três meses. Neutraliza-se a periculosidade sem recorrer-se à pena privativa de liberdade. Mesmo assim, a "Asociación de Asistencia a Mujeres Violadas" não acredita que a castração afaste o risco de agressão sexual.[347]

Por isso, junto a penas e medidas há que se considerar, além de sua conveniência e utilidade, sua admissibilidade ética frente ao indivíduo. Assim, ainda que a castração libere um ser humano de seu instinto sexual excessivo, teremos, simultaneamente, uma deterioração de componentes essenciais de sua personalidade, que jamais poderá ser considerada levando-se em conta, unicamente, sua utilidade, mas sim sua admissibilidade ética.[348] Refere Berdugo Gómez de la Torre: "*Aunque sea conveniente castrar a un hombre que tiene por hábito la violación de mujeres, con ello no se resuelve el problema de si al Estado le es permitido actuar de tal manera*".[349] O objetivo de um utilitarismo desta natureza já foi demonstrado por Estados totalitários, onde seres considerados antissociais foram eliminados, (incluídos enfermos, criminosos políticos...), pois sob o domínio de

---

[346] MARSHALL, William; SANTIAGO REDONDO, Illescas. Control y tratamiento de la agresión sexual. In: SANTIAGO REDONDO (org.). *Delincuencia sexual y sociedad* – estudios sobre violencia. Barcelona: Ariel, 2002, p. 307-308.

[347] GARCIA ANDRADE, José Antonio. *Psiquiatría criminal y forense*. 2. ed. Madrid: Centro de Estudios Ramón Areces, 2002, p. 214-215.

[348] BERDUGO GOMEZ DE LA TORRE, Ignacio et al. *Lecciones de derecho penal*: parte general. 2. ed. Barcelona: Praxis, 1999, p. 405.

[349] Idem, p. 404.

um utilitarismo desmedido, foram abolidos todos os tipos de limites éticos. Diz Berdugo Gomez de la Torre:[350]

> Únicamente la clara comprensión de que jamás la sola utilidad social puede justificar la aplicación de un medio, sino sólo su admisibilidad ética, y, únicamente el claro reconocimiento de una limitación ética del poder estatal, nos lleva más allá del utilitarismo y nos resguarda de un Poder estatal totalitario.

No Brasil, o Comitê de Ética em Pesquisa da Faculdade de Medicina do ABC Paulista, em Santo André (Grande São Paulo) aprovou, em 2008, um projeto de pesquisa sobre o uso de medicamentos em pedófilos, ou seja, a chamada "castração química". O assunto é polêmico e o procedimento exige o consentimento do paciente. Entretanto, a legislação brasileira não prevê este tipo de sanção, uma das razões pelas quais o assunto segue polêmico. Mesmo entre os especialistas a discussão é complexa. Na Itália, por exemplo, este tipo de tratamento costuma ser uma alternativa à prisão ou significa redução na pena. O método também já é utilizado noutros países como Suécia, Alemanha, Dinamarca, afora os estados norte-americanos do Texas, Montana e California. No Brasil, os defensores da chamada castração química alegam que se trata de um tratamento reversível que tem como princípio inibir o ímpeto dos sujeitos que já cometeram algum delito sexual. Num estudo realizado em 1992 no Hospital Saint Thomas, em Ontário, Canadá, apenas 10 dos 28 pedófilos recrutados aceitaram o tratamento com medicamentos. Destes, só 7 foram até o final do estudo, de 28 semanas. No Reino Unido, a polêmica ocorreu em relação ao consentimento. Lá o tratamento somente pode ser realizado com anuência dos condenados por pedofilia, e não como punição. Pesquisas revelaram eficiência entre 30 e 75% dos pacientes. No Hamot Medical Center, na Pensilvânia (EEUU), um estudo de 2005 realizado com acetato de medroxiprogesterona causou em pedófilos, segundo as conclusões dos pesquisadores, "queda dos níveis de testosterona [...], desejo em relação a crianças e de masturbação relacionada a pensamentos ligados a crianças". Na Universidade de Massachusets, também nos Estados Unidos, um estudo do ano anterior envolvendo seis jovens com histórico de vários crimes sexuais concluiu que "todos tiveram redução dos sintomas" e que o uso de medicamentos "deve ser mais estudado".[351] Dentre os argumentos contrários à terapia antagonista

---

[350] BERDUGO GOMEZ DE LA TORRE, Ignacio et al. *Lecciones de derecho penal*: parte general. 2. ed. Barcelona: Praxis, 1999, p. 404.

[351] Vide: *No exterior, pesquisas tiveram resultados favoráveis à "castração química. Folha Online.* Disponível em <http://www1.folha.uol.com.br/folha/cotidiano/ult95u388038.shtml>. Acesso em: 12 jul. 2008.

de testosterona, como é denominada tecnicamente, estão os efeitos colaterais, físicos e psíquicos, afora as questões éticas aí diretamente imbricadas. No Brasil tramitam projetos visando à adoção deste tipo de sanção para crimes sexuais.

5.3.2. Monitoramentos eletrônicos

A sociedade contemporânea ou sociedade do risco assume, definitivamente, o paradoxo da chamada pós-modernidade sombreada pelo medo e pela insegurança. Nada mais normal e esperado do que o clamor, cada vez mais forte, por um punitivismo que possa garantir as tais paz social e ordem pública, embora estes conceitos revistam-se de absoluta imprecisão jurídica. Se por um lado, diz-se que a Justiça precisa modernizar-se, e com ela todos os mecanismos do *jus puniendi* estatal, por outro se sabe que tudo tem um custo, seja econômico, seja social. Já em "Vigiar e Punir" ou na "Microfísica do Poder", Michel Foucault[352] falava no monitoramento dos indivíduos, no seu controle no espaço, especialmente quando se trata de instituições carcerárias. Assim, o monitoramento eletrônico vem sendo apontando como uma das maravilhas punitivas para o novo milênio. Entretanto, o aparato não é novo e nem significa, por si só, qualquer avanço em termos penais. Várias pesquisas que passaremos a apresentar demonstram o detalhamento deste mecanismo, sua possível efetividade e resultados dentro de variáveis que nem sempre são conhecidas pelos governos que criam "falsas esperanças" na população, nem pelo próprio legislador que as introduz num dado sistema jurídico.

Quanto à terminologia empregada, fala-se em "controle eletrônico, vigilância eletrônica, monitoramento eletrônico", ou em inglês *electronic monitor, electronic jail*, ou em italiano *braccialetto elettronico, carcel eletrónica*, ou em espanhol *vigilancia electronica, control eletrónico, localización permanente, pulseras de seguimiento*. Rodríguez-Magariño prefere a denominação *cárcel electrónica*, que permite a consciência de tratar-se a medida de efetiva realidade que busca restringir a liberdade do sujeito. Fato interessante a ser mencionado é que em setembro de 2004, o Primeiro-Ministro do Interior britânico, David Blunkett, anunciou a vigilância eletrônica para controlar 5000 pedófilos, pederastas, maltratadores (violência de gênero), denominando-a *prison without bars*, ou *cárcel sin rejas*, em espanhol. A imprensa adotou esta terminologia, que nos parece equivocada,

---

[352] FOUCAULT, Michel. *Vigiar e Punir*: história da violência nas prisões. Petrópolis: Vozes, 1998. Vide ainda: FOUCAULT, Michel. *Microfísica do Poder*. Rio de Janeiro: Graal, 1998.

conforme pensa Rodríguez-Magariño.[353] É que se trata de pura ilusão entender essas medidas como algo distinto à prisão convencional, pois os critérios e a supervisão são os mesmos (em tese) do controle penitenciário, sendo uma instituição nova que necessita das mesmas garantias que o próprio cárcere tradicional. É, pois, uma opção de custódia, sem dúvida. Voltando ao programa adotado, foi aplicado em Manchester (noroeste), Hampshire (sul) e West Mindlands (centro) e custou 4,5 milhões de euros.

> La función primordial de la cárcel es salvaguardar al cuerpo social de un individuo que há puesto con su conducta en riesgo a la sociedad, su misión más básica es la prevención especial o el control del delincuente. Es por esta razón que la vigilancia electrónica y el presidio de apariencia tan desigual convergen el mismo objetivo, dicho de otro modo, ejercen la misma función.[354]

No Brasil, a novidade começa a ser testada, porém verifica-se que muito pouco se conhece a respeito, principalmente se considerarmos a legislação que a introduz no aparato punitivo nacional, a qual muito pouco disse sobre sua possível aplicabilidade e sobre a necessária contextualização a que deve ser submetido dito instrumento. Seja como for, uma certeza já se pode ter: sem recursos humanos para operacionalizar, com eficiência, esta tecnologia, e sem vontade política para inseri-la num contexto "ressocializador" (em que pesem as críticas à terminologia), o resultado não será distinto daquele já conhecido.

A novidade foi introduzida pela Lei Federal n° 12.258, publicada no Diário Oficial da União em 16 de junho de 2010, com origem no PL-01288/2007 e com hipóteses bem limitadas de aplicação (nada foi dito acerca da aplicabilidade em algumas hipóteses de prisão provisória, medidas de segurança, cautelares e protetivas, por exemplo). Na verdade, teria sido interessante o monitoramento para evitar a prisão em casos de flagrantes nos quais uma condenação não poderá gerar nada além de uma pena alternativa. Porém, ficou definida sua utilização apenas nos casos em que funcione como uma condição para a concessão de saídas temporárias, regime semiaberto e prisão domiciliar. No caso de o sujeito violar seus deveres ou remover, violar, modificar ou danificar, de qualquer forma, o aparato eletrônico, poderá sofrer regressão de regime, revogação da autorização de saída temporária, revogação da prisão domiciliar ou advertência por escrito. Afora isso, o monitoramento poderá ser

---

[353] RODRÍGUEZ-MAGARIÑOS, Faustino Gudín. *Cárcel electrónica*: bases para la creación del sistema penitenciario del siglo XXI. Valencia: Tirant lo Blanch, 2007, p. 89.
[354] Idem, p. 91.

revogado quando se tornar desnecessário ou inadequado, se o monitorado violar seus deveres ou cometer falta grave.

O fato de o Brasil agora ter uma legislação federal específica para o tratamento desta matéria, em que pese ainda a necessidade de regulamentação, em nada retira a razão de Garcia,[355] quando este criticava a Lei paulista nº 12.906. É que tal lei estadual disciplinou o monitoramento eletrônico no Estado de São Paulo antes mesmo da entrada em vigor da lei federal. Como ele refere:

> É certo que a Constituição Federal estabelece atribuição legislativa concorrente à União, aos Estados e ao Distrito Federal, em matéria de direito penitenciário (art. 24, nº I), competindo exclusivamente à União a atribuição legislativa em matéria penal e processual (art. 22, inc. I). A Lei Estadual nº 12.906 foi, permita-se o adjetivo, traiçoeira, ao firmar, logo em seu art. 1º, que *"regula a utilização da vigilância eletrônica para a fiscalização do cumprimento de condições fixadas em decisão judicial"*, como se já houvesse a previsão, em lei federal, da *"utilização da vigilância eletrônica para a fiscalização do cumprimento de condições fixadas em decisão judicial"*. Norma federal desta estirpe, contudo, não existe. [...] Todos estes são efeitos próprios de normas de Direito Processual e/ou Penal, que constituem matérias vedadas à disciplina de lei local.

Ocorre que a matéria, de competência para legislar da União, portanto, foi tratada no âmbito do Legislativo Estadual, inclusive criando "falta grave" que pode resultar na revogação do livramento condicional, da saída temporária, da prestação do trabalho externo ou ainda o recolhimento do sujeito em estabelecimento penal comum. Vejamos:

> Não trata a lei bandeirante, portanto, de regulamentação de instituto previsto em norma proveniente de Brasília, mas sim de criação de sistema novo, inédito, de fiscalização eletrônica, que impõe deveres – como o de receber visitas do servidor responsável pela vigilância eletrônica, de responder aos seus contatos e a cumprir suas orientações etc. (cf. incisos do art. 6º) –, cujos desatendimentos constituirão "falta grave", acarretando "a revogação do livramento condicional, da saída temporária ou da prestação de trabalho externo" e/ou "o recolhimento em estabelecimento penal comum" (cf. seu art. 7º).[356]

Igualmente, o Estado do Rio Grande do Sul, através da Lei nº 13.044/09, regulou a vigilância eletrônica no regime semiaberto, nos casos de prisão domiciliar, proibição de frequentar determinados lugares, liberdade condicional, em hipóteses de progressão de regime para o aberto ou semiaberto, e nos casos de autorização para

---

[355] GARCIA, Roberto Soares. Pulseirinhas, tornozeleiras e inconstitucionalidade da Lei n. 12.096/08. *Boletim do Instituto Brasileiro de Ciências Criminais*, São Paulo, ano 16, n. 187, p. 6, jun/2008.

[356] Ibidem.

saídas temporárias. Tudo isto antes de a lei federal ser sancionada e vigorar.

O sistema de vigilância eletrônica pode ser executado como forma substitutiva de execução de penas curtas de prisão (*front door*) ou como forma de adiantar a saída do preso do cárcere (*back door*), sendo parte de uma supervisão intensiva ou funcionar como um reforço da pena de prisão domiciliar. O art. 86.4 do Regulamento Penitenciário espanhol trata dessas medidas *back door* de controle eletrônico, e a pena de localização permanente do art. 37 do Código Penal também comporta o monitoramento eletrônico.

A origem do monitoramento eletrônico ocorreu nos Estados Unidos, quando o professor Robert Schwitzgebel, psicólogo da Universidade de Harvard, desenvolveu, na década de 70, pesquisas neste sentido sobre o trabalho terapêutico com presos. Na década de 1980, isso readquiriu maior interesse dada à superlotação carcerária. Por isso, em 1982, na cidade americana de *New Mexico*, o magistrado Jack Love fixou a medida de controle eletrônico à pena de prisão domiciliar. Em cinco anos, a ideia havia se espalhado para 30 estados, contando-se 4.750 presos monitorados somente no estado da Flórida. A partir de 1997, Florida, New Jersey, Texas e Michigan iniciaram seus experimentos para criminosos sexuais e violentos.[357]

Ainda na década de 80, iniciou-se na Europa o mesmo movimento, especialmente na Inglaterra e em Gales, em relação à pena de prisão domiciliar. Tom Stacey, periodista do *Sunday Times*, criou em 1981 a *Offender's Tag Association* (OTA), entusiasmado com a possibilidade de reinserção na comunidade de criminosos mediante supervisão de seus movimentos.[358]

Em 1990, o Ministério da Justiça inglês anunciou a prisão domiciliar com monitoramento eletrônico como substituto à prisão provisória. Com as idas e vindas de conservadores e liberais no governo, ainda assim o monitoramento eletrônico veio para ficar. No ano 2000, o mecanismo foi estendido para o âmbito da liberdade condicional e também para outras penas cujo cumprimento se daria na comunidade (p. ex. prestação de serviços à comunidade). Criminosos sexuais e agressores domésticos, dentre outros, foram atendidos, bem como multirreincidentes.[359]

---

[357] TORRES ROSEL, Núria. La supervisión electrónica de penados: propuestas y reflexiones desde el Derecho comparado. *Revista Aranzadi de Derecho Penal y Proceso Penal*, n. 19, p. 71-91, 2008.

[358] Ibidem.

[359] Ibidem.

Na França, o *Informe Bonnemaison* sobre a modernização do sistema penitenciário, em 1990 e, depois, em 1996, o Informe sobre a prevenção da reincidência passaram a demonstrar o interesse por um sistema jurídico-penal mais atualizado. Em 15 de junho de 2000, o monitoramento eletrônico foi introduzido na legislação no tocante à prisão provisória como medida de natureza cautelar. Em 2004, a Lei de 9 de março estabeleceu o monitoramento eletrônico como pena; em 2005, a Lei n° 1.549, de 12 de dezembro, agregou o controle virtual para indivíduos que já haviam concluído o cumprimento de sua pena, o que é completamente discutível sob o viés da discussão sobre as finalidades da pena.[360]

No ordenamento sueco,[361] desde 1994, este tipo de controle vem sendo aplicado através da Lei sobre Vigilância Intensiva mediante Controle Eletrônico. Inicialmente, estava vinculado à prisão domiciliar, imposto como substitutivo para penas de curta duração (até três meses de prisão), combinado com programa de reinserção social e de controle do sujeito como testagens de consumo de álcool ou outras drogas.[362] Em 1999, o sistema já cobria todo o país, alcançando, inclusive, penas de prestação de serviço à comunidade, já no âmbito de pena substitutiva da privativa de liberdade. A partir de 2001, começaram os estudos para tentar viabilizar o monitoramento como forma de colocação de presos em liberdade, de modo gradativo, acompanhado.

No Reino Unido, o monitoramento eletrônico iniciou há mais tempo. Desde 1997, o *Home Office* (similar ao nosso Ministério da Justiça) contratou os serviços de algumas empresas do ramo tecnológico que fazem o controle do cumprimento dessas medidas "virtuais" e encaminham os condenados que as descumprem às cortes competentes. É emblemático, mas significa um dos aspectos mais relevantes já encontrados na literatura a respeito da "privatização" na execução penal. Caso seja constatado que o mesmo descumpriu a medida porque já não mais consente neste tipo de controle, ou então que ele tentou remover ou destruiu o aparato, será (re)sentenciado. Uma das empresas mais conhecidas que atua no ramo e foi contratada pela *Home Office* no Reino Unido chama-se Geografix. Segundo esta empresa, raros são os casos em que monitorados são apresen-

---

[360] TORRES ROSEL, Núria. La supervisión electrónica de penados: propuestas y reflexiones desde el Derecho comparado. *Revista Aranzadi de Derecho Penal y Proceso Penal*, n. 19, p. 71-91, 2008.

[361] Ibidem.

[362] MONTESINOS GARCÍA, Ana. Pulseras electrónicas y derechos fundamentales. *Revista Jurídica Valenciana*, disponível em: <www.tirantonline.com>, acesso en 20 jun. 2008.

tados à Justiça por violarem as regras. Explicam que em qualquer caso de atraso ou desvio do sujeito monitorado daquilo que é previsto um funcionário imediatamente telefona para o mesmo; caso não atenda (e o equipamento leva uma bateria "extra" carregada para 12 horas a mais), o *monitoring officer* visita o sujeito. Se tudo isso falhar, daí o indivíduo é apresentado ao juiz.[363] Daí que se pode inferir, com muita tranquilidade, o custo destes funcionários da empresa treinados para acompanhar virtualmente os monitorados, afora o necessário acompanhamento dos chamados *monitoring officer*, servidores públicos que fazem o acompanhamento das medidas extramuros, também chamados de *parole officer* nos Estados Unidos, "oficial de la condicional" na Espanha, ou de "fiscais da execução da pena", cargos praticamente em extinção no Brasil.

Na Alemanha,[364] desenvolveu-se o sistema como alternativa à prisão, ou como uma forma especial de execução penal, ou ainda como uma nova pena principal no contexto da suspensão condicional da pena (*Strafaussetzung zur Bewährung*), e também no âmbito da liberdade provisória, no campo da prisão preventiva.

Canadá e Suécia também estão no apogeu desta etapa do monitoramento eletrônico, porém com maior enfoque humanitário e ressocializador do que o empregado nos Estados Unidos, realmente utilizando a tecnologia como forma de diminuir a população carcerária.[365]

O Conselho da Europa e a União Europeia mostram-se ainda ambivalentes nesta matéria. A Recomendação n° 2000 (22), do Comitê de Ministros dos Estados-Membros demonstra preocupação com a dignidade e a intimidade do preso e de suas famílias quando da aplicação destas medidas. Ademais, obriga a que se desenvolvam programas e formas de acompanhamento para que o sujeito monitorado encontre aí possibilidades reais de reinserção social.[366]

Passemos, pois, após estas breves pinceladas, aos contornos tecnológicos cujo conhecimento é necessário a fim de que possamos avançar nesta discussão.

---

[363] ROSE, Charles. Electronic Monitoring of Offenders: a new dimension in community sentencing or a needless diversion? *International Review of Law Computers & Technology*, v. 11, n. 1, p. 147-153, 1997.

[364] MONTESINOS GARCÍA, Ana. Pulseras electrónicas y derechos fundamentales. *Revista Jurídica Valenciana*, disponível em <www.tirantonline.com>, acesso em 20 jun. 2008.

[365] RODRÍGUEZ-MAGARIÑOS, Faustino Gudín. *Cárcel electrónica*: bases para la creación del sistema penitenciario del siglo XXI. Valencia: Tirant lo Blanch, 2007, p. 80.

[366] TORRES ROSEL, Núria. La supervisión electrónica de penados: propuestas y reflexiones desde el Derecho comparado. *Revista Aranzadi de Derecho Penal y Proceso Penal*, n. 19, p. 71-91, 2008.

Na verdade, existem dois modelos básicos: o modelo estático ou de primeira geração, e o modelo móvel ou de segunda geração, com elementos e finalidades distintos. Já se fala num modelo de terceira geração, o qual também, por razões didáticas, passaremos a comentar brevemente.[367]

O primeiro modelo, chamado de primeira geração ou estático, é o mais conhecido, o mais antigo e, talvez ainda, o mais utilizado. É muito aplicado nos casos de prisão domiciliar ("arresto domiciliario", como dizem na Espanha). Basicamente, detecta a presença de um indivíduo num determinado local. Depende de um transmissor (que fica acoplado ao corpo do sujeito monitorado), um receptor (que fica no local em que se deseja a presença do indivíduo, geralmente sua residência) e um centro de controle. Através de sinais de radiofrequência, alcança-se monitorar o indivíduo apenas naquele local. Isto é controlado por funcionários no centro de controle, aos quais cabe verificar se a presença ou ausência do sujeito naquele local está de acordo com os horários fixados no mandamento judicial. Ainda que o indivíduo monitorado não tenha linha telefônica em sua residência estes equipamentos já trabalham via rede de telefonia móvel, não havendo maiores dificuldades. Ainda no tocante ao modelo de monitoramento estático já é possível controlar a proximidade de uma pessoa em relação a um local ou a outra pessoa, geralmente a vítima. Chama-se monitoramento estático bilateral. Assim, instala-se um receptor na residência da vítima e, desde que o sujeito se aproxime daquele local, uma mensagem é enviada imediatamente ao centro de controle. Resumidamente, enquanto na primeira hipótese pretende-se garantir a permanência do sujeito num certo local, na segunda garante-se o controle de uma medida de exclusão ou de proibição de aproximação de um determinado lugar ou pessoa.

Quanto ao chamado modelo de segunda geração ou de controle móvel (*tracking*), este permite o controle continuado dos movimentos de uma pessoa. Além dos equipamentos citados no modelo estático, neste o indivíduo carrega consigo ainda um receptor portátil na cintura, o qual funciona com GPS (*global positioning system*). Atualmente, face a problemas em "zonas de sombra", especialmente nos grandes complexos urbanos e à interrupção de sinal, utiliza-se também o sistema GSM (*global service mobile*), baseado nas antenas telefônicas. Com isso é possível ao operador visualizar onde o su-

---

[367] TORRES ROSEL, Núria. La supervisión electrónica de penados: propuestas y reflexiones desde el Derecho comparado. *Revista Aranzadi de Derecho Penal y Proceso Penal*, n. 19, p. 71-91, 2008.

jeito está (rua, ponto exato), para qual direção se deslocar, com qual velocidade, enfim. Estes sistemas permitem ajustar planos individualizados, inserindo-se horários e áreas permitidas/proibidas, ou seja, zonas de inclusão em determinados horários, e zonas de exclusão, conforme ordem judicial. Nas zonas de exclusão, ainda mais quando se trata de crimes sexuais, é comum encontrar-se escolas e parques infantis. Este modelo de monitoramento de segunda geração apresenta-se de três formas. No modo passivo, os dados são registrados e acessados pelo pessoal de controle de forma retrospectiva. Geralmente é indicado para casos em que não se requer uma intervenção imediata. Há ainda a modalidade ativa (*continuous tracking*) quando há o controle em tempo real dos movimentos do sujeito, permitindo um monitoramento eficaz 24 horas por dia, o que exige pessoal qualificado acompanhando esses indivíduos e tratando estas informações, agregando um custo econômico muito maior ao serviço. Por fim, a modalidade híbrida, combinando as duas modalidades anteriores, a ativa e a passiva, permitindo que se escolha de acordo com o caso concreto e suas necessidades.

Embora não seja nosso objetivo neste momento, devemos, a título de ilustração tão somente, reportar a existência de pesquisas de um modelo de monitoramento eletrônico de terceira geração. Por exemplo, já se fala em aparatos que fazem o controle de verificação de voz (técnicas biométricas de reconhecimento e autenticação), em fase de estudos e de expansão. Basicamente dizem respeito a chamadas telefônicas dentro dos horários determinados judicialmente às quais o sujeito monitorado deve atender, comprovando-se assim sua permanência naquele horário, naquele local. Este modelo também diz respeito à investigação biomédica para controle da violência, especialmente em crimes sexuais, quando a administração de fármacos, choques ou estimulação de certas zonas cerebrais pode controlar a neurobiologia do sujeito. Existe uma possibilidade, inclusive, de instalar-se um "alcoolímetro" no indivíduo, o que seria muito efetivo no caso de prevenir-se delitos como direção sob influência de álcool. Um dispositivo ainda mais sofisticado (e caro, além de discutível pelo prisma ético) incluiria uma minicâmera instalada no equipamento do sujeito monitorado,[368] para controle de suas atividades, pois o monitoramento, por si só, individualiza o local onde o sujeito se encontra, mas nada diz a respeito do que ele está fazendo. Resumidamente, o sistema de monitoramento

---

[368] RODRÍGUEZ-MAGARIÑOS, Faustino Gudín. *Cárcel electrónica*: bases para la creación del sistema penitenciario del siglo XXI. Valencia: Tirant lo Blanch, 2007, p. 47.

de terceira geração[369] faz com que a central de vigilância receba as informações do sujeito monitorado, tais como ritmo cardíaco, frequência de pulsações etc., o que permite conhecer o estado anímico do mesmo e se ele se encontra em situações extremas como nos casos em que se mede a excitação sexual de delinquentes sexuais. Assim é possível aplicar-se sobre o corpo do condenado descargas elétricas ou acionar-se a abertura de cápsulas que injetam tranquilizantes, enfim. Trata-se de tecnologia ainda muito nova que não foi suficientemente desenvolvida, mas que parece estar a caminho do nosso tempo, embora potencialmente violadoras do princípio da dignidade humana quando impõe castigos físicos, o que é proibido pelas nossas Constituições Federais brasileira e espanhola.

Enfim, não há uma sugestão de padronização na utilização do monitoramento eletrônico. Daí a enorme diversidade encontrada na forma de aplicação do controle em estudo, conforme passaremos a demonstrar.

Existem, ao fim e ao cabo, três grandes possibilidades para a utilização do monitoramento eletrônico na esfera criminal: como medida cautelar, no âmbito das penas (privativas ou não de liberdade) e após a execução da pena imposta, tema este bastante polêmico.[370] Vejamos:

1. **Como medida cautelar**: a primeira experiência ocorreu no Reino Unido, no campo da liberdade provisória, como medida de caráter cautelar. Recentemente, em 2002, a *Bail Order* de 22 de abril regulou a aplicação do monitoramento eletrônico também em caráter cautelar para menores com idade entre 12 e 16 anos, sendo reconhecida a medida como mais relevante para esse público do que para adultos. Nestes termos, em abril de 2005, havia 149 casos de adultos e 434 de jovens submetidos ao controle eletrônico. Na França, o sistema também foi introduzido como medida cautelar, como reza o atual art. 139 do Código de Processo Penal daquele país. Pode ser aplicado mesmo em relação a crimes com pena privativa de liberdade prevista de até 10 anos (gravidade média). É medida cautelar interessante porque permite o controle do cumprimento de obrigações impostas como a proibição de afastar-se do domicílio, exceto nos casos autorizados pelo magistrado.

---

[369] MONTESINOS GARCÍA, Ana. Pulseras electrónicas y derechos fundamentales. *Revista Jurídica Valenciana*, disponível em <www.tirantonline.com>, acesso em 20 jun. 2008.

[370] TORRES ROSEL, Núria. La supervisión electrónica de penados: propuestas y reflexiones desde el Derecho comparado. *Revista Aranzadi de Derecho Penal y Proceso Penal*, n. 19, p. 71-91, 2008.

2. **Como execução de pena**: são exemplos disso o monitoramento aplicado como forma de prisão domiciliar, isolamento/afastamento da vítima, prestação de serviços à comunidade, enfim. Vejamos cada uma delas. Na prisão domiciliar (*arresto domiciliario* ou *curfew*): a Inglaterra e o País de Gales possuem em sua legislação o *Criminal Justice Act (CJA)* de 2003, cujo art. 177 preconiza que nos casos de prisão domiciliar o juiz, ao fixar o conteúdo da pena, deve (não é mera faculdade)[371] impor o monitoramento eletrônico. Da mesma forma, o juiz deve determinar o monitoramento ainda, nos casos de *Exclusion Requirement* (ordem de afastamento ou proibição de aproximação). Interessante destacar que, naqueles casos em que o equipamento deva ser instalado em residência onde outras pessoas habitem, o consentimento delas é necessário, sob pena de não ser viável a aplicação deste mecanismo. Já no ordenamento sueco o monitoramento eletrônico é aplicável como alternativa à pena de prisão de curta duração (penas de até seis meses de prisão) na proporção de um dia de monitoramento em troca de um dia de prisão. O aspecto positivo se evidencia na medida em que o sujeito é obrigado a permanecer em seu domicílio, exceto nos horários em que está autorizado a sair para trabalhar, realizar tratamento médico, enfim, possibilitando sua reinserção. Ademais, igualmente importante o fato de o indivíduo monitorado estar permanentemente sujeito às visitas dos membros que fiscalizam suas atividades, para verificar se o mesmo está bebendo demais, consumindo drogas, enfim. Da mesma forma a lei inglesa permite que o juiz, ao impor a *Community Order*, ou seja, a pena que deverá ser cumprida no seio social, ainda que de prisão domiciliar, possa ser integrada por um

---

[371] Rodríguez-Magariños está coberto de razão quando critica o posicionamento adotado pelo *Criminal Justice Act* de 1991, na Inglaterra, ao referir o monitoramento eletrônico como pena principal aplicável em caso de delitos e faltas de escassa entidade (furtos em meios de transporte, condução em estado de embriaguez, maus-tratos...). Nestes casos, diz o autor, não são mais do que medidas penitenciárias dirigidas a reforçar os períodos de *probation*, pois se exige o consentimento do condenado para sua aplicação, o que jamais ocorreria se fosse realmente uma pena genuína. Por isso, Rodríguez-Magariños aponta que o acerto no tratamento da vigilância eletrônica como medida alternativa à pena de prisão na lei sueca de 1994. A verdade é que essas medidas sempre estão vinculadas a uma pena privativa de liberdade, seja de prisão em regime fechado, aberto, semiaberto, prisão domiciliar ou de localização permanente, como prevê a legislação espanhola, sendo sempre um substitutivo, nunca uma pena autônoma. Aliás, nenhum ordenamento jurídico no mundo, até hoje, tratou esse tipo de controle como pena autônoma, nem o vinculou a outro tipo de pena como são as pecuniárias. De outro lado, seu papel como medida cautelar já é adotado e é de interesse, conforme a fase do processo em que o vigiado se encontra. Pode ser especialmente utilizado como medida alternativa real à prisão preventiva, porém em alguns casos concretos isto será mais difícil, como nas hipóteses mais gravosas de flagrante. *Vid.* RODRÍGUEZ-MAGARIÑOS, Faustino Gudín. *Cárcel electrónica*: bases para la creación del sistema penitenciario del siglo XXI. Valencia: Tirant lo Blanch, 2007, p. 119-121.

Exclusion Requirement, o que em nosso ordenamento quer significar basicamente a proibição de frequentar certos lugares ou de se aproximar da vítima, algo que nos soa útil em relação a crimes sexuais e de violência doméstica.

No caso de pena de prestação de serviços à comunidade, proibição de certas atividades, de frequência a certos programas ou tratamentos, que devem ser especificados na *Community Order*, o monitoramento eletrônico não é uma imposição, mas uma faculdade judicial. Apesar de a previsão legal estar no mesmo CJA/2003 citado, isto não configura novidade, pois já no *Criminal Justice and Court Services*, de 2000, o monitoramento foi incluído como forma de controle das *Community Rehabilitation Orders* (antigas ordens de *probation*) e dos *Community Punishment and Rehabilitation Orders* (combinação de *probation* com obrigação de prestar serviço à comunidade).

No sistema francês, a Lei n° 97-1159, de 1997, que já regulava o monitoramento eletrônico, veio a introduzir uma nova seção no Código de Processo Penal, pretendendo encontrar soluções ao problema gravíssimo da superpopulação penitenciária. Tal lei foi alterada por outra, de n° 2004-204, de 2004. Esta última adicionou a possibilidade de aplicação do monitoramento eletrônico aos casos de semiliberdade e ao de *placement a l'exterieur*. O atual CPP francês permite a execução de pena de prisão de até um ano sob o regime de monitoramento eletrônico. A par deste requisito temporal, o CPP exige ainda que o indivíduo esteja empregado ou em curso formativo, ou em tratamento médico, ou que comprove a real necessidade de estar próximo à família, enfim, algo que justifique o monitoramento como fundamento para a sua reinserção social. Claro que, além disso, é preciso o consentimento do preso, bem como do proprietário da residência aonde o equipamento venha a ser instalado. O magistrado tem liberdade para estabelecer, a par do monitoramento, as medidas de controle e obrigações estabelecidas em sede de suspensão condicional da pena (nosso *sursis*). Caso necessário, o juiz pode alterar as condições de execução do monitoramento, de ofício ou por provocação do condenado, ou até mesmo revogá-lo. Outro aspecto muito interessante é que o Código Penal daquele país passou a estabelecer outras formas de *modus operandi* para o delito de evasão, como neutralizar, por qualquer meio, os sistemas de detecção a distância de sua presença/ausência no lugar determinado pelo Juiz de Execução Penal.

Quanto ao sistema penitenciário, na Inglaterra e no País de Gales tem-se, desde 1998, o *Crime and Disorder Act*, lei que possibilitou a aplicação de um sistema de monitoramento eletrônico como condição para sujeitos em *early release* - liberados de forma antecipada, algo similar ao nosso sistema progressivo de execução penal. Presos sujeitos a penas entre três meses e quatro anos podem, em princípio, receber esta liberdade de até quatro meses e meio, mediante uma avaliação de risco de reincidência. Assim, concedido o *Home Detention Curfew* o indivíduo recebe uma planilha com as horas em que deve permanecer em casa ou em local indicado, não tendo duração inferior a nove horas diárias. No Reino Unido, esta tem sido uma alternativa muito utilizada para o enfrentamento do problema da superpopulação carcerária. Na Suécia, desde outubro de 2001 vem sendo realizado um trabalho de preparação do preso para alcançar a liberdade, com o fim de reduzir a alta reincidência típica dos primeiros meses extramuros. O *Em-Release*, como é conhecido, é o sistema de supervisão intensiva eletrônica, utilizada como alternativa à transferência de preso a uma unidade de regime aberto ou a uma instituição de tratamento. Lá, a medida inicialmente pensada para presos condenados a penas superiores a dois anos vem sendo utilizada para casos com penas superiores a 18 meses, desde 1º de abril de 2005. Nesses casos, o monitoramento costuma durar entre um e quatro meses, porém quando o sujeito tiver sido condenado à pena superior a dois anos de privação de liberdade a medida pode ser prolongada até seis meses. O tempo de duração, como se pode perceber facilmente, é superior ao previsto pela legislação inglesa, e o único requisito é que o sujeito tenha uma ocupação laboral ou formativa no período. Embora o controle mais restritivo, o preso recebe mais apoio do serviço prisional e de *probation* do que aqueles submetidos à liberdade condicional.

Como medida posterior à execução da pena. O problema é jurídico e parece mesmo ser a realização do monitoramento após o cumprimento da pena, o que não se configura no caso brasileiro. Neste sentido, um dos exemplos mais polêmicos ocorre no Estado da Flórida, Estados Unidos, com sua legislação específica. Aquele estado teve sancionada a lei *Jéssica Lunsford Act*, intensificando penas para quem molestar sexualmente crianças de até onze anos de idade. No caso de pedofilia, as penas variam entre 25 anos de prisão e prisão perpétua. Após o cumprimento da pena, mesmo em liberdade portanto, os egressos são monitorados por uma coleira eletrônica com sistema GPS.[372] Assim, se o monitorado afastar-se de determinado limite geoespacial, será localizado imediatamen-

---

[372] San Francisco, *Jornal Dimensão Expresso*, 4 de maio 2005.

te. Na França, a Lei 97-1159, de 1997, que já referimos, estabelece o controle eletrônico como forma de cumprimento alternativo de penas de prisão inferiores a um ano, admitindo a faculdade judicial para impor a constrição como condição do período de prova da liberdade condicional por uma duração máxima de um ano. As condições de cumprimento são as mesmas do monitoramento eletrônico aplicado como forma de cumprimento de penas de prisão. Através da Lei 2005-1549, o CPP francês já passou a admitir os sistemas de monitoramento eletrônico móveis ou de segunda geração para as hipóteses de liberdade condicional, demonstrando o avanço tecnológico francês. Contudo, causa-nos estranheza e certo espanto perceber que a mesma lei referida introduziu também a possibilidade de monitoramento eletrônico de segunda geração para os casos de indivíduos que já cumpriram suas penas por crimes graves, porém que apresentam "elevado risco de reincidência". Mais estranho ainda é perceber a denominação jurídica de "medida de segurança" conferida, ainda mais que o CP francês não faz distinção entre pena e medida, considerando todas como "penas". Isso tem sido alvo de inúmeras críticas pela doutrina. Aliás, esta "inovação legislativa" nasceu de uma proposta de lei fulcrada na necessidade de aplicar a supervisão móvel a delinquentes sexuais como medida de segurança a ser aplicada por um período de até 20 ou mesmo 30 anos, conforme a gravidade do delito. Em realidade, isto não é tão inovador. O estado da Florida, nos Estados Unidos, desde o início de 2005, já havia introduzido o monitoramento eletrônico perpétuo para condenados por crimes sexuais contra menores. O fato é que hoje, um adulto condenado à pena igual ou superior a sete anos de prisão, cuja periculosidade tenha sido constatada, está sujeito à supervisão eletrônica móvel desde que esta seja reputada indispensável para prevenir a reincidência. A medida "pós-pena" dura dois anos a partir do momento em que termina a privação de liberdade, podendo ser prorrogada por até duas vezes conforme a gravidade do caso (art. 131-36-10, CP francês). É necessário o consentimento do condenado, porém se este não assentir, ficará sujeito a uma nova pena de prisão de cinco ou sete anos de duração (art. 131-36-1, CP). Ainda quanto à aplicabilidade destas novas "medidas" ao sujeito que já cumpriu sua pena, não surpreende apenas a legislação francesa, mas também a espanhola, quando um projeto[373] de reforma

---

[373] ESPANHA. Congresso Nacional. <http://www.congreso.es/portal/page>, acesso em 20 jun. 2010. "Se modifica el artículo 94, que queda redactado como sigue: 4ª Cumplida la condena, decretar libertad vigilada por tiempo de hasta dos años."

do Código Penal espanhol foi apresentado em dezembro de 2006.[374] Neste, a proposta no seu art. 94 era adotar, dentre as penas restritivas de direitos, a "liberdade vigiada" (*libertad vigilada*) para delinquentes "reincidentes e habituais" válida por até dois anos após o cumprimento da pena, por meio do monitoramento eletrônico.

Conforme visto, existem, nos diversos ordenamentos jurídicos, muitas formas distintas de utilização do monitoramento eletrônico, que pode utilizado como forma de cumprimento da pena em seus estágios iniciais (como ocorre na Inglaterra), no campo da prisão preventiva ou mesmo liberdade mediante fiança (como em Estados Unidos, Portugal, Argentina), com a prisão domiciliar (como na Suécia), como programas visando às últimas etapas do cumprimento da pena (como na Inglaterra e no México), como programa voltado à obtenção da liberdade condicional, com finalidade laboral (como ocorre na Austrália), como parte de programas específicos de reinserção social (em algumas partes dos Estados Unidos), enfim.[375] Em se tratando de um trabalho mais focalizado nas realidades brasileira e espanhola, e considerando que a primeira ainda é muito incipiente, passaremos a analisar, com maior atenção, o modelo espanhol, conforme o magistério de Montesinos-García.[376]

a) *Modalidade de execução de pena privativa de liberdade no regime aberto*: o art. 86.4 do Real Decreto n° 190/1996 aprovou o Regulamento Penitenciário Espanhol, que abarcou a utilização de novas tecnologias como meio de controle de presos e adotou como novidade no regime aberto, excetuando-os da permanência das 8 horas diárias de cárcere e do pernoite, desde que cumpridas certas condições. Assim, deverão ficar no cárcere apenas pelo período de tempo necessário para eventuais tratamentos, entrevistas e controles presenciais. Além disso, o art. 71 do Regulamento também proclamou que as medidas de segurança devem seguir os princípios da necessidade e da proporcionalidade e serão executadas sempre com o respeito devido à dignidade e aos direitos fundamentais, também preferindo os meios telemáticos de controle quando possíveis. Pessoas com problemas comportamentais graves talvez necessitem programas intensivos de tratamento e de acompanhamento mais direto antes de serem colocadas sob vigilância eletrô-

---

[374] TORRES ROSEL, Núria. La supervisión electrónica de penados: propuestas y reflexiones desde el Derecho comparado. *Revista Aranzadi de Derecho Penal y Proceso Penal*, n. 19, p. 71-91, 2008.

[375] MONTESINOS GARCÍA, Ana. Pulseras electrónicas y derechos fundamentales. *Revista Jurídica Valenciana*, disponível em <www.tirantonline.com>, acesso em 20 jun. 2008.

[376] Ibidem.

nica, como é o caso de dependentes químicos e agressores sexuais, conforme reza o art. 116 do mesmo Regulamento. Em todo o caso, geralmente o tempo de permanência exigido do sujeito em sua residência é de 8 horas diárias, podendo haver exceções conforme o caso. A responsabilidade pela manutenção do equipamento é da pessoa monitorada. Na prática, a Junta de Tratamento considera caso a caso conforme os estudos realizados pela Equipe Técnica, a fim de analisar se é ou não cabível a aplicação do monitoramento em função do indivíduo, de sua família etc. A recomendação segue até a *"Subdirección General de Gestión Penitenciaria"*, que ao aprovar a medida, determinará ao Centro Penitenciário tal autorização. A partir daí, a Equipe Técnica providencia as condições formais e materiais de instalação do equipamento, bem como coleta os termos de consentimento do sujeito que será monitorado e de seus familiares que com ele residem. O sujeito é notificado e inicia o cumprimento do novo programa. Isto sempre é recomendável nos casos em que o interno tenha trabalho fixo, a fim de que ele possa continuar com sua rotina, no desenvolvimento de suas atividades, inserido socialmente, sustentando a si mesmo e mantendo a estabilidade familiar. A Instrução n° 13/2001 refere que no caso de descumprimento de qualquer medida de controle imposta o sujeito será chamado ao Centro Penitenciário imediatamente para que se explique e para que se adotem as medidas cabíveis.

b) *Controle eletrônico de penas restritivas de direitos, ou como dizem os espanhóis, privativas de direitos*: O art. 48 do Código Penal espanhol refere tais penas como sendo as de privação de residir ou frequentar determinados lugares, proibição de aproximar-se da vítima, ou daquelas pessoas que o juiz determinar o afastamento, as chamadas *ordenes de alejamiento*. Diferentemente de ser o sujeito permanentemente localizado, trata-se aqui de tê-lo afastado de certos lugares ou de certas pessoas. Também o art. 83 do Código Penal espanhol trata de condições para a suspensão da execução da pena como a proibição de frequentar certos lugares ou de aproximar-se da vítima. O próprio art. 88 do Código Penal espanhol possibilita o uso das pulseiras eletrônicas no caso de substituição da pena privativa de liberdade por multa ou por trabalho com a adicional imposição das obrigações constantes do art. 83 já referido. Ainda, o art. 90.2 do mesmo diploma legal confere a possibilidade de impor as mesmas condições do art. 83 ao decretar-se a liberdade condicional. No mesmo sentido os arts. 95.2, 96.3 e 105, ao tratarem sobre as medidas de segurança.

c) *Garantia de efetividade de medidas cautelares pessoais*: uma das formas mais conhecidas deste tipo de aplicação da vigilância eletrônica diz respeito à problemática da violência de gênero, problema grave no Brasil e especialmente na Espanha, onde mais de 7400 mulheres já contam com este tipo de apoio via teleassistência móvel (medida voluntária cuja ordem judicial de proteção é compatível com o uso de pulseiras eletrônicas, e que abrange inclusive apoio psicológico sempre que necessário). A Ley Orgánica n° 1/2004, ao dispor sobre Medidas de Proteção Integral contra a Violência de Gênero, reza em seu art. 64, § 3°:

> El juez podrá prohibir al inculpado que se aproxime a la persona protegida, lo que le impide acercarse a la misma en cualquier lugar donde se encuentre, así como acercarse a su domicilio, a su lugar de trabajo o a cualquier otro que sea frecuentado por ella. Podrá acordarse la utilización de instrumentos con la tecnología adecuada para verificar de inmediato su incumplimiento. El Juez fijará una distancia mínima entre el inculpado y la persona protegida que no se podrá rebasar, bajo apercibimiento de incurrir en responsabilidad penal.

Isso começou a ser utilizado na questão da violência de gênero em 1999, na Cataluña. Depois, Madrid e Mallorca também começaram a utilizar o mecanismo, em autêntico pioneirismo do sistema espanhol. Outras formas de utilização desses mecanismos como medidas cautelares também podem ser empregadas como no caso de preso enfermo, quando sua situação recomende a permanência em casa ou em hospital, sem a necessidade da custódia humana, tão onerosa aos cofres públicos, bem como quando funcione como alternativa à prisão preventiva, em alguns casos como o previsto pela Ley n° 4/1985, de *extradición pasiva*, art. 8.3.

d) *Localização permanente*: como pena é novidade. É oriunda da prisão domiciliar, considerada leve e aplicável tão somente a penas de "falta" (semelhantes às contravenções e aos crimes de pequeno potencial ofensivo da legislação brasileira). Embora o art. 48 do CP espanhol, ao tratar das penas chamadas privativas de direito, admita expressamente a adoção de meios tecnológicos, o art. 37, que trata especificamente sobre a localização permanente, nada prevê acerca de tecnologias. O problema é que a pena de localização permanente é privativa de liberdade e, portanto, não admite a extensão do art. 48, que versa sobre "privativas de direitos". Mesmo assim, a *Circular de la Fiscalía General del Estado* 2/2004 menciona os meios eletrônicos para o caso de localização permanente como pauta geral e mesmo não tendo *status* de lei, vem sendo utilizada, na prática, como forma de legitimar este emprego, desde que haja o consentimento do acusado. Aliás, nesse sentido, o Real Decreto n° 515/2003 (que trata da prestação de serviços à comunidade e da localização permanente, além de algumas medidas de segurança e da suspensão da execução de penas privativas de liberdade) propôs em seu art. 14 a utilização de meios telemáticos, exigindo o consentimento do condenado e de seus familiares como requisito.

O ordenamento jurídico espanhol não prevê a vigilância eletrônica junto à liberdade condicional. Entretanto, Rodríguez-Magariños não se opõe à sua utilização, na prática, ainda que diante de previsão legal específica, tendo em vista o caráter infrarregulamentar sustentado no princípio geral de direito de "quem pode o mais, pode o menos", bem como no consentimento do condenado. Porém, o autor[377] critica a utilização do monitoramento no caso do livramento condicional quando atribuída a função de vigilância ao pessoal do serviço social que acompanha (ou deveria acompanhar) o sujeito. Ademais, segundo ele, não deixa de soar estranho situar este mecanismo justamente quando o Estado pretende dar mostras de sua confiança no sujeito sob prova.

Por fim, cabe relatar que a Espanha utiliza o monitoramento eletrônico de forma irregular pelo seu território, não apresenta o mesmo avanço tecnológico na área como outros países, a exemplo dos Estados Unidos. Ademais, nem sempre houve uma preocupação normativa no estabelecimento de regras bem definidas com suporte das garantias mínimas. Isto é preocupante, pois o Brasil segue no mesmo rumo, salvo melhor juízo, inadequado pela falta de detalhamento, de preocupação e de definições básicas na aplicação deste tipo de vigilância. Ninguém questiona a importância deste mecanismo em sociedades com tecnologia de vanguarda, e este é um caminho sem volta. Porém, não se pode abrir mão dos cuidados necessários em relação aos fundamentos jurídicos e constitucionais na aplicação destas tecnologias. Aliás, Ferrajoli[378] sempre destaca o aspecto esquizofrênico do ordenamento penitenciário diante do paradoxo em tentar-se compatibilizar a ideia de castigo com a de colaboração voluntária do interno no tratamento. Neste sentido, vale dizer que o controle eletrônico não é um fim em si mesmo, mas um instrumento que se for bem utilizado pode resultar na reinserção social do condenado... ou então, caso contrário, poderá resultar num indivíduo adestrado, domesticado para comportar-se bem temporariamente, sem qualquer comprometimento interno de

---

[377] RODRÍGUEZ-MAGARIÑOS, Faustino Gudín. *Cárcel electrónica*: bases para la creación del sistema penitenciario del siglo XXI. Valencia: Tirant lo Blanch, 2007, p. 128-129.

[378] FERRAJOLI, Luigi. *Derecho y Razón*: Teoría del Garantismo Penal. Madrid, 1995, p. 410.

mudança. Por isso, González Navarro[379] diz, com acerto, que "o poder domesticador do Estado é uma ilusão vã ao pretender que de um ambiente intimidatório e hostil saiam homens amantes da paz e com capacidade e disposição para ganhar seu sustento de forma honrada".

Pesquisadoras da *George State University*, nos Estados Unidos, realizaram importante pesquisa tratando de averiguar a efetividade do monitoramento eletrônico em relação a condenados por crimes violentos do sexo masculino. Alguns dados curiosos apareceram e merecem ser transcritos. Em 1995, 149 mil presos foram liberados mediante *parole*, sendo que um terço eram pessoas que cometeram crimes violentos, o que sempre deixa a população, de um modo geral, amedrontada. No entanto, estudos costumam demonstrar o baixo índice de reincidência em crimes violentos quando comparados a crimes contra o patrimônio ou relacionados a drogas. Também as estatísticas demonstram, apenas para ilustrar, que em 1983, 62.5% dos presos liberados de prisões em 11 estados norte-americanos foram novamente presos dentro de um período não superior a três anos. Assim, as estatísticas, segundo as pesquisadoras referidas, indicam que essas pessoas geralmente são presas novamente pelo mesmo tipo de crime que as levou inicialmente à prisão.[380] Julgamos tais dados relevantes, considerando que as expectativas postas sobre o monitoramento eletrônico, no mais das vezes, não possuem evidências científicas. O próprio trabalho do qual nos valemos neste momento refere a inexistência de pesquisas a respeito de a capacidade do monitoramento reduzir a criminalidade, mesmo em relação ao acompanhamento de *parole* com supervisão eletrônica em grupos de criminosos violentos. Embora estes dados sejam de um trabalho publicado em 2002, e de lá para cá certamente muito mais foi pesquisado, julgamos oportuno trazer o estado-da-arte[381] até então para um possível acompanhamento histórico deste mecanismo ainda tão desconhecido por nós, brasileiros. Portanto, a riqueza da pesquisa ora em comento está em examinar a efetividade do monitoramento na supervisão de *parole*, comparando índices de retorno à prisão bem como o período que o sujeito levou para reincidir no comportamento criminoso. O trabalho acompanhou um grupo de

---

[379] GONZÁLEZ NAVARRO, Francisco. Poder domesticador del Estado y derechos del recluse, en *Estudios sobre la Constitución Española* (Homenaje al Profesor García de Enterría) tomo II, De los derechos y deberes fundamentales, Madrid, 1991, p. 1059-1089.

[380] FINN, Mary A.; MUIRHEAD-STEVES, Suzanne. The effectiveness of electronic monitoring with violent male parolees. *Justice Quarterly*, online publication, 19:2, p. 293-312.

[381] Ibidem.

delinquentes considerados violentos (vigiados eletronicamente) e comparou com outro, com as mesmas características, porém não monitorado.

Ao tempo da publicação deste trabalho, não se conhecia nos Estados Unidos o número de pessoas submetidas à vigilância eletrônica, porém se sabe que em 1988 eram 2300, e que em 1992/1993 este número alcançava entre 50 e 70 mil. Já em 1995, mais de 88% dos indivíduos controlados por todas as agências locais e estaduais de *parole* estavam sob vigilância eletrônica. Esse número não parou de aumentar, pois de uma medida empregada inicialmente apenas para prisões domiciliares (*house arrest*), passou a ser utilizada em relação à criminalidade juvenil e, depois, como um componente adicional na supervisão de indivíduos sob *probation* ou sob *parole*.[382]

O monitoramento iniciou com o propósito de reinserção social do condenado, na medida em que exigia seu engajamento em programas formativos, laborais ou de tratamento, quando fosse o caso, bem como modo de reduzir os custos de um sistema penitenciário saturado e pesado. Ademais, o simples fato de evitar a exposição, por mais tempo, do condenado ao ambiente perverso e criminógeno do presídio também consiste em um ganho incontestável, afora a vantagem de ser percebido pela população como uma medida de "controle ou vigilância", não sendo percebido como um instrumento *"soft on crime"*. Entretanto, as pesquisas consultadas e referidas no trabalho das estudiosas da *George State University* confirmam que não é o monitoramento que logra êxito na redução da reincidência, mas os programas de reinserção social que lhe servem como condição e que, indiretamente, é o que contribui de forma decisiva para o sucesso do resultado. As pesquisadoras também trazem à colação estudos que informam que de 70 a 94% dos monitorados completam com êxito sua medida, mas criticam o fato de eles não trabalharem dados como reincidência, retorno à prisão, ou metodologicamente falando, sequer utilizam grupo de comparação.

Assim, a pesquisa[383] baseou-se na seleção de dois grupos: o primeiro era formado por homens condenados por crimes violentos monitorados eletronicamente, e o segundo, por sujeitos não monitorados no momento da supervisão da *parole (back end)*. A hipótese versava sobre os monitorados apresentarem menor probabilidade de retorno à prisão ou mesmo de permanecerem na comunidade

---

[382] FINN, Mary A.; MUIRHEAD-STEVES, Suzanne. The effectiveness of electronic monitoring with violent male parolees. *Justice Quarterly*, online publication, 19:2, p. 293-312.
[383] Ibidem.

mais tempo, sem delinquirem, do que os não monitorados. Trabalhou-se com um grupo de controle para fins de comparação: assim, o grupo monitorado tinha 128 casos selecionados, enquanto o grupo dos sujeitos não monitorados tinha 158. A reincidência foi considerada como sendo o retorno à prisão ocorrida no período entre três e quatro anos após o cumprimento da *parole*. A média era composta por homens não brancos, idade aproximada de 33 anos, com grau de instrução inferior ao ensino médio (*high school*), e sem problemas reportados de álcool ou outras drogas. Eram pessoas que cumpriram uma média de 4.6 anos de prisão por roubo, haviam sido presas antes ao menos uma vez, e já tinham ao menos uma condenação por crime grave (*felony*). No período de 150 dias após o início da supervisão da *parole* nenhum indivíduo controlado eletronicamente havia fracassado, ao passo que quatro do grupo de controle (não monitorado eletronicamente) já estavam presos novamente. Um ano depois, quatro indivíduos monitorados voltaram à prisão, enquanto 15 daqueles não monitorados também retornaram. Nos quatro anos posteriores a diferença não foi significativa. Isto parece demonstrar a importância do monitoramento no primeiro ano de "*parole supervision*". A respeito de questões específicas, vale registrar que os sujeitos que relataram problemas com drogas (uso ou dependência) apresentaram 2.8 vezes maior probabilidades de retornar à prisão no período de *follow-up* da pesquisa. Já os delinquentes sexuais apresentaram 4.3 vezes maior probabilidade de voltar ao cárcere do que os criminosos patrimoniais, porém os criminosos sexuais colocados sob monitoramento passaram a apresentar 0.18 vezes menor probabilidade neste retorno se comparados aos que não estavam monitorados. Assim, a conclusão foi a de que o monitoramento eletrônico, por si só, nada indica em termos de melhora nos índices de reincidência ou retorno à prisão. O caso específico dos usuários ou dependentes de drogas apenas confirma o que outras pesquisas já indicavam: de fato, usuários ou dependentes possuem maiores probabilidades neste retorno à prisão; entretanto, os criminosos sexuais que, em geral, dentre os criminosos violentos, costumam apresentar maior probabilidade de retorno ao cárcere, quando colocados sob monitoramento tiveram essas probabilidades reduzidas. As autoras apontam que este dado não surpreende, considerando-se que pesquisas indicam que programas interventivos na vida do sujeito, como este, funcionam melhor em "clientes de alto risco". Neste trabalho de investigação não se conseguiu identificar exatamente quais as razões para este resultado no tocante aos criminosos sexuais violentos. Restou concluir que o monitoramento eletrônico não possui efeito reabilitador ou mesmo preventivo no comportamento destes indivíduos, exceto no caso dos criminosos sexuais. Porém, entender o "como" e o "por que" isto ocorre são dúvidas que não lograram ser respondidas ainda.[384]

No ano 2000, uma pesquisa[385] realizada no Canadá demonstrou que durante a execução dos programas não houve incidentes, e os sujeitos monitorados cumpriram com as expectativas esperadas. O problema apareceu após o final do cumprimento da medida, e os índices de reincidência acabaram retornando ao normal, em níveis semelhantes, pouco inferiores, aos daqueles que estavam em *probation* sem monitoramento. Foram pesquisados 262 sujeitos monitorados, do sexo masculino, tendo sido concluído não haver um impacto relevante no comportamento criminal, uma vez encerrado o programa. O interessante foi que estes indivíduos estavam sob vigilância eletrônica, mas não havia programa ou tratamento adicional algum. A reincidência tampouco foi reduzida significativamente e os pesquisadores alegaram que os programas foram mal desenhados, aplicados de maneira *standard*, não personalizados. O monitoramento, segundo os próprios pesquisadores, não consiste numa varinha mágica que não precisa de suportes, dizendo que funcionavam como "dar uma aspirina a um grupo com diversos enfermos com diversas patologias, e depois questionar-se o porquê as enfermidades não lograram a cura".[386] Ainda no Canadá, uma pesquisa complementar vem sendo realizada anualmente, apresentando dados muito significativos. São 381 programas estudando os efeitos da vigilância eletrônica sobre o que eles denominam como "delinquentes de alto risco de reincidência". As evidências encontradas não foram animadoras,[387] não tendo sido encontrados resultados diferentes daqueles já tradicionalmente conhecidos.

Tem ficado claro que os resultados costumam ser muito negativos quando os programas não têm objetivos claramente fixados, quando se aplicam por períodos muito longos ou a delinquentes que oferecem pouco risco, pois conforme pesquisas do *National Ins-*

---

[384] FINN, Mary A.; MUIRHEAD-STEVES, Suzanne. The effectiveness of electronic monitoring with violent male parolees. *Justice Quarterly*, online publication, 19:2, p. 293-312.

[385] BONTA, JAMES, WALLACE-CAPRETTA, SUZANNE, ROONEY, JENNIFER. Can Electronic Monitoring make a difference? An evaluation of three Canadian Programs, *Crime & Delinquency*, vol. 46, n. 1, 2000, p. 73.

[386] RODRÍGUEZ-MAGARIÑOS, Faustino Gudín. Nuevas penas: comparación de los resultados de la vigilancia electrónica como sustitutivo de la prisión en los países de nuestro entorno. *Revista de Derecho y Proceso Penal*, 2006-1, n. 15, pp. 135-143.

[387] RENZEMA, MARC/MAYO-WILSON, EVAN. Can electronic monitoring reduce crime for moderate to high risk offenders? *Journal of Experimental Criminology*, n. 1, 2005, p. 1-23.

titute of Justice, nos Estados Unidos, as violações do programa incrementam os riscos de ingresso na prisão. Questiona-se se o problema sobre a efetividade do monitoramento eletrônico é capaz de reduzir o número de sujeitos presos. Ora, se associarmos que descumprimentos de medidas e condições de *probation* são mais efetivamente monitorados e constatados poderíamos imaginar que aumenta o número de presos. Entretanto, este número é quase desprezível estatisticamente,[388] o que não quer dizer que os indivíduos tenham melhorado, mas que o temor à supervisão é mais forte. A verdade é que o monitoramento permite que o sujeito mantenha contato com sua família, mantenha seu trabalho, enfim. Isto é altamente relevante. Porém, um programa sem trabalho definido que proporcione uma independência econômica e sem o compromisso dos familiares do delinquente de participar dos programas planejados costumam resultar em fracasso. Tudo depende se a vigilância eletrônica é usada como substitutivo ao cárcere tradicional ou como uma medida de reforço ao mesmo. Nos Estados Unidos, por exemplo, Rondinelli[389] afirmou, já em 1998, que o "cárcere eletrônico" não havia servido para reduzir a explosão da população penitenciária.

Os direitos fundamentais em risco são o direito à intimidade, à honra e à imagem, previstos pelo art. 18.1, da Constituição espanhola, bem como pelo art. 12 da Declaração dos Direitos do Homem, de 1948, e pelo art. 17 do Pacto Internacional dos Direitos Civis e Políticos de New York, de 1966, da mesma forma salvaguardados pela Constituição brasileira, em seu art. 5º. Mesmo assim vale dizer que as pulseiras eletrônicas já possuem um tamanho bastante reduzido de modo a não ficarem tão ostensivas como antes. Sobre a intimidade familiar há que se verificar se os familiares consentem na medida, pois sofrem, inevitavelmente, o constrangimento de chamadas telefônicas na madrugada, ao seu domicílio. Também o fato de apenas alguns presos possuírem trabalho, residência e telefone, o que possibilita o acesso ao monitoramento, acaba ferindo, inevitavelmente, o princípio da igualdade, pois a maioria não tem acesso a estes pré-requisitos para o alcance da vigilância eletrônica, o que pode fomentar, ainda mais, a discriminação social, fazendo com que a execução da pena se torne mais gravosa a uns, e menos a outros. Por fim, há que se questionar se a aplicação deste mecanis-

---

[388] RODRÍGUEZ-MAGARIÑOS, Faustino Gudín. Nuevas penas: comparación de los resultados de la vigilancia electrónico como sustitutivo de la prisión en los países de nuestro entorno. *Revista de Derecho y Proceso Penal*, 2006-1, n. 15, p. 135-143.

[389] RONDINELLI, V. Tracking humans: the electronic bracelet in a modern world. *Criminal Lawyers Association Newsletter*, agosto de 1998.

mo atinge a integridade física e moral do portador, protegidas pelo art. 15 da Constituição Espanhola, e igualmente pela Constituição Brasileira, que proíbe as penas degradantes, inumanas ou crueis.

Tem-se questionado o fato de o bracelete, pulseira ou tornozeleira eletrônicos serem visíveis, comprometendo a autoestima do sujeito. Ora, isto tem dois pontos de vista:[390] evidentemente ainda não existe mecanismo que seja imperceptível, de modo que sim, é possível que o equipamento seja visualizado por terceiros, criando certo constrangimento a seu usuário. Entretanto, ainda assim este mecanismo parece ser a opção menos prejudicial e menos criminógena do que uma prisão propriamente dita. Por outro lado, a permanente percepção do sujeito de que está sendo monitorado traz a sensação de que ainda deve seguir certas rotinas e horários, lembrando-o de que, caso não possa cumprir alguma delas, deve contatar seu supervisor. Sendo assim, parece-nos um mal dos menores este certo "incômodo" em ter que portar o equipamento. Já se oferece, nos Estados Unidos, a opção da "invisibilidade" do equipamento, já que um chip pode ser colocado de forma subcutânea no indivíduo. Apesar do conforto derivado da portabilidade, certamente os riscos da colocação e da retirada do aparato, à saúde humana provavelmente não compensarão esta alternativa; além disso, sua não extração poderia converter-se em eterna fonte de dados, assim como permanente localização da pessoa

Afora tudo o que foi dito, a legislação em geral preconiza garantir a dignidade, a integridade e a vida privada dos monitorados, inclusive regrando bancos de dados onde devem constar todas os dados pessoais acumulados durante o transcurso da supervisão, e que pode ser acessado pela Polícia Judiciária para fins de investigação. A criação de Bancos de dados referentes às empresas e aos requisitos para suas habilitações neste ramo tecnológico também precisam ser controladas e regulamentadas.

Que toda a pena carrega em si uma dose retributiva não há dúvida, mas discordamos que este deva ser seu objetivo. Assim, quando o monitoramento acompanha uma pena ou medida de segurança é importante que não seja revestido de um caráter retributivo, mas tão somente da inevitável carga de prevenção especial (em parte negativa, em parte positiva). Aliás, o que se recomenda é que o monitoramente venha sempre acompanhado de medidas

---

[390] TORRES ROSEL, Núria. La supervisión electrónica de penados: propuestas y reflexiones desde el Derecho comparado. *Revista Aranzadi de Derecho Penal y Proceso Penal*, n. 19, p. 71-91, 2008.

"ressocializadoras" (em que pese a polêmica da terminologia), seja em forma de atividades laborais, formativas ou mesmo assistenciais em geral. Exemplo disso foi a iniciativa do ex-Ministro do Interior espanhol José Antonio Alonso (PSOE), que iniciou um programa, em 2005, para acompanhamento eletrônico via GPS, durante as 24 horas do dia, de condenados por crimes sexuais que saíam da prisão, além de fomentar, como complemento, a inserção destes sujeitos em programas de reabilitação para violadores.[391]

Outra forma de trabalhar-se com monitoramento eletrônico e que pouco tem sido referida e estudada, é na área das medidas de segurança, o que já fica como sugestão ao próprio legislador brasileiro. Como substitutivos de medidas de segurança de internação (e claro, das medidas de segurança não privativas de liberdade também) as tecnologias de monitoramento podem ser utilizadas. Sabe-se que apesar do desenvolvimento das instituições hospitalares psiquiátricas, não há condições para atenderem a todos os que delas necessitam. Ademais, em muitos casos a internação não é necessária e bastaria um acompanhamento vigiado. Também se sugere que o juiz fixe em qual Centro Ambulatorial o indivíduo deve ser levado em caso de necessidade, preferencialmente o mais próximo de sua residência. Como Rodríguez-Magariños refere:[392] "*Supervisando telemáticamente que se cumple el tratamiento, la sociedad puede tener la certeza de que el paciente cumple con las exigencias del mismo, y que por lo tanto no reviste el peligro que justificaba su reclusión*". No mesmo sentido Schüler-Springorum[393] afirma: "*el fin de la política penal es neutralizar, frenar la criminalidad*". E complementa Rodriguez-Magariños:[394]

> El problema surge cuando se advierte la patente inidoneidad de la cárcel para obtener los fines preventivo-especiales y, en concreto, la resocialización. Aunque junto a ello, hay que admitir también que hoy por hoy, la prisión es una necesidad irrenunciable. Salvar esta contradicción, debe suponer al menos, potenciar la utilización de penas alternativas y, mientras que la prisión deba seguir siendo utilizada, la apertura máxima de la cárcel a la sociedad.

Para a teoria dialética da pena, de Roxin, a fase legislativa prima pela prevenção geral negativa, pela a intimidação geral; na fase de aplicação da pena o enfoque é a prevenção especial sobre a geral,

---

[391] RODRÍGUEZ-MAGARIÑOS, Faustino Gudín. *Cárcel electrónica*: bases para la creación del sistema penitenciario del siglo XXI. Valencia: Tirant lo Blanch, 2007, p. 125-126.

[392] Idem, p. 134.

[393] *Apud* idem, p. 139.

[394] Ibidem.

destacando-se os princípios da culpabilidade e da proporcionalidade; ao final, durante a execução da pena prevalece, com destaque, a prevenção especial. Sua conclusão é sempre no sentido de que a execução da pena somente pode vir justificada se objetivar a reinserção social do condenado na comunidade. Evidentemente, se o indivíduo rechaça esta possibilidade, a pena acaba adquire uma feição tão somente retributiva, ainda que não tenha sido este o objetivo. Daí novamente a importância de trazermos Rodriguez-Magariños[395] à colação:

> Aparece en el horizonte la posibilidad de forjar un nuevo sistema penitenciario donde el encierro pase de ser la regla general a la excepción. Los establecimientos de reclusión quedarían reservados para aquellos internos más recalcitrantes, peligrosos e irreductibles y para los períodos iniciales de los delincuentes que hubieren cometido delitos graves. Pero eso es el futuro, de momento la vigilancia electrónica debe cubrir un importante papel para la obtención del tercer grado penitenciario, facilitando el paulatino vaciamento de los centros de reclusión. La vigilancia eletrónica no es una varita mágica ni es la panacea, ni cubre - y menos hoy en día - todos los anhelos, pero indudablemente es el principio del fin de un sistema penitenciario basado en un axioma absurdo: encerrar, desocializar a un individuo para hacer de él un hombre apto para vivir en sociedad. [...] Si no se guardan las debidas cautelas, si se desprecian las garantías, la cárcel electrónica pasará de ser un vehículo de modernización y humanización de nuestro sistema penitenciario a un instrumento adicional de opresión.

Ressocializar não é um mito, mas pretender fazê-lo colocando alguém atrás das grades é. Não cremos ser necessário evitar esta terminologia, pois os condenados em geral (e basta analisar-se quem é o "condenado" nos presídios do mundo todo) precisam de assistência na esfera social. Defender este suporte assistencial não nos parece pejorativo,[396] pelo contrário, seria uma hipocrisia dizer o oposto. Neste sentido ilustra Rodríguez-Magariños:[397] *"Bajo mi punto de vista el gran cáncer que ha debilitado la idea de la cárcel tradicional no ha sido su dureza, sino el desengaño por su falta de efectividad a la hora de abordar la idea de rehabilitación"*.

Por isto, não vislumbramos a visão utilitarista das penas como algo totalmente desarrazoado. A busca por maior eficácia e por soluções no terreno de sua aplicação tem sido relevante e não deve ser negada. É logicamente interessante a respeito da vigilância eletrô-

---

[395] RODRÍGUEZ-MAGARIÑOS, Faustino Gudín. Nuevas penas: comparación de los resultados de la vigilancia electrónico como sustitutivo de la prisión en los países de nuestro entorno. *Revista de Derecho y Proceso Penal*, 2006-1, n. 15, pp. 135-143.

[396] Idem. *Cárcel electrónica*: bases para la creación del sistema penitenciario del siglo XXI. Valencia: Tirant lo Blanch, 2007, p. 156.

[397] Idem, p. 162.

nica o fato de privilegiar o direito da vítima a ser ressarcida de seus prejuízos, pois permite que o condenado trabalhe e, com uma parte proporcional a seu salário, assuma suas responsabilidades. Isto não deve ser visto como trabalho forçado, pois se não quiser, não precisa realizá-lo, mas é condição para não voltar ao cárcere. O que preocupa é quando o utilitarismo busca resultados desligando-se de considerações éticas (tema especialmente percebido na contemporaneidade em reação às catástrofes ambientais). Assim, a visão utilitária e pragmática sobre o monitoramento eletrônico precisa ser concebida com muita cautela, colocando-se a dignidade da pessoa humana em primeiro lugar. O sujeito monitorado não pode ser percebido apenas como um objeto de supervisão, mas como alguém dotado, antes de tudo, de dignidade e de liberdade.[398]

A solução mais adequada parece encontrar-se em um meio-termo entre o pragmatismo e a pura especulação teórica. A vantagem do "cárcere eletrônico" é que permite ressocializar dentro da sociedade, não se incorrendo na contradição de aprender a ser livre entre muros.

O debate acerca destas medidas não pode passar ao largo da análise criminológica sobre a efetividade do mecanismo. Para isso é preciso abandonar-se a fantasia sobre a "modernização da Justiça Penal" e racionalizar-se o discurso à luz da teoria constitucional penal, dos fins da pena e, claro, debruçar-se sobre pesquisas científicas sobre o tema.

A Instrução nº 13/2001 indica que este tipo de vigilância ora estudado ressalta os princípios inspiradores do regime aberto previstos pelo art. 83.2, do Regulamento Penitenciário espanhol: atenuação de medidas de controle, autorresponsabilidade do condenado, integração social, evitação da desestruturação familiar e coordenação com as instâncias comunitárias de reinserção. Afora isso também se pode dizer que a sensação de segurança que a vítima adquire ao saber que o agressor está monitorado também é, inegavelmente, uma vantagem que este tipo de medida oferece.[399]

Por outro lado, há que se ter consciência que os sujeitos que podem ter acesso à vigilância eletrônica são poucos, apenas aqueles que têm uma residência, telefone, trabalho etc. Pessoas com maiores necessidades de reinserção social acabam não podendo gozar dessas medidas.

---

[398] RODRÍGUEZ-MAGARIÑOS, Faustino Gudín. *Cárcel electrónica*: bases para la creación del sistema penitenciario del siglo XXI. Valencia: Tirant lo Blanch, 2007, p. 164-165.

[399] MONTESINOS GARCÍA, Ana. Pulseras electrónicas y derechos fundamentales. *Revista Jurídica Valenciana*, disponível em <www.tirantonline.com>, acesso em 20 jun. 2008.

Assim que o mais importante não é definir se somos a favor ou contra a vigilância eletrônica, mas sim determinar em quais casos e sob o manto de quais garantias deve se produzir sua incorporação ao sistema penal penitenciário.

Não existe um "direito" ao monitoramento eletrônico.[400] Trata-se de uma decisão tomada com base em diversas fontes, incluindo a própria administração penitenciária e o *local probation service* que acompanha o indivíduo.

Quanto à análise de custos econômicos tampouco cabe qualquer ilusão. Este aparato tecnológico necessita pessoal qualificado para sua operacionalização. Esta modalidade de controle gera um custo não alternativo, mas praticamente adicional aos custos já gerados pelo sistema carcerário gigantesco contemporâneo,[401] já falido especialmente no Brasil. Aliás, no Brasil escuta-se dizer que haverá uma economia ao se utilizar os equipamentos eletrônicos na vigilância penal. O custo da utilização da vigilância eletrônica seria de aproximadamente R$ 600,00 (seiscentos reais) mensais por detento. Desse modo haveria uma economia que seria feita com a implementação do novo modelo de vigilância. Se de fato são estes os valores, compete ressaltar que essa suposta economia só ocorreria, de fato, se todos ou a maior parte dos encarcerados passassem a ser submetidos à vigilância eletrônica e não mais precisassem retornar aos estabelecimentos penais. No entanto, os condenados que poderão ser atingidos pela nova medida, via de regra, não estão em regime fechado. Então, ao que parece, haverá sim um aumento nos investimentos com o sistema penitenciário, pois são os mesmos condenados que estão em progressão de regime ou em liberdade condicional que passarão a utilizar os equipamentos eletrônicos ao valor de seiscentos reais mensais. Ou seja, a utilização do monitoramento eletrônico atingirá aqueles que já se encontram fora dos estabelecimentos prisionais, não havendo como afirmar-se que isto possa auxiliar na diminuição da população carcerária.[402]

Em tempos de explosão de população carcerária em todo o mundo, nada mais rentável. Para nós, brasileiros, que temos um dos piores sistemas carcerários do mundo, esta realidade interna-

---

[400] SNOW, Penny. Electronic monitoring of offenders. *International Review of Law Computers & Technology*, v. 13, n. 3, p. 405-413, 1999.

[401] TORRES ROSEL, Núria. La supervisión electrónica de penados: propuestas y reflexiones desde el Derecho comparado. *Revista Aranzadi de Derecho Penal y Proceso Penal*, n. 19, p. 71-91, 2008.

[402] ZACKSESKI, Cristina. A imposição das tornozeleiras. *Boletim do Instituto Brasileiro de Ciências Criminais:* São Paulo, ano 17, n. 199, p. 6-8, junho 2009.

cional comparada pode não parecer tão grave assim. Entretanto, vale dizer que em 2002 o Reino Unido teve 7% de incremento apenas em relação a 2001; entre 1996 e 2000, as cifras adicionais foram: Grécia com 53% a mais, Japão com 24%, Hungria com 23%, Áustria com 19%, Nova Zelândia com 15%, Alemanha com 11%, Itália com 12% e Bélgica com 7%.[403]

Nos Estados Unidos, país com a maior população penitenciária mundial (em números absolutos e proporcionais), embora berço do monitoramento eletrônico, a explosão continua. Em termos de monitoramento eletrônico, no mesmo país, antes de 1988, havia 2300 criminosos supervisionados eletronicamente, ao passo que em 1998 eram 95 mil, resultado um aumento de 4200%. E a população carcerária continou a crescer vertiginosamente, mesmo assim: em 1980, a população carcerária era de 328.695 presos;[404] em 2004 já alcançava 2.085.620 presos.[405] Daí que a simples adoção desse tipo de medida não reduz, por si só, a criminalidade. O fato dos condenados em saídas especiais usarem pulseiras, coleiras ou tornozeleiras não significa que elas tenham efeito preventivo, pois elas oferecem apenas a possibilidade de rastrear os condenados e não de saber o que estão fazendo. Além disso, a identificação de sua posição geográfica não significa que os crimes, quando praticados, ocorrerão no local onde os condenados se encontram. Também não está clara na descrição dos equipamentos utilizados a forma com que serão feitos os controles "fisiológicos", como é o caso da ingestão de bebidas alcoólicas.[406] As pesquisas aqui trazidas demonstram isso. Por esta razão Montesinos-García[407] é muito clara no sentido de que a esperada redução nos índices de encarceramento dado ao emprego da vigilância eletrônica nos Estados Unidos simplesmente não ocorreu, ao contrário do que se esperava.

Na Espanha, dentre os dados mais preocupantes que envolvem a população penitenciária está a mortalidade. De janeiro de 2001 a novembro de 2005, morreram 806 reclusos (em custódia), sendo que apenas 296 (36%), de morte natural. Também as patologias psiquiátricas como a depressão (grave, que leva ao suicídio) já se converteu

---

[403] RODRÍGUEZ-MAGARIÑOS, Faustino Gudín. *Cárcel electrónica*: bases para la creación del sistema penitenciario del siglo XXI. Valencia: Tirant lo Blanch, 2007, p. 139.

[404] Idem, p. 163.

[405] Idem, p. 170.

[406] ZACKSESKI, Cristina. A imposição das tornozeleiras. *Boletim do Instituto Brasileiro de Ciências Criminais:* São Paulo, ano 17, n. 199, p. 6-8, junho 2009.

[407] MONTESINOS GARCÍA, Ana. Pulseras electrónicas y derechos fundamentales. *Revista Jurídica Valenciana*, disponível em: www.tirantonline.com, acesso em 20 jun. 2008.

na segunda causa de mortes entre os presos, perdendo apenas para as mortes naturais.[408] Sobre o perfil do preso espanhol[409] vale dizer que 90,74% homens, 94,56% com salários que não superam o dobro do salário médio interprofissional, 52,34% são usuários ou dependentes de drogas, 24,02% são HIV positivos, e 12,45% padecem de alguma patologia psiquiátrica.

No Brasil, nos últimos oito anos, a população carcerária quase dobrou.[410] No ano de 2000, o total de pessoas confinadas no sistema penitenciário era de 232.755, sendo este número a soma de condenados em todos os regimes de cumprimento de pena (fechado, semiaberto e aberto), mais os presos provisórios e os detentos nas delegacias. De 2000 a junho de 2008, este número cresceu 89%, e a população carcerária saltou para 440.013. No ano de 2000, a taxa de encarceramento era de 140 presos por 100.000 habitantes, tendo aumentado para 232 pessoas confinadas a cada 100.000 em 2008. Quando excluímos os presos em delegacias, a taxa de encarceramento por 100.000 habitantes varia de 105 para 201 no mesmo período.[411]

Além de ser um mercado altamente rentável, o investimento no sistema penitenciário pelo poder público, especialmente em países ditos "em desenvolvimento" como o Brasil, é completamente insuficiente. Ao passo que nos Estados Unidos, em 1989, o custo de um preso, por ano, era de 20 mil dólares no confinamento, além de 25 mil dólares por gastos sociais, na Suécia este custo alcançava 185 mil dólares. Isto sem considerar ainda o investimento com o modelo de monitoramento eletrônico, que, a par da tecnologia em si, exige acompanhamento físico de servidores penitenciários (ou funcionários de empresas privadas) para a fiscalização diária de milhares de pessoas monitoradas em seus programas reabilitadores (a menos que se deseje trabalhar fora do contexto de reinserção social, o que, sem dúvida, é bem mais "econômico" e contraproducente).

Assim, buscar aliviar o sistema carcerário também é questão que desperta interesse econômico. Daí também muito desta "boa

---

[408] RODRÍGUEZ-MAGARIÑOS, Faustino Gudín. *Cárcel electrónica*: bases para la creación del sistema penitenciario del siglo XXI. Valencia: Tirant lo Blanch, 2007, p. 174-175.

[409] Idem. Nuevas penas: comparación de los resultados de la vigilancia electrónico como sustitutivo de la prisión en los países de nuestro entorno. *Revista de Derecho y Proceso Penal*, 2006-1, n. 15, p. 135-143.

[410] Dados disponíveis no site do Ministério da Justiça - DEPEN - INFOPEN. Disponível em <www.mj.gov.br/data/Pages/MJD574E9CEITEMIDC37B2AE94C6840068B1624D28407509 CPTBRIE.htm>, acesso em 27 jul. 2008.

[411] ZACKSESKI, Cristina. A imposição das tornozeleiras. *Boletim do Instituto Brasileiro de Ciências Criminais*: São Paulo, ano 17, n. 199, p. 6-8, junho 2009.

vontade" das administrações em trabalhar com o "cárcere eletrônico". Disso resulta, mais do que nunca, o cuidado em relação à mercantilização do serviço penitenciário, especialmente do setor penitenciário, dado ao volume de demanda que este "setor" oferece. Nos Estados Unidos, por exemplo, o próprio condenado tem que financiar o custo do monitor, conforme sua capacidade financeira. Igualmente em relação aos custos da instalação e da utilização do telefone.[412] Para exemplificar, a *Applied Digital Solution* chegava a receber em torno de 165 milhões de dólares anualmente desenvolvendo tecnologia similar para animais; para humanos trabalhava apenas com braceletes com tecnologia GPS, utilizando o implante de um microchip chamado *"VeriChip"*, único autorizado pelo FDA – Food and Drug Administration – desde 2004.

Resta questionar, então, se o monitoramento eletrônico em países com o Brasil pode realmente ser menos "oneroso" aos cofres públicos considerando-se a hipótese de trabalhar-se com seriedade visando à reinserção social destes indivíduos.

Somente com programas desenhados no sentido de uma reinserção social objetivamente buscada é que pode funcionar, com efetividade, o monitoramento eletrônico. Isto fica claro na medida em que não é um instrumento como fim em si mesmo. O modelo sueco apresenta vantagem neste sentido, orientando-se em duplo sentido: limitar, ao máximo, o número de encarceramentos intramuros e favorecer programas de tratamento e de reinserção social. Nos Estados Unidos, o *National Institute of Justice* e a *American Probation and Parole Association* confirmaram[413] que o controle telemático pode ser positivo quando aplicados por períodos curtos de tempo (entre 60 e 90 dias), já que o nível de cumprimento decresce, segundo eles, após três meses, e ainda, quando combinado com programas de tratamento como no caso do álcool ou outras drogas. E isso tem um custo, evidentemente. Ilustra muito nossa preocupação, e para encerrar, a citação que trazemos de Rodríguez-Magariños:[414]

> La cárcel es el termómetro más fiable de la humanización de la sociedad. Cuanto más considerable sea el trato hacia los seres más desprestigiados del grupo, más humana es la sociedad que les da vida. Por el contrario cuanto más tiránicos sean los gobernantes, más terroríficas serán sus cárceles.

---

[412] RODRÍGUEZ-MAGARIÑOS, Faustino Gudín. *Cárcel electrónica*: bases para la creación del sistema penitenciario del siglo XXI. Valencia: Tirant lo Blanch, 2007, p. 64-68.

[413] Idem, p. 70-72.

[414] Idem, p. 177.

5.3.3. Registro "online" de delinquentes sexuais

O registro de delinquentes sexuais pela rede mundial de computadores tem em vista o fracasso do Estado em não poder assegurar proteção aos cidadãos frente a criminosos sexuais violentos, quando então a sociedade passar a assumir tal encargo e riscos. Por isso, todos os cidadãos podem ter acesso aos registros,[415] numa evidente aplicação do modelo atuarial, hoje empregado fortemente na área da segurança pública. Quase todos os Estados norte-americanos possuem sistema de registro de delinquentes sexuais, cada qual com seu site disponível pela internet.[416] Via de regra, o funcionamento é o seguinte: após o cumprimento da condenação à pena privativa de liberdade, os delinquentes sexuais são advertidos de sua obrigação em manter registro atualizado anualmente, sempre nos cinco dias subsequentes ao seu aniversário, mas em alguns casos o prazo é menor. Assim, nos casos de criminosos sexuais violentos, o registro deve ser atualizado a cada 90 dias. Se o delinquente sexual não registrar ou não atualizar seus dados, o *site* mostrará um aviso dizendo que ele está em situação irregular (*in violation*) e existe, no próprio *site*, um espaço para que as pessoas enviem informações a respeito de seu paradeiro ao Departamento de Justiça Americano (DOJ).

Os chamados deveres de registro de ex-delinquentes sexuais, de forma vitalícia, foram introduzidos através da Lei *Jacob Wetterling Crimes Against Children and Sexually Violent Offender Registration,* em 1994. Por essa lei vários Estados norte-americanos são obrigados a exigir que seus condenados por crimes sexuais violentos ou por crimes sexuais contra menores se inscrevam nos correspondentes registros públicos. Evidentemente que uma lei desta natureza distribui de forma desequilibrada os riscos entre indivíduo e sociedade, o que significa não apenas um grave prejuízo à intimidade, mas também uma dificuldade a mais na questão da reinserção social, além, é claro, de uma forte ameaça à vida ou integridade daqueles que já cumpriram sua condenação,[417] pois a pena acaba se eternizando. Conhecida lei a respeito chama-se Megan's Law. O nome da lei

---

[415] ASUA BATARRITA, Adela *et al. El pensamiento penal de beccaria*: su actualidad. Bilbao: Universidad de Deusto, 1990, p. 29.

[416] *Megan's Law.* Disponível em: <http://www.klaaskids.org/pg-legmeg.htm>. Acesso em: 19 mar. 2007.

[417] SILVA SÁNCHEZ, Jesús María. El retorno de la inocuización: el caso de las reacciones jurídico-penales frente a los delincuentes sexuales violentos en derecho comparado. In: SANTIAGO REDONDO (org.). *Delincuencia sexual y sociedad* – estudios sobre violencia. Barcelona: Ariel, 2002, p. 151-152.

deve-se ao fato de uma menina de 7 anos de idade, chamada Megan Kanka, ter sido estuprada e morta por um conhecido pedófilo que havia se mudado para a mesma rua da vítima, em New Jersey, sem o conhecimento da família desta. Assim, a família Kanka começou um movimento para que as comunidades pudessem tomar ciência sobre delinquentes sexuais que vivem nas proximidades. Por isso, em maio de 1996, o então Presidente Bill Clinton sancionou a *Megan's Law*. Hoje todos os Estados possuem algum tipo de legislação desta natureza. No mesmo sentido funciona o *Community Empowerment*: um sistema de notificação dos dados obtidos em função do dever de registro para toda a comunidade na qual vive o sujeito, o que sem dúvida gera problemas éticos. Poderia o Estado declarar ilimitado o período de vigência dos antecedentes criminais, bem como torná-los públicos?[418]

Situação paradoxal aconteceu no ano 2000 na Grã-Bretanha, quando então o governo não quis adotar uma lei similar, a chamada *Sara's Law*, a qual permitiria que a população tomasse conhecimento das listagens que a polícia possuía. Porém, o jornal *News of the World* publicou essa relação.

Assim, os Estados Unidos não estão sozinhos neste sentido. A Europa já demonstra caminhar na mesma direção. No mesmo ano o semanário luxemburguês *L'Investigateur* também publicou uma lista de delinquentes sexuais belgas. Ainda em 2000, na Espanha, a Associação de Defesa do Paciente desejava publicar na internet as listagens nominais de médicos condenados por negligência, enquanto em Castilla La Mancha desejava-se publicar a lista por maus tratos domésticos.[419] Atualmente, o informe anual do Governo de Castilla-La Mancha publica um dossiê sem qualquer comentário contendo todas as sentenças condenatórias transitadas em julgado por maus tratos e também violência sexual. Isto ocorre entre 1º de janeiro e 31 de dezembro de cada ano, sempre com o consentimento da vítima.[420]

Voltando aos Estados Unidos, importa registrar que somente no estado da California,[421] onde esta prática iniciou pioneiramente em 1947, são mais de 87 mil pessoas registradas. Este é o maior

---

[418] SILVA SÁNCHEZ, Jesús María. El retorno de la inocuización: el caso de las reacciones jurídico-penales frente a los delincuentes sexuales violentos en derecho comparado. In: SANTIAGO REDONDO (org.). *Delincuencia sexual y sociedad* – estudios sobre violencia. Barcelona: Ariel, 2002, p. 152.

[419] Idem, p. 153-154.

[420] Disponível em <http://www.elmundo.es/elmundo/2007/11/16/espana/1195242483.html>, acesso em 13 jul. 2008.

[421] A população da California, hoje, é aproximadamente de 35 milhões de residentes.

número de registros num estado americano. Existem alguns casos, ao redor de 25%, em que a lei permite ao condenado por delitos sexuais não ter seu endereço ou demais dados revelados na internet. Isto geralmente depende do tipo de crime sexual praticado. Os seguintes Estados norte-americanos possuem este tipo de legislação, a exemplo da Megan's Law: Alabama, Arizona, Arkansas, California, Colorado, Connecticut, Delaware, Florida, Georgia, Hawaii, Idaho, Illinois, Indiana, Iowa, Kansas, Kentucky, Louisiana, Maine, Maryland, Massachusetts, Michigan, Minnesota, Mississippi, Missouri, Montana, Nebraska, Nevada, New Hampshire, New Jersey, New México, New York, North Carolina, North Dakota, Ohio, Oklahoma, Oregon, Pennsylvania, Rhode Island, South Carolina, South Dakota, Tennessee, Texas, Utah, Vermont, Virginia, Washington, Washington, D.C., West Virginia, Wisconsin e Wyoming.

Também o Reino Unido possui legislação similar. A lei *Sex Offenders Act*, de 1997, visa a impor a notificação obrigatória em relação às pessoas que cometeram delitos sexuais.[422] No Brasil (ainda) não existe esta política.

5.3.4. Centros de terapia social

Sabedores dos problemas que envolvem o tratamento do psicopata, especialmente daqueles por este criados no ambiente psiquiátrico ou mesmo penitenciário, há muito vem sendo dito que o ideal são estabelecimentos especiais híbridos: meio hospital, meio prisão. Assim, em 1954 surgiu, na Grã Bretanha, a *East Huber Institution*, e vários outros estabelecimentos similares em seguida. Mas a história e a dificuldade de contar com a cooperação do psicopata no tratamento demonstraram resultados pouco alentadores. Alguns estudos até mesmo demonstraram que um largo período de tempo na prisão deixa o psicopata ainda mais agressivo e desorganizado mentalmente.[423]

Bastante ilustrativo é o caso dos Centros de Terapia Social, previstos para os delinquentes sexuais perigosos dentre as medidas de segurança na Alemanha. Tratava-se de residência em estabelecimento terapêutico-social. Entretanto, a introdução desta modalidade não se deu a título de medida de segurança, mas sim como uma

---

[422] SELFE, David W.; BURKE, Vincent. *Perspectives of sex, crime and society.* London: Cavendish Publishing Limited, 2001, p. 171.

[423] GARRIDO GUZMÁN, Luis. El tratamiento de psicópatas y los establecimientos de terapia social. In: DE LA CUESTA ARZAMENDI, José Luis; DENDALUZE, Iñaki; ECHEBURÚA, Enrique (org.). *Criminología y derecho penal al servicio de la persona.* Libro homenaje al profesor Beristain. San Sebastián: Instituto Vasco de Criminología, 1989, p. 1059.

modalidade de execução da pena de prisão. Ademais, tal instituto pressupõe a aceitação do preso e do diretor do centro, que assume a responsabilidade pela terapia. Ainda assim, isto trouxe inúmeras dificuldades de ordem prática, especialmente de ordem financeira.[424] Por muito tempo estes centros foram uma forma de execução da pena de prisão e, segundo alguns autores, deveriam seguir existindo,[425] especialmente para este tipo de criminoso. Na Alemanha foram abandonados por razões econômicas em 1985.[426]

Nos Centros de Terapia Social[427] eram utilizadas técnicas psicoterápicas individuais, além de terapias de grupo, todas combinadas com medidas educativas, terapêuticas e coercitivas, mediante uma vida em comunidade, como nas comunidades terapêuticas. Mas o alto custo destes centros aliados a resultados pouco convincentes e pesquisas científicas sempre polêmicas também os conduziu ao desaparecimento em algumas legislações, como na espanhola. Aliás, o CP espanhol ficou sem a previsão dos centros de terapia social no rol das medidas de segurança. Segundo Sanz Morán,[428] *"Se precinde así, por otra parte, de un instrumento especialmente indicado, en opinión de sus valedores, para el tratamiento de quienes padecen trastornos de personalidad o psicopatías".*

Cerezo Mir[429] defende os centros de terapia social, cujo modelo é europeu, porque combinam métodos psiquiátrico-sociais (com terapia individual e de grupo) buscando desenvolver, por intermédio de meios psiquiátricos, psicológicos e pedagógicos, a vontade e a capacidade de o delinquente levar uma vida sem conflitos com a lei penal, buscando alcançar uma cooperação ativa no processo de readaptação. O problema é que não existe tratamento com eficácia comprovada em relação aos psicopatas.

---

[424] JESCHECK, Hans-Heinrich; WEIGEND, Thomas. *Tratado de derecho penal*: parte general. 5. ed. Granada: Comares, 2002, p. 91.

[425] Idem, p. 876.

[426] HASSEMER, Winfried; MUÑOZ CONDE, Francisco. *Introducción a la criminología*. Valencia: Tirant lo Blanch, 2001, p. 378.

[427] Ila de Noruega, Van Der Hoeven Klinik na Holanda, Hall na Suécia, Haguenau e Chateau Thierry na França, Hohensasperg, Berlin-Tegel, Düren e Hamburgo-Bergedorf, na Alemanha, Mittersteig na Áustria, Grendon e Henderson na Grã-Bretanha e Mesdag e Pompe nos Países Baixos. Nos Estados Unidos: Patuxent em Maryland e Atascadero na California.

[428] SANZ MORÁN, Ángel José. *Las medidas de corrección y de seguridad en el derecho penal*. Valladolid: Lex Nova, 2003, p. 238.

[429] CEREZO MIR, José. Medidas de seguridad aplicables a las personas exentas de responsabilidad penal por padecer una anomalía o alteración psíquica. In: NIETO MARTÍN, Adán (org.). *Libro homenaje al Dr. Marino Barbero Santos*. Cuenca: Universidad de Castilla-La Mancha, 2001, p. 932.

5.4. AS PRISÕES E O TRATAMENTO

Os tratamentos nesta área têm evoluído muito, mas com uma eficácia limitada. Entretanto, nenhum estudo realizado com adultos infratores pode demonstrar uma redução na reincidência.[430] Até o presente momento não existe tratamento comprovadamente eficaz para portadores de Transtorno de Personalidade Antissocial (nem para psicopatias). Inclusive, um estudo realizado por Rice, em 1997, revelou que os efeitos destes tratamentos poderiam ser contrapro-ducentes ao provocar o aumento de comportamentos antissociais posteriores.[431] A conclusão é que todo tipo de resultado pode ser esperado, dependendo do tratamento. Não se sabe exatamente como reduzir a violência nesses indivíduos.[432] O mesmo se aplica às psicopatias: não se encontrou nenhum tratamento com reconhecida efetividade. A literatura claramente expõe que uma personalidade definida no grupo "B" dos transtornos de personalidade do DSM--IV, especialmente se presente a psicopatia, e em combinação com o abuso de substâncias, coloca este indivíduo em maior risco para a prática de atos violentos.

Até hoje não há avaliações concludentes sobre isto: *"hasta ahora no tenemos un sólo estudio metodológicamente irreprochable que demuestre que disponemos de un método eficaz para tratar a los psicópatas, ya sean éstos jóvenes o adultos"*.[433] Hare afirma que:

> [...] muitos psicopatas participam em muitos programas de tratamento oferecidos pela prisão, mostram sua melhor intenção, manifestam um progresso considerável, convencem aos terapeutas e ao comitê de liberdade condicional de que mudaram e são, consequentemente, liberados.[434]

Daí a importância de estudar o tema com maior dedicação. Um modelo de tratamento minimamente adequado deve apresentar certos aspectos como uma boa base teórica e empírica, intervenção dirigida a modificar estilos de comportamento e habilidades do sujeito e, ainda, um caráter multimodal, ou seja, agregar diferentes

---

[430] QUINSEY, Vernon *et al. Violent offenders:* appraising and managing risk. Washington D.C.: American Psychological Association, 1998, p. 130.

[431] *Apud* NEWHILL, Christina E.; MULVEY, Edward. Emocional dysregulation: the key to a treatment approach for violent mentally ill individuals. *Clinical Social Work Journal*, vol. 30, n. 2, 2002, p. 164.

[432] QUINSEY, Vernon *et al. Violent offenders...*, op. cit., p. 129.

[433] GARRIDO GENOVÉS, Vicente. *Psicópatas y otros delincuentes violentos*. Valencia: Tirant lo Blanch, 1982, p. 68.

[434] Ibidem.

técnicas.[435] Em todo o caso e em relação ao tratamento, algumas indicações importantes podem seguir-se, como refere Lösel:[436] seguir um tratamento intensivo, projetar um ambiente estruturado e positivo, assegurar a integridade do programa, enfatizar a importância da prevenção antes que se consolide a personalidade psicopática, ajustar o programa às necessidades de mudança do indivíduo, fomentar comportamentos não criminosos mediante o uso de recompensas e castigos, aumentar a demora pela gratificação, reduzir as distorções cognitivas que favorecem o comportamento criminoso e fomentar os inibidores do mesmo, ensinar a controlar os impulsos e a resolver os problemas de modo proativo, reduzir a dependência do álcool e das drogas em geral, reforçar a supervisão familiar no cotidiano, dentre tantas.

O que mais chama a atenção é que os profissionais geralmente sentem-se capazes de remediar sintomas como antissociabilidade crônica, anormalidade agressiva e ausência de autocontrole, mas têm dificuldades diante da ausência de remorso ou de culpa, e do egocentrismo patológico.[437] Wong e Hare definem que o objetivo principal de um programa terapêutico para psicopatas deve ser a diminuição da frequência e da gravidade da conduta violenta, e não a modificação das características da personalidade. Estes sujeitos não aprenderão a ser simpáticos, a amar ou a sentir culpa. Trata-se de modificar condutas e pensamentos que originam atos violentos. Sugerem programas de cunho cognitivo-comportamental, conforme o modelo de prevenção de recaídas, muito utilizados para dependentes químicos. Há que se priorizar o reforço positivo sobre o castigo, gerando um ambiente positivo global, assim como controlar a influência negativa e o estilo manipulador dos psicopatas. Mas como vencer a resistência deles? Wong recomenda aproveitar a natureza deles, por exemplo, explorando o característico egocentrismo.[438]

Foi comprovado que tanto o indivíduo *borderline*, como o portador de Transtorno de Personalidade Antissocial e psicopata possuem problemas na área emocional, e os estudos apontam no sentido de que, muito provavelmente, o tratamento para a redução do comportamento violento deva estar exatamente relacionado a

---

[435] FRIEDRICH LÖSEL. ¿Sirve el tratamiento para reducir la reincidencia de los delincuentes sexuales? In: SANTIAGO REDONDO (org.). *Delincuencia sexual y sociedad* – estudios sobre violencia. Barcelona: Ariel, 2002, p. 386-387.

[436] *Apud* GARRIDO GENOVÉS, Vicente. *Psicópatas y otros delincuentes violentos*. Valencia: Tirant lo Blanch, 1982, p. 69.

[437] Idem, p. 70.

[438] Idem, p. 71-72.

isso. Em muitos casos, o indivíduo não consegue controlar sua raiva ou frustração, e acaba agredindo a alguém ou a si mesmo. Para aliviar essa sensação destrutiva, alguns se cortam, outros atacam a terceiros, física ou verbalmente, atiram objetos contra a parede... O desafio, em matéria de tratamento, como afirmam Newhill e Mulvey, consiste em ajudar o paciente a desenvolver mecanismos efetivos para conviver com esta sensação destrutiva sem atentar contra si ou contra os demais.[439]

Ainda que saibamos que o tratamento, nesta seara, é de eficácia duvidosa. Como diz Cerezo Mir:

> Está sin resolver, sin embargo, el problema de lo tratamiento de los psicópatas, en caso de que se les aplique una eximente completa o incompleta de anomalía o alteración psíquica, pues su internamiento en un sanatorio psiquiátrico no es necesário e incluso sería contraproducente y el tratamiento ambulatório puede ser insuficiente.[440]

Sobre o mesmo tema, refere Jescheck:[441] *"Por lo común, los hospitales psiquiátricos nada positivo pueden hacer respecto a tales grupos de personas, mientras que la presencia de éstas perturba notablemente o impide la debida atención a los verdaderos enfermos"*.

O tratamento deve ser visto como programa, ou seja, deve contar com intervenções através das quais as suas avaliações possam testar a própria teoria na qual eles são baseados.[442] Programas para delinquentes sexuais devem ser desenvolvidos dentro de um contexto imperfeito, cujo conhecimento é crescente. Sabe-se mais sobre as possíveis características dos agressores sexuais que sobre a eficácia do tratamento, o que implica a adoção de importantes estratégias para a implantação de um programa sério.[443]

Ainda hoje a proporção de criminosos sexuais que é tratada é pequena em relação ao grupo submetido à pena de prisão. Esses programas costumam ser intensivos e de larga duração, às vezes

---

[439] NEWHILL, Christina E.; MULVEY, Edward. Emocional dysregulation: the key to a treatment approach for violent mentally ill individuals. *Clinical social work journal*, vol. 30, n. 2, 2002, p. 166.

[440] CEREZO MIR, José. Medidas de seguridad aplicables a las personas exentas de responsabilidad penal por padecer una anomalía o alteración psíquica. In: NIETO MARTÍN, Adán (org.). *Libro homenaje al Dr. Marino Barbero Santos*. Cuenca: Universidad de Castilla-La Mancha, 2001, p. 931.

[441] JESCHECK, Hans-Heinrich. *Tratado de derecho penal*: parte general. Granada: Comares, 1993, p. 734.

[442] QUINSEY, Vernon. Treatment of sex offenders. In: TONRY, Michael (org.). *The handbook of crime and punishment*. New York: Oxford University Press, 1998, p. 415-416.

[443] Idem, p. 415.

utilizando medicamentos inibidores do impulso sexual, como, por exemplo, o acetato de ciproterona ou medroxiprogesterona. As terapias servem para desenvolver habilidades sociais específicas nos agressores sexuais, como, por exemplo, o aprendizado quanto à inibição das condutas delitivas e o aprendizado das habilidades de comunicação relativas ao estabelecimento de relações sexuais adultas e consentidas. Mesmo tendo o tratamento um caráter voluntário, a participação do sujeito pode ser recompensada com benefícios penais e penitenciários.[444] Existem alguns Estados norte-americanos que estabeleceram a obrigatoriedade do tratamento em casos de psicopatas e demais delinquentes sexuais perigosos, ou, ainda, como alternativa à prisão: Minnesota, Geórgia, Louisiana, California, Montana, Florida entre outros. Da mesma forma, estabeleceram como obrigatório o tratamento em alguns casos, a Alemanha e a Inglaterra. Geralmente, o tratamento obrigatório é estabelecido em sentença judicial e inclui medicação antiandrogênica.[445]

Há, ainda, outros fatores que estão relacionados ao comportamento violento (do psicopata ou não) que não podem ser descartados, como o sistema hormonal, quando, por exemplo, a testosterona parece relacionar-se mais à violência, ou ao funcionamento dos neurotransmissores, já que baixas taxas de serotonina estão relacionadas ao alcoolismo, à depressão e a tendências suicidas, e, ainda, à impulsividade, condutas antissociais e à violência.

Inúmeros são os estudos na área dos neurotransmissores e sua relação com a agressividade. A vantagem disso está na possibilidade de tratamento farmacológico ou cirúrgico, naqueles indivíduos com alterações comportamentais irreversíveis. Esses estudos apontam a participação principal de serotonina e de noradrenalina, e secundária de outros neurotransmissores com funções inibitórias sobre o funcionamento dos neurônios, como a dopamina e o acido gama aminobutírico.[446]

A conexão entre serotonina (5-HT) e agressão foi estabelecida através de repetidas observações de que anormalidades na função central da 5-HT se correlacionam à agressão impulsiva. Há estudos demonstrando que drogas que estimulam a produção de serotonina

---

[444] MARSHALL, William; SANTIAGO REDONDO, Illescas. Control y tratamiento de la agresión sexual. In: SANTIAGO REDONDO (org.). *Delincuencia sexual y sociedad* – estudios sobre violencia. Barcelona: Ariel, 2002, p. 303.

[445] Idem, p. 304.

[446] GAUER, Gabriel Chittó; FERLA GUILHERMANO, Thaís. Fatores biológicos associados à conduta agressiva. In: GAUER, Gabriel Chittó (org.). *Agressividade*: uma leitura biopsicossocial. Curitiba: Juruá, 2001, p. 15-16.

podem ser efetivas na redução do comportamento agressivo impulsivo.[447]

Quanto às atividades cerebrais dopaminérgica e noradrenérgica também parecem desempenhar um papel na gênese do comportamento agressivo impulsivo. Há estudos realizados em animais que sugerem que o aumento da atividade dopaminérgica cerebral cria condições nas quais os animais ficam mais propensos a responder de modo impulsivo e agressivo a estímulos ambientais. Também foi verificado que a hiperatividade do funcionamento noradrenérgico está correlacionada ao comportamento agressivo em seres humanos.[448] O envolvimento do sistema noradrenérgico na agressão impulsiva é ainda mais fundamentado pela descoberta de que bloqueadores do receptor noradrenérgico, como o propranolol e o nadolol, são clinicamente úteis no tratamento do comportamento agressivo, sendo o primeiro efetivo na redução do comportamento agressivo em pacientes com danos cerebrais e pacientes adultos com déficit de atenção e temperamento explosivo.[449]

Por outro lado, há pesquisas indicando que os comportamentos agressivos e as condutas sexuais excessivamente inapropriadas podem estar relacionadas com o óxido nítrico, outro neurotransmissor encontrado em altas densidades nas regiões reguladoras da emoção do cérebro.[450]

Quanto à atividade da tireóide (T3), esta também possui uma correlação com a conduta agressiva. Uma atividade excessiva no funcionamento da tireóide esta relacionada a uma diminuição do sistema simpático em grupos de indivíduos do sexo masculino com diferentes formas de desvio psicossocial. Existem estudos comprovando a relação entre níveis elevados e T3 relacionados ao alcoolismo, criminalidade e distúrbio antissocial.[451] O excesso de

---

[447] GAUER, Gabriel Chittó; SOIREFMANN, Mariana; GRECA, Laura. Aspectos biológicos na etiologia do comportamento agressivo. In: GAUER, Gabriel Chittó; CHITTÓ GAUER, Ruth (org.). *A fenomenologia da violência*. Curitiba: Juruá, 1999, p. 55.

[448] Idem, p. 56.

[449] YUDOFSKY, S.; WILLIAMS, D.; GORMAN, J. Propranolol in the treatment of rage and violent behavior in patients with chronic brain syndromes. *American Journal of Psychiatry*, n. 138, p. 218-219, 1981.

[450] GOTTESMAN, II.; GOLDSMITH, H. H. Developmental psychopathology of antisocial behavior: inserting genes into its ontogenesis and epigenesist. In: NELSON, Ca (org.). *Threats to optimal development*: integrating biological, psychological, and social risk factors. Hillsdale: Erlbaum, 1994, p. 69-104.

[451] GAUER, Gabriel Chittó; FERLA GUILHERMANO, Thaís. Fatores biológicos associados à conduta agressiva. In: GAUER, Gabriel Chittó (org.). *Agressividade*: uma leitura biopsicossocial. Curitiba: Juruá, 2001, p. 25.

hormônios da tireóide causa uma diminuição na atividade simpática, enquanto a deficiência dos mesmos acentua a atividade simpática. Sinais de baixa atividade simpato-adrenal foram demonstrados em populações de criminosos. Os níveis de T3 parecem diferir entre sujeitos com comportamento desviante/criminoso e sujeitos com comportamento social normal, assim como entre sujeitos expostos a eventos psicotraumáticos extremamente estressantes (como uma guerra, por exemplo) e sujeitos que não experimentaram tais eventos.[452]

Já no campo dos esteróides sexuais, delinquentes violentos parecem ter índices mais altos de testosterona que delinquentes que cometeram crimes não violentos, e aqueles com altos níveis de testosterona também são mais agressivos na prisão.[453] Em delinquentes violentos alcoolistas, a alta concentração de testosterona livre no líquido cefalorraquidiano (LCR) está associada ao aumento da agressividade. Delinquentes alcoolistas impulsivos, com Transtorno de Personalidade Antissocial, parecem ter alta concentração média de testosterona no LCR.

Embora os níveis de testosterona possam estar elevados em delinquentes agressivos, a utilização de agentes redutores de testosterona tem apresentado benefício limitado na diminuição do comportamento agressivo. Há casos, entretanto, em que antiandrógenos são efetivos na diminuição desse tipo de comportamento. Antiandrógenos, como o acetato de medroxiprogesterona e o acetato de ciproterona, parecem diminuir tanto a atividade como o impulso sexual desviante e não desviante em homens com parafilias, e essa melhora comportamental está associada aos níveis de testosterona.[454]

Tratamentos psicológicos ou psiquiátricos parecem-nos mais aceitáveis, desde que não sejam impostos, mas sim ofertados pela administração penitenciária ao recluso, não fazendo depender disto nenhuma consequência favorável ou desfavorável desta decisão.[455] Em termos psicológicos, ao final da década de 1960, aplicava-se

---

[452] GAUER, Gabriel Chittó; SOIREFMANN, Mariana; GRECA, Laura. Aspectos biológicos na etiologia do comportamento agressivo. In: GAUER, Gabriel Chittó; CHITTÓ GAUER, Ruth (org.). *A Fenomenologia da Violência*. Curitiba: Juruá, 1999, p. 62.

[453] Idem, p. 50.

[454] KRAVITZ, H. M.; HAYWOOD, T. W.; KELLY, J. Medroxyprogesterone treatment for paraphiliacs. *Bulletin of American Academy of Psychiatry and the Law*, n. 23, p. 19-33, 1995.

[455] HASSEMER, Winfried; MUÑOZ CONDE, Francisco. *Introducción a la criminología*. Valencia: Tirant lo Blanch, 2001, p. 294.

as terapias de conduta[456] com o objetivo de modificar padrões sexuais desviados e ensinar habilidades sociais aos pacientes. Utilizava-se o método aversivo, um condicionamento que associava o desejo sexual à estimulação elétrica ou a odores desagradáveis, e a aprendizagem de hábitos sociais "corretos", já que se considerava a homossexualidade como um desvio da sexualidade. Nos anos 1970, a ênfase recaiu sobre a modificação de atitudes que favorecem a violência nas relações interpessoais e no aprimoramento da empatia em relação aos efeitos do crime sobre a vítima, ou seja, seguiu-se tentando modificar a ativação sexual desviada, mas agora pelo emprego da força ou da coação. A partir da segunda metade da década de 1980, a prevenção de recaídas foi incorporada, tendo nascido nos programas para alcoolistas.[457] Hoje, os programas para delinquentes sexuais são oferecidos como pacotes de natureza "multimodal", ou seja, que têm todos esses componentes presentes.

5.4.1. O tratamento dos delinquentes sexuais presos na Espanha

Um dos programas com delinquentes sexuais presos na Espanha e que já foram objeto de avaliação na década de 1990, está na Cataluña, nas prisões de Brians y Quatre Camíns. Ambos são centros modernos que se constituíram em estandarte de novas políticas penitenciárias inauguradas pelo governo catalão como consequência de assumir competências em matéria penitenciária em 1984, o que antes não acontecia. O objetivo era que o preso reconhecesse, de forma realista, sua responsabilidade na comissão do delito frente a seus próprios mecanismos de defesa, que reconhecesse suas emoções e a de outras pessoas, analisasse o impacto de sua agressão sobre a vítima e às pessoas no seu entorno, entendesse e afrontasse suas distorções cognitivas, trabalhasse com prevenção de recaídas,

---

[456] Terapia de conduta é a que tenta reverter condicionamentos e estabelecer mecanismos de aprendizagem novos que impliquem afetos e condutas sexuais legalmente permitidos. Destacam-se as terapias aversivas com a utilização de estímulos aversivos como pequenas descargas elétricas ou odores desagradáveis diante de fantasias sexuais desviadas. Também emprega a dessensibilização sistemática por aproximações sucessivas para reduzir contatos sexuais normalizados. Apenas para ilustrar uma outra técnica empregada recomenda-se que o sujeito verbalize suas fantasias consideradas desviadas durante um prolongado período de tempo de modo que a repetição forçada resulte incômoda. Vide: MARSHALL, William; SANTIAGO REDONDO, Illescas. Control y tratamiento de la agresión sexual. In: SANTIAGO REDONDO (org.). *Delincuencia sexual y sociedad* – estudios sobre violencia. Barcelona: Ariel, 2002, p. 306.

[457] GARRIDO GENOVÉS, Vicente. *Psicópatas y otros delincuentes violentos*. Valencia: Tirant lo Blanch, 1982, p. 246.

tivesse educação sexual e desenvolvesse um estilo de vida positivo. Conforme Vicente Garrido, o programa foi composto pelas seguintes unidades:[458]

a) Mecanismos de defensa: pretenden que los participantes sean capaces de reconocer de forma realista su responsabilidad en la comisión del delito y que hagan frente a los mecanismos de defensa más habituales como la negación, racionalización y minimización de las consecuencias de su conducta delictiva;

b) Conciencia emocional: los internos aprenden a reconocer y analizar sus emociones y las de otras personas, así como la relación que hay entre emoción y comportamiento;

c) Empatía hacia la víctima: los delincuentes comienzan a analizar el impacto de su agresión en la víctima y en las personas de su entorno (víctimas secundarias);

d) Distorsiones cognitivas: aprenden a detectar y afrontar creencias y formas de pensamiento irracionales que justifiquen las agresiones;

e) Educación sexual: se aporta información realista sobre la sexualidad para intentar romper las creencias y profunda ignorancia que tienen muchos miembros del grupo, y para que entiendan la sexualidad como un proceso de comunicación y enriquecimiento humano;

f) Estilo positivo de vida: se enseñan habilidades sociales y de vida;

g) Prevención de recaídas: se pretende mejorar su capacidad de autocontrol a partir de un análisis de las situaciones de alto riesgo de recaída y las formas positivas de afrontarlas.

Aplicou-se o programa de tratamento de uma forma paralela em ambas as prisões, por mais de um ano, quatro dias por semana, duas horas por dia. Em Quatre Camíns havia um grupo experimental, composto de sete sujeitos, e um grupo de comparação de oito internos em lista de espera. Em Brians, o grupo de tratamento também se compôs de sete sujeitos, mas como esta prisão foi incorporada posteriormente à investigação, não contou com grupo de comparação. O tipo de indivíduo tratado era de alto risco, incluindo estupradores e homicidas, especialmente na prisão de Quatre Camíns.

Muitos resultados interessantes foram obtidos: pelos monitores foi constatado que uma importante função terapêutica nasceu do próprio trabalho em grupo, tendo os presos comprovado que havia outras pessoas com biografias, condutas e pensamentos similares. Claro que não se pode depreciar o fato de o trabalho ter sido realizado no interior de uma prisão, com a diferença evidente da espontaneidade e da sinceridade. Outro resultado foi a disposição apresentada pelos presos em revisar seu estado de ânimo a cada dia, seus pensamentos, suas condutas, aumentando o autocontrole. Isso

---

[458] GARRIDO GENOVÉS, Vicente. *Psicópatas y otros delincuentes violentos*. Valencia: Tirant lo Blanch, 1982, p. 256-257; 265.

se deve, em grande parte, ao trabalho em grupo, pois permite contrastar e analisar diferentes situações, além do importante aspecto afetivo, que supõe "sentir-se acompanhado" em um processo psicologicamente difícil e doloroso. Ainda há que se destacar que, para alguns presos, o fato de o trabalho ser conduzido fora dos módulos psiquiátricos ou enfermarias aumentou o contato com os demais. Poder explicar como aconteceram os fatos delitivos os tranquilizou e proporcionou iniciar mudanças. *"Los internos han mostrado mejoras sustanciales en determinadas habilidades (como las de comunicación) y variables psicológicas"*.[459] Destacaram-se dois padrões claros de progresso terapêutico:

a) Estatisticamente significativo: diminuição do temor à relação interpessoal, diminuição das obsessões sexuais desviadas e diminuição das fantasias sexuais desviadas;

b) Relevantes, porém com menos significação estatística: diminuição das pontuações em alcoolismo, diminuição da atitude hostil em relação às mulheres, diminuição das distorções cognitivas e das justificativas que empregam para favorecer seu estilo de vida antissocial.

Na prisão de Brians, foram as seguintes as conclusões: o programa melhorou diversos aspectos relacionados à conduta abusiva: capacidade de análise, expectativas de eficácia, habilidades de relação e elaboração do delito. Os presos entendem melhor as razões de suas condutas e parece que se acham em melhores condições de controlá-las. Os indivíduos pedófilos experimentaram maiores dificuldades no programa que os agressores de mulheres adultas. Por isso, grupos específicos para estes tipos de delinquentes sexuais foram sugeridos. O tratamento pode ser continuado com o indivíduo já posto em liberdade, de maneira voluntária. Eles puderam contribuir trazendo suas críticas e sugestões, a partir das dificuldades que vão sendo encontradas no ambiente extramuros. Dentre os aspectos mais relevantes estão:[460]

a) Estatisticamente significativo: melhorias quanto à atitude hostil e preconceituosa em relação às mulheres, bem como nas distorções cognitivas que empregam para justificar sua vida antissocial, ou seja, substancial progresso nos dois elementos nucleares da psicologia do delinquente sexual;

---

[459] GARRIDO GENOVÉS, Vicente. *Psicópatas y otros delincuentes violentos*. Valencia: Tirant lo Blanch, 1982, p. 266-267.

[460] Idem, p. 268-269.

b) Relevantes, porém de menor significação estatística: diminuição do alcoolismo, da ansiedade interpessoal, da atração pelas condutas sexuais desadaptadas e das obsessões sexuais.

Outra pesquisa foi desenvolvida[461] na prisão aberta de Barcelona. É uma prisão masculina de regime aberto, com aproximadamente 210 presos. Uma parte dos agressores sexuais chegou centro depois de ter finalizado o programa de tratamento de controle da agressão sexual (CAS), realizado numa prisão de regime ordinário. O programa incluiu a avaliação de risco, mediante um instrumento de avaliação expressamente planejado para o programa. Essa transição do regime ordinário ao aberto representou um período muito importante para o sujeito, que começou a manter contato com o mundo externo. Assim, no primeiro período de observação, no centro de regime aberto, foram avaliados:

a) necessidades: formação, emprego, apoio social, saúde e abuso de sustâncias;

b) adaptação institucional;

c) estado atual na em relação aos principais componentes do programa CAS: distorções cognitivas, consciência emocional, empatia, estilo de vida, impulso sexual, prevenção de recaídas;

d) carreira delitiva e situação penal.

Assim, projetou-se um plano de tratamento individual, baseado em tratamento psicológico, assessoramento a famílias, inserção laboral, educação para a saúde, controle de abuso de sustâncias, supervisão na comunidade, etc. Os internos foram encaminhados, ainda, a recursos da própria comunidade como saúde, formação, emprego e outros. Também foi mantido um grupo de autoajuda com a atuação de psicólogos.

Em 2003, 22 internos que haviam participado dos programas referidos nas prisões de Brians e de Quatre Camíns, e que estavam sob a tutela do Centro Aberto de Barcelona, haviam abandonado este estabelecimento por diversas razoes. Desses 22, 4 haviam cometido diversas infrações, e, por isso, regressaram a uma prisão comum; 12 obtiveram a liberdade condicional, e um, a liberdade definitiva. Um sujeito violou o compromisso de regresso após uma

---

[461] GARRIDO GENOVÉS, Vicente. *Psicópatas y otros delincuentes violentos*. Valencia: Tirant lo Blanch, 1982, p. 268-269.

permissão de saída, e 2 sujeitos foram transferidos a outro centro aberto. Dos 22, apenas três reincidiram (13,6%). Porém, é preciso considerar que no momento da realização desta avaliação 9 indivíduos que não reincidiram não haviam superado os seis meses de vida em liberdade, 4 estavam em liberdade entre seis meses e um ano, e 4 já estavam livres há mais de um ano.[462]

5.5. A SUPERVISÃO EXTRAMUROS

Embora já se tenha tratado sobre o tema do monitoramento eletrônico, que também seria muito útil neste tópico, o fato é que a supervisão extramuros é algo muito mais amplo e complexo que o mero controle geoespacial sobre os indivíduos.

É importante observar o sujeito quando liberado do cumprimento da pena ou da medida de segurança, seja porque obteve progressão de regime ou liberdade provisória, ou, ainda, porque obteve a alta progressiva na execução da medida de segurança. Alguns fatores preditivos também devem ser analisados, tais como a instabilidade nas condições de vida, o descumprimento de tratamentos médicos ou de supervisões, o aumento no consumo de álcool ou outras drogas, e dos sentimentos de ira, fatores estes relacionadas à recidiva criminal. Estes são dados poderão auxiliar na individualização do tempo de supervisão necessário ao agressor sexual.[463]

Os Estados Unidos adotam medidas adicionais como as de supervisão e controle (*supervised release, parole*) visando à reintegração do delinquente na sociedade, embora, paradoxalmente, em Estados como Minnesota existam leis que permitem a detenção preventiva de delinquentes sexuais por razões de periculosidade; já em outros Estados, é oferecida ao agressor a possibilidade de tomar medicação antiandrogênica (inibidora do impulso sexual) ofertando-se, em contrapartida, a redução da pena.[464]

---

[462] GARRIDO GENOVÉS, Vicente. *Psicópatas y otros delincuentes violentos*. Valencia: Tirant lo Blanch, 1982, p. 272.

[463] QUINSEY, Vernon. Treatment of sex offenders. In: TONRY, Michael (org.). *The handbook of crime and punishment*. New York: Oxford University Press, 1998, p. 413.

[464] MARSHALL, William; SANTIAGO REDONDO, Illescas. Control y tratamiento de la agresión sexual. In: SANTIAGO REDONDO (org.). *Delincuencia sexual y sociedad* – estudios sobre violencia. Barcelona: Ariel, 2002, p. 305.

5.6. CONSIDERAÇÕES FINAIS DO CAPÍTULO

De acordo com Silva Sánchez,[465] a segurança como objetivo político criminal, em sua forma mais extremada, conduz à reconstrução de um direito da periculosidade: *"se vuelve a replantear, para sujetos imputables, el recurso a medios de aseguramiento cognitivo, junto a la pena como mecanismo de aseguramiento contrafáctico de la vigencia de la norma"*.

Será que o conceito de periculosidade pode legitimar uma intervenção restritiva sobre os direitos do sujeito? Até que ponto seria este o direito de máxima segurança frente ao futuro e não de resposta frente ao passado? Silva Sánchez[466] admite que uma proporcionalidade absoluta com o fato praticado, no caso dos inimputáveis, é somente aparente. Admite também que, neste caso, o princípio da periculosidade legitima a restrição dos direitos, tanto que o próprio Código Penal espanhol, no art. 6.2, reza que depois de encerrada a medida de segurança jurídico-penal, diante da permanência da periculosidade, a restrição de direitos pode continuar através da internação civil.[467] Isto acaba gerando uma pergunta que, por ora, fica sem resposta: a periculosidade para além da pena deveria então ser igualmente considerada no caso dos imputáveis?

Até hoje o princípio da culpabilidade definia a fronteira de distribuição de riscos entre indivíduo e sociedade, ou seja, cumprindo a pena o indivíduo é liberado e a sociedade assume o risco por um delito futuro. Entretanto, não é bem assim. Caso se constate alguma periculosidade depois do cumprimento da pena a "solução' que vem sendo encontrada tem sido a imposição de medidas assecuratórias adicionais, geralmente regidas pelo signo da passionalidade. Isto está ocorrendo na Alemanha, como já foi dito anteriormente. Também ocorre algo similar na Inglaterra, onde existem programas e medidas de controle e de supervisão em relação a egressos do sistema penitenciário que cumpriram suas penas por delitos sexuais. Isto é totalmente diferente de um acompanhamento, que é extremamente importante no momento da liberdade condicional ou de um regime semiaberto, quando o indivíduo ainda está em fase de cumprimento de pena. É, pois, fundamental que haja a distribuição

---

[465] SILVA SÁNCHEZ, Jesús María. El retorno de la inocuización: el caso de las reacciones jurídico-penales frente a los delincuentes sexuales violentos en derecho comparado. In: SANTIAGO REDONDO (org.). *Delincuencia sexual y sociedad* – estudios sobre violencia. Barcelona: Ariel, 2002, p. 156.

[466] Idem, p. 157.

[467] Ibidem.

razoável entre indivíduo e sociedade dos riscos e da insegurança. E, após a concessão da liberdade definitiva, após o cumprimento da pena, não há que se falar mais em controle estatal. Sobre o tema, referem Muñoz Conde e Hassemer:[468]

> No queda, pues, otra solución que aceptar el riesgo de que este tipo de delincuentes, como tantos otros, puedan volver a delinqüir una vez que salen en libertad. Educar para la libertad en condiciones de no libertad sigue siendo, pues, una contradicción difícilmente salvable, y vivir en libertad, democráticamente, un riesgo para todos; para ellos también.

Nossa sugestão é que seja investido mais em termos de fiscalização no que tange à liberdade condicional, pois dessa forma aproveitam-se as possibilidades legais existentes. Aliás, é o que recomendam as Regras Penitenciárias Europeias, a exemplo da Recomendação nº R (87) 3:

> En relación con los internos condenados a penas de más larga duración [como es el caso de muchos de los delincuentes sexuales], conviene asegurarles un retorno progresivo a la vida en sociedad. Este objetivo se podrá conseguir, en particular, gracias a un programa de preparación para la puesta en libertad, organizado en el mismo establecimiento adecuado, o gracias a una puesta en liberdad condicional bajo control con una asistencia social eficaz.[469]

Por outro lado, também é importante criar unidades penitenciárias especializadas em delinquência sexual, especialmente a violenta. Além disso, a criação de equipes especializadas no desenvolvimento de programas fora das prisões constituem importante alternativa. Como se vê, não há necessidade de muitas mudanças legislativas. É necessário o desenvolvimento de programas factíveis. E isto, logicamente, tem um custo que a sociedade parece não desejar assumir.

Mesmo com tantas dúvidas, algo é certo: o delinquente sexual violento psicopata não teme a pena, pois se não tem limites internos muito menos terá os externos. Enquanto a maioria dos indivíduos teme a possibilidade de ser castigado por um delito, sabemos que isso não ocorre quando o sujeito decide apostar pela ação delitiva nos casos precedidos por intensas emoções, principalmente nos delitos violentos sexuais.

---

[468] HASSEMER, Winfried; MUÑOZ CONDE, Francisco. *Introducción a la criminología*. Valencia: Tirant lo Blanch, 2001, p. 295.

[469] SILVA SÁNCHEZ, Jesús María. El retorno de la inocuización: el caso de las reacciones jurídico-penales frente a los delincuentes sexuales violentos en derecho comparado. In: SANTIAGO REDONDO (org.). *Delincuencia sexual y sociedad* – estudios sobre violencia. Barcelona: Ariel, 2002, p. 320-321.

A pena não constitui exemplo dissuasório nos casos de Transtorno de Personalidade Antissocial.[470] Além disso, para tais casos não existe tratamento que seja comprovadamente eficaz. Segundo Muñoz Conde:[471]

> Muito mais cuidado devemos ter com os excessos terapêuticos daqueles que propugnam pela ideologia do tratamento inerente a uma mítica concepção da ressocialização. Isto se dá não só porque o delinqüente é um enfermo que necessita de tratamento, como também, sobretudo pela manipulação do indivíduo a que se pode conduzir.

Tratamentos drásticos como a castração, além de problemas éticos e jurídicos, não possuem resultados efetivos, pois não influem sobre os aspectos psicológicos dos agressores psicopatas como o desejo de humilhar a vítima, a falta de compaixão e as graves distorções cognitivas, além de não melhorarem as competências sociais do indivíduo. Concordamos com Garrido Guzman:

> En la actualidad no parecen procedentes los métodos terapéuticos de orden biológico, tales como la psicocirugía, el electroshock, o el más extremo de todos: la castración [...] Independientemente de su negativa valoración clínica, a mi juicio, la aplicación de dichas técnicas extrañaria un ataque a los derechos fundamentales de los internos. [472]

No mesmo sentido, ainda, Muñoz Conde,[473] quando refere que não se pode transformar a realidade à margem desta mesma realidade. Logo, não sendo possível a reinserção social, ao menos que não se "dessocialize" o indivíduo ainda mais.

---

[470] TIEGHI, Osvaldo N. *Tratado de criminología*. 2. ed. Buenos Aires: Universidad, 1996, p. 493.

[471] MUÑOZ CONDE, Francisco. *Direito penal e controle social*. Rio de Janeiro: Forense, 2005, p. 108.

[472] GARRIDO GUZMÁN, Luis. El tratamiento de psicópatas y los establecimientos de terapia social. In: DE LA CUESTA ARZAMENDI, José Luis; DENDALUZE, Iñaki; ECHEBURÚA, Enrique (org.). *Criminología y derecho penal al servicio de la persona*. Libro homenaje al profesor Beristain. San Sebastián: Instituto Vasco de Criminología, 1989, p. 1062.

[473] MUÑOZ CONDE, Francisco. *Direito penal e controle social*. Rio de Janeiro: Forense, 2005, p. 96 e 103-104.

Conclusões

Os ordenamentos jurídicos da maioria dos países ocidentais experimentam uma súplica por parte da sociedade clamando por "menos direitos" e por "maior rigor nas penas". A tendência do Direito Penal moderno é ampliar o âmbito de intervenção, o que é possível e interessante em algumas áreas apenas. Entretanto, o desejo preponderante é por segurança a qualquer preço. Pergunta-se então até que ponto é legítima esta busca desenfreada? Vivemos, hoje, dois grandes fenômenos: a expansão do Direito Penal nesta moderna sociedade de risco e a intensificação deste mesmo Direito.

A intensificação concentra esforços para incrementar a punição de certos delitos que, desde há muito, já integram os catálogos legislativos de nossos países, como é o caso dos delitos sexuais, porém de modo mais incisivo e rigoroso, aumentando penas, endurecendo critérios para a obtenção de benefícios penitenciários, restringindo garantias penais e processuais e ampliando tipos penais, como ocorre com frequência na matéria objeto destes estudos, como pudemos demonstrar. Refere Muñoz Conde:[474]

> [...] una libertad referida al ejercicio de la propia sexualidad, y en cierto modo a la disposición del propio cuerpo, en un auténtico fenómeno de intensificación del Derecho Penal. Esto ocurre, principalmente, en el terreno donde más se ha producido una distancia emocional entre víctima y delincuente, y donde la reacción social pide la inocuización o aislamiento de tales personas como única perspectiva de éxito

Quanto à expansão, o moderno Direito Penal parece haver perdido a noção de quais bens devam ser protegidos. É verdade que o Direito Penal, atualmente, está dirigido a tutelar bens jurídicos complexos e difusos. Entendemos que a expansão do moderno Direito

---

[474] *Apud* SUÁREZ RODRIGUEZ, Carlos. *El delito de agresiones sexuales asociadas a la violación.* Navarra: Aranzadi, 1995, p. 46-47. Vide ainda: DÍEZ RIPOLLÉS, José Luis. De la sociedad del riesgo la seguridad ciudadana: un debate desenfocado. *Revista Electrónica de Ciencias Penales y Criminología* – RECPC n.7 (2005). Disponível em: <http://criminet.ugr.es/recpc/07/recpc07-01.pdf>. Acesso em: 18 jan. 2005, p. 01:13.

Penal está justificada em relação a alguns novos bens jurídicos, posto que supraindividuais. Inclusive, a respeito dos crimes de perigo abstrato, é extremamente importante a contribuição do professor de Coimbra, Faria Costa,[475] dizendo da constitucionalidade desta técnica legislativa adequada quando necessário se faz proteger certos bens jurídicos até mesmo de um risco ou perigo. Ele denomina "cuidado para com o outro" a preocupação de caráter antropológico que sustenta esta constitucionalidade, algo que mereceria uma análise muito mais aprofundada, mas que por razões evidentes não podemos ora adentrar. Porém, o que se deseja destacar como negativo em relação à expansão desvairada do Direito Penal do nosso tempo é a sua utilização como panaceia, em vez de *ultima ratio* dentro de um sistema de controle social muito mais amplo, posto que envolve as penas mais severas, inclusive a privação de liberdade, com toda a degradação que ela, infelizmente, gera.

A degradação é um ato social que pode tomar lugar em meio a confusas e instáveis relações entre diversos *status*. É claro que a punição sempre significou um tratamento com algum traço de inferioridade, mas isso varia de acordo com os valores de cada sociedade, e está sempre relacionado ao *status* de quem é punido. Bom exemplo disso é quando, no âmbito militar, a perda da insígnia significa decair hierarquicamente, além da perda da estima social e da auto-estima, não envolvendo violência física, mas sendo psiquicamente dolorosa. As mutilações (uso da violência) utilizadas nos séculos XVIII e XIX, e ainda em uso em muitas partes do mundo, têm um caráter público, servindo como um sinal de alerta para a população, embora sempre tenham sido utilizadas contra pessoas oriundas da base da pirâmide social (não apenas as mutilações, mas o açoite e a marcação a ferro quente, que deixavam sinais permanentes sobre o corpo do condenado). A crucificação era, sem dúvida, a pior das penalidades, assim como foi feito com Cristo. Nos últimos séculos (III, IV e V d.C.) do Império Romano, pessoas pertencentes à alta camada social, no Mediterrâneo eram sujeitas a punições de caráter de baixo escalão social, ou seja, a severidade das penas aumentava visivelmente. A título histórico é interessante lembrar que o grande arquiteto do terror foi Joseph Ignace Guillotin, o médico cujo nome será eternamente associado a sua criação humanitária: a guilhotina. Apesar de a ideia não ser inovadora (já havia outras versões da guilhotina em uso, mas sempre como privilégio da elite), agora era chegado o tempo da revolução. Em 1789 veio a decisão de aplicar

---

[475] FARIA COSTA, José de. *O perigo em direito penal*. Coimbra: Coimbra, jan. 2000.

a decapitação para todos os condenados, independentemente de classe social. Ele propôs a sua máquina da morte: foi a mais nobre e honorável forma de punição estendida a todos os franceses.[476] Esse fenômeno interpessoal de degradação tem uma importante função na dinâmica social da política criminal.

Na Europa continental dos últimos 200 anos, as punições para pessoas pertencentes ao topo da pirâmide social começaram a ser estendidas às pessoas das camadas mais populares. A história da punição é em grande parte, a história do *status* social. Sobre isto, é curioso recordar que Voltaire e Hitler sofreram a mesma forma de encarceramento. Na verdade, ambas as figuras da alta sociedade europeia de suas épocas, tiveram tratamentos distintos daqueles impostos à plebe em geral, pouco variando do tempo de Luís XV até a República de Weimer: Voltaire na Bastille e Hitler no Fortress

---

[476] Interessante o caso do enforcamento dos irmãos A. J. Agasse e A. J. B. Agasse. Este caso ocorrido em 1787 e influenciou muito na busca de Guillotin por uma reforma que beneficiasse as famílias dos condenados mais pobres. Os irmãos Agasse eram comerciantes e haviam repassado algumas notas falsas de dinheiro em Londres, o que era considerado crime merecedor da pena capital. Julgados, foram condenados à morte no início da revolução francesa (1789) da seguinte forma: primeiramente, seriam expostos à observação pública, então enforcados diante da multidão, na Place de Greve. Como era costume, a família deles sofreria a infâmia e o vexame daquele ritual, levaria as marcas consigo para sempre e, ainda, não teria direito a enterrar os corpos, que já apesar de inanimados, sofreriam um vexatório "velório". Um forte movimento com passeata pelo Distrito de Saint Honoré dirigiu-se ao Parlamento exigindo reformas, contando com o líder Guillotin, o qual conseguiu convencer o Legislativo a aprovar três artigos que podem ser considerados marcos histórico em termos de história da punição: A pena não pode passar da pessoa do condenado e atingir sua família; Os bens do condenado não podem ser confiscados (objetivo: não causar o empobrecimento da família do mesmo); O corpo do executado deveria ser devolvido à família se esta assim o preferisse, mas de qualquer modo o velório/enterro deveria ser digno. Entretanto, sua proposta de tornar a decapitação uma pena geral, para todos, foi novamente reprovada. De qualquer forma, os irmãos Agasse foram executados, mas a honra da família foi declarada intacta e os corpos foram entregues a ela. Isso foi considerado um evento de tal magnitude que houve uma grande celebração no Distrito de Saint Honoré. Em 1791, a Assembleia promulgou o Código Penal, uma das maiores conquistas dos primeiros anos da revolução e, finalmente, com a aprovação da ideia de Guillotin em seu artigo três: "toda a pessoa condenada à morte será decapitada". Este foi o artigo da lei que veio a dar suporte ao aparato republicano que perdurou por quase dois séculos. Mas vale a pena ressaltar novamente: aparato nascido, em grande parte, da preocupação com a proteção da honra das famílias dos condenados. Uma segunda razão foi o desejo de infligir menos dor ou sofrimento, já que a guilhotina tem efeito instantâneo, ao contrário do enforcamento. A guilhotina será eternamente lembrada como símbolo do terror, mas foi o aparato que estendeu direitos da nobreza para a plebe. A guilhotina sobreviveu como símbolo republicano na França até a abolição da pena de morte, em 1981. Assim, o Código Penal de 1791 foi considerado o primeiro marco em direção à pena privativa de liberdade, saindo do período dos castigos corporais, segundo Foucault. O Código aboliu as penas de mutilação, algo inovador para a época, e colocou a prisão como centro do sistema punitivo francês. Isso não deve ser pensado como uma mudança na forma de punição tão somente, mas como mudança no sistema de diferenciação social em termos punitivos, e uma mudança em direção a uma nova diferenciação em termos de *status* social.

CRIMES SEXUAIS VIOLENTOS

Landsberg. Nada de mutilação, trabalho forçado ou humilhação pública: "custódia honrosa", assim eram conhecidas aquelas sanções.

Por isso, tratamentos especiais nos *fortress* começaram a desaparecer durante a República de Weimer, e realmente sumiram durante o período nazista, pois não havia espaço para *"fortress confinement"* para presos que se opunham ao novo regime de governo. Foi o programa de maior degradação em *status* já vivenciado por presos europeus. Após os campos de concentração, a ideia dos *fortress* simplesmente desapareceu na Alemanha.

Atualmente, tanto os Estados Unidos como a Europa, de certa forma, retornaram a seus padrões históricos. França e Alemanha voltaram a seu tipo peculiar de igualitarismo, que também pode ser encontrado em outras áreas de suas legislações: um igualitarismo que pretende elevar o nível das punições para todos (tornando todos iguais, mas nivelando-os "por cima"); já a América, após a década de 1970, revelou sua ideia de igualitarismo tal qual já fazia, tornando possível o que alguns cientistas sociais uma vez acreditavam ser impossível: agravar o punitivismo num país considerado democraticamente "avançado".

Os Estados Unidos nunca foram estratificados como as sociedades europeias do antigo regime. Com exceção do sul dos Estados Unidos na época da escravidão, nunca houve essa tradição de linhagem social ou de etiqueta hierárquica. Também nunca tiveram pirâmides sociais tão estratificadas como a Europa dos século XVII e XVIII. Isso não significa que os Estados Unidos não tiveram modos diferenciados de punição: é evidente que os segmentos melhor situados naquela pirâmide sempre tiveram um tratamento bastante distinto, embora o preso sempre tenha sido um tanto quanto degradado. Enquanto para os europeus a abolição do antigo regime significou um clamor pela dignidade da pena a ser estendida a todos, nos Estados Unidos a abolição da escravatura não teve o mesmo efeito. Enquanto o europeu se sentia atingido pela dor sofrida por seus ancestrais, identificando-se com esse baixo *status*, na América quase ninguém se identificava com os escravos negros do sul. Não é difícil imaginar que numa sociedade que vive da justiça popular e dita "democrática", o retributivismo tenha a pretensão de fortalecer a coesão social. Isso não acontece da mesma forma na Europa. Obviamente que a mídia sensacionalista europeia faz o mesmo jogo de terror que ocorre nos Estados Unidos. Entretanto, o sistema punitivo europeu é largamente conduzido por burocracias não tão expostas à pressão popular como nos Estados Unidos. Essa burocrática rotinização da lei penal é uma importante barreira ao superaquecimento do retributivismo. A pena de morte, sem dúvida, constitui o exemplo mais interessante. Em qualquer país, hoje, a maioria da população apoiaria a pena capital. Entretanto, isso não se transforma em política punitiva na União Europeia, mas persiste nos Estados Unidos.

As campanhas de "lei e ordem" tomam conta das ditas "políticas de segurança pública" e os movimentos de neocriminalização dominam a seara legislativa e encantam a sociedade, magicamente deslumbrada.

Na sociedade complexa e veloz em que vivemos é preciso lembrar que a figura do indivíduo moderno que tudo sabia e podia controlar já foi desconstruída. Com a crise nas ciências humanas, com o surgimento de milhares de "novos saberes" encadeados entre si, numa sociedade cuja complexidade é de difícil análise, verifica-se, agora, a figura do indivíduo isolado, talvez perdido em meio a multidões. Nada mais de identidades fixas e estáveis, mas sim de identidades abertas, contraditórias, inacabadas, fragmentadas, próprias de um sujeito considerado pós-moderno.

A ferocidade legislativa é tal que o Direito Penal já não é mais a *ultima ratio*. Assim, devemos reconhecer que estamos frente a um Direito Penal e Processual Penal quase sem garantias. Também por isso, Jakobs, ao sustentar um Direito Penal do inimigo (*Feindstrafrecht*) contrário a um Direito Penal dos cidadãos (*Burgerstrafrecht*), parte de uma concepção contratualista. Entretanto, ele sustenta que o inimigo não firma este contrato social, ou então, se o faz, acaba renunciando a este, em uma opção individual, voltando-se contra a sociedade, gerando sua expulsão do próprio grupo por ela, que tem o poder de determinar quem são seus membros. Essa sociedade, que geralmente reclama o cidadão como membro, a fim de castigá-lo com uma pena que só existe e é legítima dentro dela (e para dar-lhe a oportunidade de reintegrar-se a ela), pode expulsá-lo, em caso de rebeldia ou traição, o que seria uma recaída no estado de natureza. Nestes casos, não são castigados como súditos, mas como inimigos. Dito isso, devemos reconhecer que o fim de tudo não é a imposição de uma pena, mas de uma vingança em um estado de guerra onde, geralmente, não existem garantias. Entendemos que a metáfora representa uma opção contratual coletiva ou social, e não individualista. A metáfora do contrato social é condição real de possibilidade do Direito. Representa a renúncia de parcelas de liberdades individuais em nome de uma mínima convivência possível a ser garantida pelo Estado, pois foi criado para facilitar a convivência social, e não para destruí-la. Jakobs percebe o contrato como opção individual, aproximando-se da concepção individualista de Hobbes, para quem eram inimigos aqueles contrários ao contrato social, ou seja, aqueles que manifestam condutas próprias de um estado de natureza, e que, portanto, podiam ser punidos conforme as regras deste mesmo estado de natureza, onde todos são inimigos entre si. Jakobs também parte da existência dos grupos humanos paralelos: uma sociedade civil por um lado, e um grupo de inimigos em estado de guerra por outro (ou seja, de um lado os que assumiram o pacto; de outro, aqueles que não o fizeram). Isto tudo gira em torno de um eixo comum, qual seja o de se considerar determinados indivíduos como objetos e não sujeitos de direitos, tônica da abordagem do direito penal do inimigo.[477]

De qualquer modo, parece que o sujeito ativo de delitos sexuais preenche todos os requisitos para ser considerado "inimigo". Ele "abandonou" o Direito de forma duradoura e não oferece mais a segurança cognitiva necessária para ser reconhecido como "pessoa". Aliás, é Jakobs quem fala de uma categoria chamada "garantia cognitiva mínima" de comportamento que devem apresentar todos os indivíduos para que sejam tratados como pessoas. Quem não oferece tal garantia cognitiva mínima é visto como inimigo. Assim, a reação social não será a compensação de um dano ante a vigência de uma norma, mas a eliminação de um perigo, através de um castigo dirigido ao futuro. Para prevenir esses delitos, castiga-se por antecipação. Vale referir que Silva Sanchez denomina como "Direito Penal de terceira velocidade" este setor do Direito que contempla penas privativas de liberdade mais rigorosas com regras processuais e de imputação mais flexíveis.

É nesse contexto que perguntamos qual a função do Direito Penal frente aos delinquentes sexuais. Para alguns, eles merecem uma resposta penal; para outros, o apelo é pelo extermínio. Assim, os fins da pena ficam seriamente envolvidos e ameaçados nesta problemática. Penas mais duras e longas seriam mais eficazes? Devemos castigar pelo fato ou pela condução de vida? Penas mais "pesadas" intimidariam e preveniriam novos delitos nesta matéria? Como deve atuar o Estado em relação à reinserção social desses sujeitos? Devemos admitir a inocuização como finalidade no sistema de penas atual?

Ademais, em se tratando de finalidades das penas, não se pode negar que o Direito Penal deva transmitir sua mensagem sobre va-

---

[477] REGHELIN, Elisangela Melo. Entre terroristas e inimigos... *Revista Brasileira de Ciências Criminais*, ano 15, n. 66, p. 276, maio/jun. 2007.

lores e representações simbólicas e valorativas para a sociedade, apontando e confirmando a vigência de um catálogo de bens que devem ser respeitados. Esse aspecto (que é uma das finalidades da pena enquanto prevenção geral positiva) é real e instrumental. Todavia, o problema é quando não há bem jurídico protegido, ou seja, quando as normas possuem meramente efeito simbólico. Para aqueles que defendem a primazia da prevenção geral positiva como responsável pela coesão social em torno de certos valores, lembramos que ela deve ser limitada, caso contrário significará meramente vingança social (há que atentar para a necessidade coativa ou compulsiva de castigo por parte da sociedade, para que mantenha suas próprias repressões). E o Direito Penal, como já dito, deve ser a *ultima ratio*. A prevenção geral positiva trata da preservação da consciência social da norma como finalidade da pena, enquanto a retribuição e a "ressocialização", para os defensores desta corrente, seriam apenas consequência ou fins secundários, cujos limites encontram-se nos direitos dos condenados. Porém, é em nome desta "coesão social", justamente na era de um neopunitivismo exacerbado, que esta finalidade está quase desfigurada. Não é por outra razão que os Estados Unidos possuem a maior população carcerária do mundo, além de "políticas de segurança" muito duras, independentemente da condição de (in)imputabilidade do sujeito infrator. Basta lembrar que até recentemente, doentes mentais e menores eram condenados à morte naquele país.

Quanto à legislação, esta reflete a dificuldade em manter o equilíbrio entre segurança e insegurança (e a maior insegurança resulta da falta de limites ao poder estatal). A segurança requer um poder, porém um poder limitado. As medidas e sanções devem ser compatíveis com os princípios próprios dos sistemas democráticos, uma vez que estes direitos são os que constituem a base destes sistemas. É nesta tensão permanente que devemos buscar um equilíbrio minimamente necessário para alcançar o máximo de segurança social e o máximo respeito aos direitos e garantias fundamentais. As regras de imputação não podem ser desvinculados de um determinado conteúdo valorativo, ou seja, de uma determinada concepção de ser humano, de sociedade e de Estado. O ser humano possui garantias consideradas intangíveis em relação a todos, e qualquer violação é sempre um atentado à dignidade. E é exatamente a dignidade humana o argumento decisivo de índole constitucional, contrário ao Direito Penal do inimigo.

Vale lembrar que a hermenêutica penal, como qualquer outra, funda-se na Constituição Federal, fazendo-se a leitura da norma infraconstitucional à luz da norma constitucional, de acordo com o propalado Princípio da Supremacia Imanente, regente de nosso sistema jurídico. Entretanto, princípios acabam sendo agredidos, quando a prevenção geral se sobrepõe ao princípio da culpabilidade e à prevenção especial, levando, sem escalas, ao Direito Penal de Autor. Mais importante que a conduta, buscam-se modos de condução de vida que para serem julgados. Vale lembrar como este Direito Penal do autor já foi utilizado, por exemplo, pela Escola de Kiel, na Alemanha nazista, ao considerar a periculosidade pelo modo de conduta ou de vida em geral, ou pelo modo como se comportava o indivíduo, por suas atitudes internas, seus valores, sua forma de pensar, e não tanto pelo comportamento ou atitudes "realmente" delitivas.

Uma norma penal, para que exista, não pode ser apenas legal, mas deve ser legítima, ou seja, deve apresentar conteúdos de política criminal, sem o quê o Direito Penal poderá ser utilizado como uma ferramenta vazia e de efeitos criminógenos, prejudicando, ademais, o próprio princípio da dignidade humana. O fato de ser difícil não invalida a assertiva. Daí que em nossa cultura jurídica, tanto brasileira como espanhola, há uma necessidade permanente de lembrar-se de que o juízo de validade sobre uma norma não é apenas a análise de seus requisitos formais, mas sim de seus conteúdos substanciais. Não há dúvida de que o vocabulário da Teoria do Direito, no dizer de Ferrajoli,[478] deve ser enriquecido: vigência é apenas a validade formal, mas validade significa também a validade material. Nem a validade, nem a eficácia de uma norma podem ser deduzidas da sua vigência. Validade e vigência até coincidem nos Estados absolutistas, que possuem como único critério reitor acerca da produção normativa o princípio da mera legalidade. Ao revés, tais conceitos não coincidem nos Estados modernos de Direito, dotados de normas acerca da produção normativa que vinculam a validade das leis ao respeito às condições substanciais ou de conteúdo, dentre elas os direitos fundamentais previstos não apenas na Constituição Federal, mas também em tratados internacionais. A pior consequência desta incompreensão é a confusão entre as dimensões do "ser" e do "dever ser" no Direito. Em todo caso, vale lembrar que a eliminação da dicotomia entre o "dever ser" e o "ser" não serve para ocultar a ilegitimidade política latente dos ordenamentos positivos.

---

[478] FERRAJOLI, Luigi. *Direito e razão*: teoria do garantismo penal. São Paulo: Revista dos Tribunais, 2002, p. 292.

Dito isto, a crítica que endereçamos a uma concepção puramente funcionalista, em que a legitimidade exsurge da própria legalidade, é o perigo de o Direito produzir e reproduzir seu próprio mundo e a sua própria legitimidade, não havendo relação do sistema jurídico com o sistema político ou com um processo de formação democrática da legislação que se realiza na esfera pública. O Direito especializa-se em generalizar consensualmente expectativas. Daí que Luhmann o refere como um círculo fechado de comunicação. Desta forma, ele se delimita autorreferencialmente em relação a seus mundos circundantes de tal forma que passa a desenvolver suas relações com o exterior apenas através de observações.[479] Concordamos com Jakobs quando, como foi reproduzido anteriormente, preleciona que o "Direito Penal obtém sua legitimação material da necessidade de garantir a vigência das expectativas normativas (aquelas das que depende a própria configuração ou identidade da sociedade). Porém, embora o raciocínio dogmaticamente perfeito, preocupa-nos a necessidade de um diálogo permanente entre essa mesma dogmática e a política criminal do nosso tempo, com todas as dificuldades que isso possa apresentar".

Retornando à temática das finalidades da pena, quando se trata de delitos sexuais violentos, a finalidade preventiva geral negativa ou intimidação geral não é convincente, pois dificilmente alguém deixará de praticar o crime por temer um Direito Penal mais rigoroso e quase desprovido de garantias. Ademais, indivíduos cujos comportamentos não são inibidos por este tipo de pena, também não o serão por penas maiores ou mais gravosas.

Enfim, as finalidades das penas devem ser limitadas por princípios como os da humanização das penas, da proporcionalidade, da intervenção mínima, da subsidiariedade, da culpabilidade, entre outros. Por sua vez, as prevenções devem estar limitadas entre si, pois ambas miram no futuro seu denominador comum. Por isso, compreendemos quando Jakobs critica a teoria da união como se esta fosse uma tentativa de vincular as finalidades retributivas às preventivas e/ou vice-versa. É que enquanto retribuição e prevenção forem percebidas como finalidades da pena, serão mesmo incompatíveis. Entretanto, se admitirmos que a finalidade é preventiva, e que a retribuição não é finalidade, mas apenas um efeito decorrente da aplicação da pena, passaremos imediatamente à teoria preventiva (geral ou especial). Assim, a pena não é fruto de uma

---

[479] *Apud* SAAVEDRA, Giovani Agostini. *Jurisdição e democracia*: uma análise das teorias de Jürgen Habermas, Robert Alexy, Ronald Dworkin e Niklas Luhmann. Porto Alegre: Livraria do Advogado, 2006, p. 17.

prevenção especial limitada pela retribuição, nem a retribuição abre as portas da prevenção. São, realmente, naturezas diferenciadas, o que não significa que não sejam aplicadas, em momentos distintos, em um mesmo caso concreto. No entendimento do professor alemão, a única finalidade da pena (se é que queiramos insistir na denominação "finalidade") é a garantia da vigência das expectativas normativas numa dada sociedade.

No que tange à prevenção especial positiva ou "ressocialização", também deveria ser uma constante, tanto para quem a entende como um fim, ou mesmo para quem julga tratar-se de mero efeito da pena. Contudo, parece-nos que o neoretribucionismo é mais forte pretendendo lançar pessoas, no sentido mais real e completo da palavra, em uma perversão total de valores e de negação da dignidade humana. Assim, o neoretribucionismo e a inocuização tornaram-se os grandes astros deste espetáculo.

Dito isto, cabe registrar que longe de qualquer trabalho de cunho etiológico ou causalista, nosso objetivo foi valorar as circunstâncias pessoais do indivíduo, neste caso na área da imputabilidade, não para castigar por ser quem é, mas para limitar o poder estatal frente à resposta de coerção que deverá ser aplicada em função do cometimento de um ilícito típico, sem prejuízo da necessária proteção social, seja com pena, seja com medida de segurança.

Assim, passamos a enumerar algumas das principais conclusões a que chegamos:

I – Os crimes sexuais violentos aqui tratados aqui são os mais horrorosos e temíveis pois praticados por pessoas que, muitas vezes, não sentem sequer piedade ou remorso. Não se trata de justificar o crime, mas sim de compreender sua dinâmica para poder apontar alternativas viáveis, factíveis. Daí o nosso posicionamento de sustentar que, mesmo sendo portador de grave doença possa o agente ser, conforme o caso, considerado imputável, semi ou inimputável, cabendo, pois pena ou medida de segurança. O entendimento atualmente majoritário é no sentido de considerá-lo como alguém imputável e digno de pena (geralmente de prisão), como se esta sempre fosse a melhor alternativa.

II – Vimos que o conceito de psicopatia, especialmente em relação a delitos sexuais violentos, não é um conceito pacífico, nem para a Medicina, nem para a Psicologia, nem para o Direito. Trabalhamos em terras movediças apenas no intuito de demonstrar a confusão, ainda persistente em nossos tribunais brasileiros e espanhóis, confundindo ainda Direito Penal do fato com o (nem tão antigo) Direito Penal do autor. Isto ocorre pelo equivocado entendimento de que medidas de segurança não são tão "duras" como são as penas "de verdade", estas sim capazes de castigar suficientemente o condenado. A ideia primeira é, então, demonstrar tal equívoco e que tanto as medidas quanto as penas são consequências jurídicas do delito, no mínimo igualmente graves e que devem ser aplicadas em razão da real (in)imputabilidade do acusado, e não por razões de exemplaridade. Esta tendência atual e acentuada de punição pela personalidade não ficou no passado. Está viva e se expressa em diversas legislações. Trabalhar na tensão permanente entre indivíduo e sociedade é algo extremamente complexo.

III – Em relação à culpabilidade não adentramos o mérito da crise conceitual, porém ao referirmos a imputabilidade questionamos o seu fundamento. Entendemos que o fundamento da imputabilidade está no princípio da igualdade, entendido como exigência de tratamento desigual aos desiguais. As alterações dos processos cognitivos ou da dimensão afetiva determinam uma situação de desigualdade porque quem as padece encontra-se em condições de inferioridade em relação aos demais.

IV – Quando explicitamos a jurisprudência do Tribunal Supremo espanhol, que em quase nada difere da jurisprudência brasileira amplamente majoritária, deixamos clara nossa preocupação. Em vez de discutir-se conceitos médicos, dever-se-ía pensar mais nas consequências da doença, seja ela qual for. Se o indivíduo perde a capacidade de compreensão da ilicitude ou de autocomando, ou mesmo fica com tal capacidade prejudicada, evidente a necessidade de diferenciação no trato jurídico. Manter cegamente o entendimento hermético de que o sujeito psicopata é sempre imputável equivale à crença em dogmas ou presunções inquestionáveis, o que não mais se pode admitir. Daí que nossa sugestão, nesta área, não diz respeito à mudanças conceituais ou legais, mas sim culturais ou de atitude frente às novas exigências de nosso tempo.

V – É fundamental dar-se conta de que nem sempre alterações de cunho psíquico interferirão na avaliação da responsabilidade penal. São necessárias avaliações normativas e não apenas terapêuticas para que se responda a esse tipo de problema. Também é importante destacar que não se trata de qualificar como enfermidades mentais alguns tipos de transtornos em contraposição a outros pelo simples fato de constarem em manuais, mas ao contrário: delimita--se um conjunto de traços que indicam certo grau, ou certo nível de relevância para efeitos de responsabilidade penal que podem ser comuns a vários transtornos mentais, mas cuja importância depende da gravidade do caso concreto.[480] Não se deve considerar a imputabilidade dos "diagnósticos", mas sim a das "pessoas".

VI – Ao analisarmos a possibilidade de aplicação de medidas de segurança, demonstramos as diferenças entre os ordenamentos jurídicos brasileiro e espanhol. E a diferença mais grave, sem dúvida, trata da indefinição de prazos máximos de cumprimento das medidas no Direito Penal brasileiro, o que, a nosso juízo, afronta o texto constitucional que proíbe a pena perpétua. Embora a medida de segurança não seja uma pena em sentido formal, o é em sentido material como consequência jurídica de um delito, devendo obedecer aos mesmos princípios e garantias. O direito do condenado a conhecer a sanção imposta é inerente à pena e à medida de segurança. Sem embargo, nestes casos a alternativa para o Brasil, hoje, é a imposição de medida aos inimputáveis pelo prazo máximo da pena abstratamente prevista para o delito. De *lege ferenda* poderia ser determinado que o magistrado aplicasse uma pena concreta ao inimputável (assim como faz hoje em relação ao semi-imputável) e, ao final, a substituisse por uma medida. Neste caso, o juiz brasileiro não avaliaria fatores vinculados à ausência de capacidade de imputabilidade, mas consideraria os fatores de natureza objetiva, servindo esta pena concreta também como referência para o cálculo prescricional. Para os semi-imputáveis, a pena aplicada e substituída permaneceria sendo o critério indicado para a determinação do prazo de cumprimento da medida de segurança bem como para efeito de prescrição. Além disso, na Espanha, após o encerramento obrigatório da medida de segurança é possível a internação civil (art. 6.2, CP espanhol) caso persista a periculosidade. No Brasil também há, de certo modo, tal possibilidade, através do Ministério Público e de acordo com as regras que versam sobre curatela, no Código Civil pátrio. Vimos, no entanto, o instituto do *civil commitment* norte-americano, com algumas das preocupações muito sérias que envolve o tema. Por isto, há que se evitar qualquer fraude de etiquetas, como dizem os espanhóis, no sentido de "camuflar" a utilização deste sério e restritivo instituto do Direito Civil.

VII – No tocante especificamente às políticas de tratamento, estas são sempre muito complexas posto que envolvem etapas policial, judicial, de execução e de controle de egressos, de direitos individuais dos agressores, da segurança da comunidade além de questões

---

[480] MARTÍNEZ GARAY, Lucía. *La imputabilidad penal*: concepto, fundamento, naturaleza jurídica y elementos. Valencia: Tirant lo Blanch Monografías, n. 387, p. 450, 2005.

concernentes ao tratamento médico e psicológico. É ponto pacífico que programas de tratamento para agressores sexuais devam ser desenvolvidos num contexto maior. Além disso, delinquentes sexuais geralmente estão envolvidos com agências de saúde mental e de assistência social, antes, depois, ou ao invés do próprio sistema de justiça criminal. Daí a importância de que as políticas referentes a tratamento devam ser coordenadas e executadas em consonância com as demais políticas, governamentais ou não governamentais,[481] especialmente as de saúde mental. A eficácia dos tratamentos destinados a delinquentes sexuais ainda não foi demonstrada de forma convincente em função das inúmeras variáveis que decorrem de estudos e pesquisas.[482] A melhor opção nestes casos de "relativa" ignorância é adotar tratamentos que possuam um embasamento teórico convincente e alicerçado naquilo que se conhece como características dos agressores sexuais; o programa deve ser factível em termos de aceitação pelos delinquentes e pelo equipe terapêutica, ter custos e padrões éticos, ter indicadores e ser integrado a procedimentos de avaliação permanentes, enfim. Outra consideração importante é que o tratamento deve ser visto como programa, ou seja, deve contar com intervenções por meio das quais as suas avaliações possam testar a própria teoria na qual eles são baseados.[483] Programas para delinquentes sexuais devem ser desenvolvidos dentro de um contexto imperfeito, cujo conhecimento é crescente. Atualmente, sabemos mais sobre as possíveis características dos agressores sexuais que sobre a eficácia de tratamentos, o que implica dificuldades ainda maiores a respeito da adoção de um programa sério.[484]

VIII – Quanto a indivíduos portadores de psicopatias, estes não se beneficiam de uma abordagem de tratamento caracterizada exclusivamente por psicoterapia ambulatorial, pois muitos precisam de contenção 24 horas por dia. Assim, a equipe terapêutica poderá percebê-los em momentos de ansiedade e de vazio. Dentre os problemas que isto pressupõe está a não indicação para internação em unidade psiquiátrica geral, eis que a conduta disruptiva do psicopata pode interferir no tratamento de outros pacientes. Os psicopatas roubam, exploram sexualmente e agridem outros pacientes, mentem para ridicularizar membros da equipe, introduzem álcool

---

[481] QUINSEY, Vernon. Treatment of sex offenders. In: TONRY, Michael (org.). *The handbook of crime and punishment*. New York: Oxford University Press, 1998, p. 409.

[482] Idem, p. 410.

[483] Idem, p. 415-416.

[484] Idem, p. 415.

e drogas na unidade, corrompem os funcionários e, muitas vezes, ainda destroem os vínculos que os demais pacientes tinham com a equipe médica. Tais indivíduos podem conseguir enganar a equipe para lograr alta antes do tempo previsto, mas logo acabam retornando a seus comportamentos antissociais após a alta.

IX – Apesar de todos os cómentários trazidos à colação não é função do Direito Penal realizar procedimentos psicológicos ou psiquiátricos, muito menos curar doenças físicas ou mentais. Entretanto, como os delitos praticados por psicopatas podem chegar à mais fria crueldade, as exigências sociais quanto à prevenção geral (como é percebida pelo senso comum) acabam se sobrepondo às de prevenção especial, fazendo, por exemplo, com que se passe a defender as penas e medidas de segurança por tempo indeterminado, o que agride o Estado Democrático e de Direito. A única solução aceitável impõe que a duração da medida de segurança não ultrapasse o tempo que seria destinado à execução da pena. A primazia deve ser da culpabilidade e não da periculosidade.

X – Por fim, embora a temática apresente cada vez mais questionamentos e cause o desconforto de tantas incertezas, acreditamos ter deixado algumas sugestões factíveis ao longo deste trabalho. Isto não significa dizer que ambos os países, Brasil e Espanha, tenham condições de adotá-las na íntegra, até mesmo por razões de ordem financeira. Mas não cremos que as dificuldades maiores sejam desta mesma ordem, dada à economia que se poderia estar fazendo prevenindo delitos desta natureza, os quais, embora ocorram de forma esporádica, provocam prejuízos muito grandes de toda ordem, conforme números apresentados anteriormente. Propugna-se, no discurso, pela "ressocialização", mas a castração é a sugestão "prática".[485]

Assim, pois, sugerimos um garantismo com a natural responsabilidade social de que ele é imbuído, com a defesa dos direitos

---

[485] No que tange ao tratamento, inúmeros estudos demonstram que alguns programas resultam efetivos enquanto outros não logram demonstrar seus benefícios. A questão da efetividade *versus* custos ainda é muito polêmica. Mesmo assim, a reincidência média costuma ser menor entre os sujeitos tratados. Os programas que apresentam melhores resultados parecem ser os de orientação cognitivo-comportamental. Cálculos demonstram que o custo econômico enfrentado pela sociedade cada vez que um delinquente sexual comete um novo crime é de aproximadamente 200.000 euros. Se 24 de cada 100 delinquentes sexuais tratados não reincidissem a economia chegaria a 4,8 milhões de euros frente a um custo inferior a um milhão de euros pelo tratamento. Portanto, discutível o argumento de que os governos não podem financiar o tratamento de delinqüentes sexuais. MARSHALL, William; SANTIAGO REDONDO, Illescas. Control y tratamiento de la agresión sexual. In: SANTIAGO REDONDO (org.). *Delincuencia sexual y sociedad* – estudios sobre violencia. Barcelona: Ariel, 2002, p. 319.

do acusado, seja submetendo-o a uma pena ou a uma medida de segurança. Para tanto, não podemos ignorar a questão da periculosidade (cuja medição segue sendo polêmica) nem a preocupação com a segurança da coletividade. Mesmo diante de tantas incertezas e dilemas éticos e jurídicos, uma coisa é certa: não se pode seguir criando mitos, pois essa lógica simbólica vem aniquilando construções de Direito Penal com séculos de tradição, arrastando e aniquilando quase todas as garantias duramente conquistadas pelo ser humano. Como medir a culpa ou a responsabilidade criminal? Ninguém o sabe. Talvez percebendo nossa própria frustração e desesperança possamos começar a criar algo melhor.

Bibliografia

ALBERCA LORENTE, Román. *La actualidad de la enfermedad y la tipicidad del delito en derecho penal.* Madrid: Tecnos, 1965.

ALONSO ALAMO, Mercedes. Observaciones sobre el tratamiento penal de las psicopatías. In: DE LA CUESTA ARZAMENDI, José Luis; DENDALUZE, Iñaki; ECHEBURÚA, Enrique (org.). Criminología y Derecho Penal al servicio de la persona. *Libro homenaje al Profesor Beristain.* San Sebastián: Instituto Vasco de Criminología, 1989.

ALVIM, Rui Carlos Machado. *Uma pequena história das medidas de segurança.* São Paulo: Instituto Brasileiro de Ciências Criminais, 1987.

AMERICAN PSYCHIATRIC ASSOCIATION (Washington). *American psychiatric association*: diagnostic and statistical manual of mental disorders (DSM-IV). 4. ed. Washington, DC, 1994.

ANDRADE, Manuel da Costa. A dignidade penal e a carência de tutela penal como referências de uma doutrina teleológico-racional do crime. *Revista Portuguesa de Ciências Criminais,* v. 2, 1992.

ARROYO ZAPATERO, Luis. El principio de culpabilidad y sus plasmaciones: reflexiones y propuestas para la construcción de una normativa europea. *Revista Penal,* jan. 1999.

ASSIS TOLEDO, Francisco. *Princípios básicos de direito penal.* 4. ed. São Paulo: Saraiva, 1991.

ASUA BATARRITA, Adela *et al. El Pensamiento Penal de Beccaria*: su actualidad. Bilbao: Universidad de Deusto, 1990.

BAUMAN, Zygmunt. *Em busca da política.* Rio de Janeiro: Jorge Zahar, 2000.

BERDUGO GOMEZ DE LA TORRE, Ignacio et al. *Lecciones de derecho penal*: parte general. 2. ed. Barcelona: Praxis, 1999.

BERINSTAIN, Antonio. *Medidas penales*: derecho contemporáneo. Madrid: Reris, 1974.

——. *Protagonismo de las víctimas de hoy y mañana*: evolución en el campo jurídico penal, prisional y ético. Valencia: Tirant lo Blanch, 2004.

BITENCOURT, Cezar Roberto. *Falência da pena de prisão*: causas e alternativas. São Paulo: Revista dos Tribunais, 1993.

——. Evolución y revisión de algunos conceptos de culpabilidad. In: NIETO MARTÍN, Adán (org.). *Homenaje al Dr. Marino Barbero Santos – in memoriam.* Cuenca: Universidad de Castilla-La Mancha/ Universidad de Salamanca, 2001. v. 1.

——. *Tratado de Direito Penal*: parte geral. 9. ed. São Paulo: Saraiva, 2004.

——.——. 10. ed. São Paulo: Saraiva, 2006.

———. *Tratado de direito penal*: parte geral. 11. ed. São Paulo: Saraiva, 2007.

BONTA, JAMES, WALLACE-CAPRETTA, SUZANNE, ROONEY, JENNIFER. *Can Electronic Monitoring make a difference?* An evaluation of three Canadian Programs, Crime & Delinquency, vol. 46, n. 1, 2000.

BRANDÃO, Cláudio. *Teoria jurídica do crime*. 2. ed. Rio de Janeiro: Forense, 2003.

BRASIL. Código Penal. Decreto-Lei n° 2.848, de 7 de dezembro de 1940. *Código penal, código de processo penal, legislação penal e processual penal, constituição federal.* Organização por Luiz Flávio Gomes. 11. ed. rev., ampl. e atual. São Paulo: Revista dos Tribunais, 2009. (RT MiniCódigos).

BRASIL. *Código penal, código de processo penal, legislação penal e processual penal, constituição federal.* Organização por Luiz Flávio Gomes. 11. ed. rev., ampl. e atual. São Paulo: Revista dos Tribunais, 2009. (RT MiniCódigos).

BRASIL. *Ministério da Justiça do Brasil.* Disponível em: <http://www.mj.gov.br/depen>. Acesso em: 22 abr. 2007.

BRASIL. Presidência da República. Lei n° 7.210, de 11 de julho de 1984. Lei de Execução Penal – LEP. *Código penal, código de processo penal, legislação penal e processual penal, constituição federal.* Organização por Luiz Flávio Gomes. 11. ed. rev., ampl. e atual. São Paulo: Revista dos Tribunais, 2009. (RT MiniCódigos).

BRASIL. Presidência da República. *Lei n° 10.216*, de 6 de abril de 2001. Dispõe sobre a proteção e os direitos das pessoas portadoras de transtornos mentais e redireciona o modelo assistencial em saúde mental. Brasília, 6 de abril de 2001. Disponível em: <http://www.planalto.gov.br/ccivil_03/Leis/LEIS_2001/L10216.htm>. Acesso em: 24 jul. 2009.

CABRAL, Álvaro; NICK, Eva. *Dicionário técnico de psicologia.* São Paulo: Cultrix, 2000.

CABRERA FORNEIRO, José; FUERTES ROCAÑIN, José Carlos. *La enfermedad mental ante la ley* – Manual de Forense. Madrid: Libro del Año e Universidad Pontificia Comillas, 1994.

CADOPPI, Alberto; VENEZIANI, Paolo. *Elementi di diritto penale*: parte generale. Padova: CEDAM, 2007.

CALLEGARI, André Luís; LYNNET, Eduardo Montealegre; JAKOBS, Günther; CANCIO MELIÁ, Manuel. *Direito penal e funcionalismo.* Porto Alegre: Livraria do Advogado, 2005.

CARBONELL MATEU, Juan Carlos. *Derecho penal*: concepto y principios constitucionales. 3. ed. Valencia: Tirant lo Blanch, 1999.

CARVALHO, Alexandre Víctor de. Medida de segurança: possibilidade de imposição de tratamento ambulatorial mesmo quando o crime praticado é apenado com reclusão. *Caderno de Jurisprudência do Boletim mensal do Instituto Brasileiro de Ciências Criminais*, n. 159, fev. 2006.

CEREZO MIR, José. *Problemas fundamentales del derecho penal.* Madrid: Tecnos, 1982.

———. *Estudios sobre la moderna reforma penal española.* Madrid: Tecnos, 1993.

———. El delito como acción culpable. *Anuario de Derecho Penal y Ciencias Penales*, jan./abr. 1996. T. XLIX, Fasc. I.

———. *Curso de derecho penal español*: parte general. 5. ed. Madrid: Tecnos, 1996.

———. Medidas de seguridad aplicables a las personas exentas de responsabilidad penal por padecer una anomalía o alteración psíquica. In: NIETO MARTÍN,

Adán (org.). *Libro homenaje al Dr. Marino Barbero Santos*. Cuenca: Universidad de Castilla-La Mancha, 2001.

CERNICCHIARO, Luis Vicente; COSTA JUNIOR, Paulo José da. *Direito penal na constituição*. 3. ed. São Paulo: Revista dos Tribunais, 1995.

CHERKASKY S.; HOLLANDER E. Neuropsychiatric aspects of impulsivity and agression. In: YUDOFSKY, S. C.; MALES, R. E. (org.). *American psychiatric press textbook of neuropsychiatry*. Washington D.C.: American Psychiatric Press, 1997.

COSTA JUNIOR, Paulo José da. *Direito penal*: curso completo. 5. ed. São Paulo: Saraiva, 1999.

CLEMENTE, Miguel; ESPINOSA, Pablo. Delincuencia, agresividad y violencia. In: CLEMENTE, Miguel; ESPINOSA, Pablo (Coords.). *La mente criminal*: teorías explicativas del delito desde la psicología jurídica. Madrid: Dykinson, 2001.

COBO DEL ROSAL, Manuel; VIVES ANTÓN, Tomás S. *Derecho penal*: parte general. 5. ed. Valencia: Tirant lo Blanch, 1999.

DIAS, Jorge de Figueiredo. *Direito penal português*: conseqüências jurídicas do crime. Lisboa: Aequitas Editorial Notícias, 1993.

——. *Questões fundamentais do direito penal revisadas*. São Paulo: Revista dos Tribunais, 1999.

DÍEZ RIPOLLÉS, José Luis. *El derecho penal ante el sexo*: límites, criterios de concreción y contenido del derecho penal sexual. Barcelona: Bosch, 1981.

——. De la sociedad del riesgo a la seguridad ciudadana: un debate desenfocado. In: BACIGALUPO, Silvina; CANCIO MELIÁ, Manuel (org.). *Derecho penal y política transnacional*. Barcelona: Atelier, 2005.

——. De la sociedad del riesgo la seguridad ciudadana: un debate desenfocado. *Revista Electrónica de Ciencias Penales y Criminología* – RECPC n.7 (2005). Disponível em: <http://criminet.ugr.es/recpc/07/recpc07-01.pdf>. Acesso em: 18 jan. 2005.

——. El nuevo modelo penal de la seguridad ciudadana. *Revista electrónica de ciencia penal y criminología* – *RECPC 06-03 (2004)*. Disponível em: <http://criminet.ugr.es/recpc>. Acesso em: 15 fev. 2007.

DOTTI, René Ariel. *Curso de direito penal*: parte geral. 2. ed. Rio de Janeiro: Forense, 2005.

ECHEBURÚA, Enrique. *Criminología y derecho penal al servicio de la persona*. Libro homenaje al profesor Beristain. San Sebastián: Instituto Vasco de Criminología, 1989.

ESPANHA. *Constitución española*. Constituição Espanhola: promulgada em 27 de dezembro de 1978. 13. ed. Madrid: Tecnos, 2004.

ESPANHA. *Código penal*. Ley Orgánica 10/1995. Organizada por Francisco Muñoz Conde. 5. ed. Barcelona: Ariel, set. 2004.

ESPANHA. Tribunal Supremo. Auto n° 379/2005. RJ 2.005/10.2619.

——. Sentença n° 1511/2005. RJ 2005/1326.

——. Sentença n° 439/2004. RJ 2004/3692.

——. Sentença n° 535/2006. RJ 2006/3030.

——. Sentença n° 537/1988. RJ 1988/1341.

FABRICIUS, Dirk. Law and society in the criminal sciences: entering a non-natural world. Disponível em: <www.mpipf.mpg.de/MPIPF/vw-symp-texte/fabricius.pdf>. Acesso em: 15 fev. 2005.

FARIA COSTA, José de. *O Perigo em Direito Penal*. Coimbra: Coimbra, 2000.

FERRAJOLI, Luigi. Per un programma di diritto penale minimo. In: PEPINO, Livio (Coord.). *La riforma del diritto penale*: garanzie ed effetività delle techniche di tutela. Milano: FrancoAngeli, 1993.

——. La pena in una società democratica. *Questione giustizia*, Milano, n. 3-4, 1996.

——. *Derecho y razón*: teoría del garantismo penal. 4. ed. Madrid: Trotta, 2000.

——. *Direito e razão*: teoria do garantismo penal. São Paulo: Revista dos Tribunais, 2002.

FERRARI, Eduardo Reale. *Medidas de segurança e direito penal no estado democrático de direito*. São Paulo: Revista dos Tribunais, 2001.

FIANDACA, Giovanni; MUSCO, Enio. *Diritto penale*: parte generale. Bologna: Zanichelli, 2007.

FINN, Mary A.; MUIRHEAD-STEVES, Suzanne. The effectiveness of eletronic monitoring with violent male parolees. *Justice Quarterly*, online publication, 19:2, p. 293-312.

FOUCAULT, Michel. *Enfermedad mental y personalidad*. Barcelona: Paidós, 1984.

——. *Vigiar e punir*: história da violência nas prisões. Petrópolis: Vozes, 1998.

——. *Microfísica do poder*. Rio de Janeiro: Graal, 1998.

FRAGOSO, Heleno Cláudio. *Lições de direito penal*: parte geral. 8. ed. Rio de Janeiro: Forense, 1985.

FRIEDRICH LÖSEL. ¿Sirve el tratamiento para reducir la reincidencia de los delincuentes sexuales? In: SANTIAGO REDONDO (org.). *Delincuencia sexual y sociedad* – estudios sobre violencia. Barcelona: Ariel, 2002.

GABBARD, Glen O. *Psiquiatria psicodinâmica*. Porto Alegre: Artes Médicas, 1998.

GARCÍA ALBERO, Ramón. De las medidas de seguridad. In: QUINTERO OLIVARES, Gonzalo; MORALES PRATS, Fermín (org.). *Comentarios al nuevo código penal*. Pamplona: Aranzadi, 2001.

GARCIA ANDRADE, José Antonio. *Psiquiatría criminal y forense*. 2. ed. Madrid: Centro de Estudios Ramón Areces, 2002.

GARCÍA ARÁN, Mercedes. Fundamentos y Aplicación de Penas y Medidas de Seguridad en el Código Penal de 1995. Pamplona: Aranzadi, 1997.

——. Culpabilidad, legitimación y proceso. *Anuario de derecho penal y ciencias penales*, T. XLI, Fasc. I, 1998.

——. El llamado principio de culpabilidad: ¿no hay pena sin culpabilidad? In: QUINTERO OLIVARES, Gonzalo; MORALES PRATS, Fermín (org.). *El nuevo derecho penal español*: estudios penales en memoria del profesor José Manuel Valle Muñiz. Madrid: Aranzadi, 2001.

GARCÍA GARCÍA, Lucía. Marco jurídico de la enfermedad mental. Incapacitación e internamiento. *Revista General de Derecho*, Valencia, 2000.

GARCÍA-PABLOS DE MOLINA, Antonio. *Derecho penal*: introducción. Madrid: Universidad Complutense de Madrid, 1995.

——. *Tratado de criminología*. Valencia: Tirant lo Blanch, 2003.

——; GOMES, Luiz Flávio. *Criminologia*: introdução a seus fundamentos teóricos. 2. ed. São Paulo: Revista dos Tribunais, 1997.

GARCIA, Roberto Soares. Pulseirinhas, tornozeleiras e inconstitucionalidade da Lei n. 12.096/08. *Boletim do Instituto Brasileiro de Ciências Criminais*, São Paulo, ano 16, n. 187, p. 6, jun./2008.

GARRIDO GENOVÉS, Vicente. *Psicópatas y otros delincuentes violentos*. Valencia: Tirant lo Blanch, 1982.

———. *El psicópata, un camaleón en la sociedad actual*. Alzira: Algar, 2003.

GARRIDO GUZMÁN, Luis. El tratamiento de psicópatas y los establecimientos de terapia social. In: DE LA CUESTA ARZAMENDI, José Luis; DENDALUZE, Iñaki; ECHEBURÚA, Enrique (org.). *Criminología y derecho penal al servicio de la persona*. Libro homenaje al profesor Beristain. San Sebastián: Instituto Vasco de Criminología, 1989.

GAUER, Gabriel Chittó; SOIREFMANN, Mariana; GRECA, Laura. Aspectos biológicos na etiologia do comportamento agressivo. In: CHITTÓ GAUER, Gabriel; CHITTÓ GAUER, Ruth (org.). *A fenomenologia da violência*. Curitiba: Juruá, 1999.

———; FERLA GUILHERMANO, Thaís. Fatores biológicos associados à conduta agressiva. In: CHITTÓ GAUER, Gabriel (org.). *Agressividade*: uma leitura biopsicossocial. Curitiba: Juruá, 2001.

———; PEREIRA, Luiz Augusto. Exercício da medicina: intimidação e violência. *Revista da AMRIGS*, v. 49, n. 2, p. 69-136, 2005.

GIMBERNAT, E. La culpabilidad como criterio regulador de la pena. *Revista de Ciencias Penales*, T. XXXII, n. 1, terceira época, jan./abr. 1973.

GOFFMAN, Irving. *Manicômios, prisões e conventos*. São Paulo: Perspectiva, 1996.

GOMES, Luís Flávio. *Duração das Medidas de Segurança*. São Paulo: Revista dos Tribunais, 1991.

GONZALES RUS, Juan José. Imputabilidad disminuida: determinación y ejecución de penas y medidas de seguridad. *Actualidad Penal*, n. 2, jan. 1999.

GONZÁLEZ-RIVERO, Pilar. El fundamento de las penas y de las medidas de seguridad. *Cuadernos de Política Criminal*, n. 78, 2002.

GOTTESMAN, I. I.; GOLDSMITH, H. H. Developmental psychopathology of antisocial behavior: inserting genes into its ontogenesis and epigenesist. In: NELSON, Ca (org.). *Threats to optimal development*: integrating biological, psychological, and social risk factors. Hillsdale: Erlbaum, 1994.

GRACIA MARTÍN, Luis. Consideraciones críticas sobre el actualmente denominado Derecho Penal del Enemigo. *Revista Electrónica de Ciencia Penal y Criminología* – RECPC 07-02 (2005). Disponível em: <http://criminet.ugr.es/recpc>. Acesso em: 20 fev. 2007.

GRUPO DE TRABALHO DO SISTEMA PRISIONAL do Conselho Regional de Psicologia do Rio Grande do Sul. Disponível em: <www.crprs.org.br>. Acesso em: 18 mar. 2007.

HALE L. R, GOLDSTEIN D. S, ABRAMOWITZ C. S, CALAMARI J. E, KOSSON D. S. Psychopathy is related to negative affectivity but not to anxiety sensitivity. *Behav Res Ther*, v. 42, n. 6, p. 697-710, 2004.

HARE, R. D. *Manual for the hare psychopathy checklist-revised*. Toronto: Multi Health System, 1991.

———. The Hare PCLR: some issues concerning its use and misuse. *Legal Criminol. Psychol*. 1998. 3 v.

HASSEMER, Winfried. *Fundamentos del derecho penal*. Barcelona: Bosh, 1984.

———. *Persona, mundo y responsabilidad*. Bases para una teoría de la imputación en Derecho Penal. Valencia: Tirant lo Blanch, 1999.

———; MUÑOZ CONDE, Francisco. *Introducción a la criminología*. Valencia: Tirant lo Blanch, 2001.

HEMPHILL, J. F.; TEMPLEMAN, R.; WONG, S.; HARE, R.D. Psychopathy and crime: recidivism and criminal careers. In: COOKE, D.J.; FORTH, A.E.; HARE, R.D. (org.). *Psychopathy*: theory and implications for society. Dordrecht: Kluwer Academic Publishers, 1998.

INTERNATIONAL CENTRE FOR PRISON STUDIES, UNIVERSITY OF LONDON. Disponível em: <http://www.kcl.ac. uk/depsta/rel/icps/home.html>. Acesso em: 12 jul. 2008.

JAKOBS, Günther. Culpabilidad y prevención. *Estudios de derecho penal*. Madrid, 1997.

———. Sobre a teoria da pena. *Revista do Poder Judicial*, n. 47, 1997.

———; CANCIO MELIÁ, Manuel. *Direito penal do inimigo, noções e críticas*. Porto Alegre: Livraria do Advogado, 2005.

JESCHECK, Hans-Heinrich. *Tratado de derecho penal*: parte general. Barcelona: Bosch, 1981. T. I

———. *Tratado de derecho penal*: parte general. Granada: Comares, 1993.

———; WEIGEND, Thomas. *Tratado de derecho penal*: parte general. 5. ed. Granada: Comares, 2002.

KAPLAN, H.I.; SADOCK, B. J.; GREBB, J. A. *Compêndio de psiquiatria*: ciências do comportamento e psiquiatria clínica. 7. ed. Porto Alegre: Artes Médicas, 1997.

KARAM, Maria Lúcia: Monitoramento Eletrônico: a sociedade do controle. *Boletim do Instituto Brasileiro de Ciências Criminais*, n. 170, jan. 2007.

KRAVITZ, H. M.; HAYWOOD, T. W.; KELLY, J. Medroxyprogesterone treatment for paraphiliacs. *Bulletin of American Academy of Psychiatry and the Law*, n. 23, 1995.

LARRAURI PIJOAN, Elena. Populismo punitivo y penas alternativas a la prisión. In: BACIGALUPO, Silvina; CANCIO MELIÁ, Manuel (org.). *Derecho penal y política transnacional*. Barcelona: Atelier, 2005.

LÍBANO MONTEIRO, Cristina. Perigosidade de inimputáveis e in dubio pro reo. *Boletim da Faculdade de Direito da Universidade de Coimbra*, n. 24, 1997.

LIMA DE CARVALHO, Márcia Dometila. *Fundamentação constitucional del derecho penal*. Porto Alegre: Sergio Fabris, 1992.

LISKA, Allen E.; MESSNER, Steven F. *Perspectives on crime and deviance*. 3. ed. New Jersey: Prentice Hall, 1999.

LISZT, Franz von. *Tratado de derecho penal*. Madrid: Reus, 1927. T. II.

LOPES JÚNIOR, Aury. *Introdução crítica ao processo penal:* Fundamentos da Instrumentalidade Garantista. Rio de Janeiro: Lumen Júris, 2005.

LÓPEZ-IBOR ALIÑO, Juan José. *La responsabilidad penal del enfermo mental*. Madrid: Instituto de España – Real Academia Nacional de Medicina, 1951.

LORENZ, A. R.; NEWMAN, J. P. Deficient response modulation and emotion processing in low-anxious Caucasian psychopathic offenders: results from a lexical decision task. *Emotion*. v. 2, n. 2, p. 91-104, 2002.

LOUE, Sana. The involuntary civil commitment of mentaly ill persons in the United States and Romania. *The Journal of Legal Medicine*, v. 23, p. 211-250, 2002.

LUISI, Luis. *Os princípios constitucionais penais*. 2. ed. Porto Alegre: Sérgio Fabris, 2003.

LUZÓN CUESTA, José Maria. *Compendio de derecho penal*: parte general. 13. ed. Madrid: Dykinson, 2002.

LUZÓN PEÑA, Diego-Manuel. Principio de igualdad, derecho penal de hecho y prevención especial: equilibrio y tensiones. In: ASUA BATARRITA, Adela (org.). *El pensamiento penal de beccaria*: su actualidad. Bilbao: Universidad de Deusto, 1990.

MAFFESOLI, Michel. *Dinâmica da violência*. São Paulo: RT/Vértice, 1987.

MAGGIORE, Giuseppe. *Derecho penal*. Bogotá: Temis, 1954. 2 v.

MANTOVANI, Ferrando. *Diritto penale*. 2. ed. Padova: César, 1988.

——. *Principi di diritto penale*. Padova: CEDAM, 2002.

MARSHALL, William; MARSHALL LIAM. ¿Cómo llega alguien a convertirse en un delincuente sexual? In: SANTIAGO REDONDO (org.). *Delincuencia sexual y sociedad* – estudios sobre violencia. Barcelona: Ariel, 2002.

——; SANTIAGO REDONDO, Illescas. Control y tratamiento de la agresión sexual. In: SANTIAGO REDONDO (org.). *Delincuencia sexual y sociedad* – estudios sobre violencia. Barcelona: Ariel, 2002.

MARTÍNEZ GARAY, Lucía. *La imputabilidad penal*: concepto, fundamento, naturaleza jurídica y elementos. Valencia: Tirant lo Blanch Monografías n. 387, 2005.

MARTÍNEZ GUERRA, Amparo. Nuevas tendencias político criminales en la función de las medidas de seguridad. *Cuadernos Luis Jiménez de Asúa*, Madrid, n. 22, 2004.

MAURACH, Reinhart *et al*. *Tratado de derecho penal*. Barcelona: Ariel, 1962.

Megan's Law. Disponível em: <http://www.klaaskids.org/pg-legmeg.htm>. Acesso em: 19 mar. 2007.

MENDONÇA, Martha. Entrevista com Ana Beatriz Barbosa Silva: Psicopatas não sentem compaixão. Disponível em: <http://revistaepoca.globo.com/Revista/Epoca>. Acesso em 7 jan. 2010.

MENTE E CÉREBRO, *Revista de Psicologia, Psicanálise, Neurociências e Conhecimento*, ano XIV, n. 166, nov. 2006.

MESSIAS, Simone Fagundes. *Ética e direitos humanos:* desafios do serviço social no manicômio judiciário do Estado de Rio Grande do Sul. 2005. Dissertação (Mestrado) – Serviço Social. Universidade Católica de Rio Grande do Sul, RS, 2005.

MIR PUIG, Santiago. *Derecho penal*: parte general. 2. ed. Barcelona: PPU, 1985.

——. Función fundamentadora y función limitadora de la prevención general positiva. *Poder y Control*, n. 0, 1986.

——. *El derecho penal en el estado social y democrático de derecho*. Barcelona: Ariel, 1994.

——. *Derecho penal*: parte general. 5. ed. Barcelona: Reppertor, 1998.

——. ——. 7. ed. Barcelona: Reppertor, 2005.

——. *Estado, pena y delito*. Buenos Aires: Bdef, 2006.

MONTESINOS GARCÍA, Ana. Pulseras electrónicas y derechos fundamentales. Revista Jurídica Valenciana, disponível em <www.tirantonline.com>, acesso em 20 jun. 2008.

MORALES PRATS, Fermín. La alteración en la percepción: contenido y limites (Art. 8.3, CP). *Cuadernos de Política Criminal*, n. 40, 1990.

MORANA, Hilda Clotilde Penteado. *Identificação do Ponto de Corte para a Escala PCL-R (Psychopathy Checklist Revised) em População Forense Brasileira*: caracterização

---

CRIMES SEXUAIS VIOLENTOS

de dois subtipos da personalidade; transtorno global e parcial. 2003. Dissertação (Doutorado) – Ciências. Faculdade de Medicina da Universidade de São Paulo, 2003.

MUÑOZ CONDE, Francisco. *El principio de culpabilidad*. Em III Jornada de Profesores de Derecho Penal. Santiago de Compostela, 1976.

——. La resocialización del delincuente, análisis y crítica de un mito. *Cuadernos de Política Criminal*, n. 7, 1979.

——. La imputabilidad del enfermo mental. *Psicopatología*, n. 2, 1982.

——. *Teoria geral do delito*. Porto Alegre: Sergio Fabris, 1988.

——. *Edmund mezger y el derecho penal de su tiempo*: estudios sobre el derecho penal en el nacionalsocialismo. 4. ed. Valencia: Tirant lo Blanch, 2003.

——. *Direito penal e controle social*. Rio de Janeiro: Forense, 2005.

——. La esterilización de los asociales en el nacionalsocialismo. *Revista Electrónica de Ciencia Penal y Criminología* – RECPC 04-05 (2005). Disponível em: <http://criminet.ugr.es/recpc/recpc_04-05.html>. Acesso em: 13 abr. 2007.

——; GARCÍA ARÁN, Mercedes. *Derecho penal*: parte general. 6. ed. Valencia: Tirant lo Blanch, 2004.

——; MUÑOZ AUNIÓN, Marta. *¿Vencedores o vencidos?* Comentarios jurídicos y cinematográficos a la película de Stanley Kramer "El Juicio de Nuremberg" (1961). Valencia: Tirant Lo Blanch, 2003.

NATIONAL PROBATION SERVICE FOR ENGLAND AND WALES. *Enforcement, Rehabilitation and Public Protection*. Disponível em: <www.probation.homeoffice.gov/uk>. Acesso em: 12 jul. 2008.

NEWHILL, Christina E.; MULVEY, Edward. Emocional dysregulation: the key to a treatment approach for violent mentally ill individuals. *Clinical Social Work Journal*, vol. 30, n. 2, 2002.

NIELSEN, David A. *et al*. Suicidality and 5-hydroxyindoleacetc acid concentration associated with a tryptophan hydroxylase polymorphism. *Arch Gen Psychiatry*, 1994.

NO EXTERIOR, PESQUISAS TIVERAM RESULTADOS FAVORÁVEIS À "CASTRAÇÃO QUÍMICA". *Folha Online*. Disponível em http://www1.folha.uol.com.br/folha/cotidiano/ult95u388038.shtml>. Acesso em: 12 jul. 2008.

NUCCI, Guilherme de Souza. *Código penal comentado*. 5. ed. São Paulo: Revista dos Tribunais, 2005.

——. *Manual de direito penal*: parte geral e especial. São Paulo: Revista dos Tribunais, 2007.

PACHECO, Sérgio. Beneficio del alta progresiva. In: CRESPO DE SOUZA, Carlos Alberto; GÖTTERT CARDOSO, Rogério (org.). *Psiquiatria Forense*: 80 anos de prática institucional. Porto Alegre: Sulina, 2006.

PADOVANI, Tulio. *Diritto Penale*. Milano: Giuffré, 2006.

PÉREZ VITORIA, Octavio. El delincuente psicopático y su tratamiento. *Revista de Estudios Penitenciarios*, 1970.

PLATÃO. *Leis. Diálogos*. Belém: Ed. Universidade Federal do Pará, 1980. XII v.

PRATS CANUT, José Miguel. La culpabilidad: principio y categoría dogmática. In: QUINTERO OLIVARES, Gonzalo; MORALES PRATS, Fermín (org.). *El nuevo derecho penal español*: estudios penales en memoria del profesor José Manuel Valle Muñiz. Madrid: Aranzadi, 2001.

PSICOPATÍAS, en Revista de Ciência Criminal. Disponível em <www.cienciacriminal.com.br>. Acesso em: 10 ago. 2006.

QUEIROZ, Paulo. *Direito penal*: parte geral. 2. ed. São Paulo: Saraiva, 2005.

QUINSEY, Vernon. Treatment of sex offenders. In: TONRY, Michael (org.). *The Handbook of crime and punishment*. New York: Oxford University Press, 1998.

QUINSEY, Vernon et al. *Violent offenders*: appraising and managing risk. Washington D.C.: American Psychological Association, 1998.

QUINTERO OLIVARES, Gonzalo. *Locos y culpables*. Pamplona: Aranzadi, 1999.

REALE JÚNIOR, Miguel. *Penas e medidas de seguridade no novo código*. Rio de Janeiro: Forense, 1985.

REGHELIN, Elisangela Melo. Entre terroristas e inimigos... *Revista Brasileira de Ciências Criminais*, ano 15, n. 66, maio/jun. 2007.

RIBEIRO, Bruno de Morais. *Medidas de segurança*. Porto Alegre: Sérgio Antonio Fabris, 1998.

ROCAMORA GARCÍA-VALLS, Pedro. *Agresividad y derecho*. Barcelona: Bosch, 1990.

RODRÍGUEZ-MAGARIÑOS, Faustino Gudín. *Cárcel electrónica*: bases para la creación del sistema penitenciario del siglo XXI. Valencia: Tirant lo Blanch, 2007.

——. Nuevas penas: comparación de los resultados de la vigilancia electrónico como sustitutivo de la prisión en los países de nuestro entorno. *Revista de Derecho y Proceso Penal*, 2006-1, n. 15, p. 135-143.

ROMEO CASABONA. *Peligrosidad y derecho penal preventivo*. Barcelona: Bosch, 1987.

ROSE, Charles. *Electronic Monitoring of Offenders*: a new dimension in community sentencing or a needless diversion? International Review of Law Computers & Technology, v. 11, n. 1, p. 147-153, 1997.

ROXIN, Claus. ¿Que queda de la culpabilidad en Derecho Penal? *Cuadernos de política criminal*, n. 30, 1986.

——. *Derecho penal*: parte general. Madrid: Civitas, 1997. Tomo I, Fundamentos: La estructura de la teoría del delito.

——. *Política criminal y sistema jurídico-penal*. Rio de Janeiro: Renovar, 2000.

SAAVEDRA, Giovani Agostini. *Jurisdição e democracia*: uma análise das teorias de Jürgen Habermas, Robert Alexy, Ronald Dworkin e Niklas Luhmann. Porto Alegre: Livraria do Advogado, 2006.

SÁNCHEZ LÁZARO, Fernando Guanarteme. Un problema de peligrosidad postdelictual: reflexiones sobre las posibilidades y límites de la denominada custodia de seguridad. *Revista Penal*, n. 17, jan. 2006.

SANMARTÍN, José. *La mente de los violentos*. 2. ed. Barcelona: Ariel, 2002.

SANTIAGO REDONDO, Illescas. Delincuencia sexual: mitos y realidades. In: SANTIAGO REDONDO (org.). *Delincuencia sexual y sociedad* – estudios sobre violencia. Barcelona: Ariel, 2002.

SANTOS REQUENA, Agustín-Alejandro. *La imposición de medidas de seguridad en el proceso penal*. Granada: Comares, 2001.

SANZ MORÁN, Ángel José. *Las medidas de corrección y de seguridad en el derecho penal*. Valladolid: Lex Nova, 2003.

SCHECAIRA, Sérgio Salomão. Prisões do Futuro? Prisões no Futuro?. In: PASSETI, Edson; SILVA, Roberto Baptista Dias da (org.). *Conversações Abolicionistas*: uma crítica do sistema penal e da sociedade punitiva. São Paulo: IBCCrim, 1997.

SCHÜNEMANN, Bernd. La función de la delimitación de injusto y culpabilidad. In: SCHÜNEMANN, Bernd (org.). *Fundamentos de un sistema europeo del derecho penal*. Barcelona: Bosh, 1995.

———. *Temas actuales y permanentes del derecho penal después del milenio*. Madrid: Tecnos, 2002.

SEGURA GARCÍA, María José. Retribución y prevención en el tratamiento legal del enfermo mental delincuente en los Estados Unidos de América: aspectos penales y procesales de la denominada insanity defense. *Cuadernos de Política Criminal*, n. 58, 1996.

SELFE, David W.; BURKE, Vincent. *Perspectives of sex, crime and society*. London: Cavendish Publishing Limited, 2001.

SERAFIM, AP. *Correlação entre ansiedade e comportamento criminoso*: padrões de respostas psicofisiológicas em homicidas [tese]. São Paulo: Faculdade de Medicina, Universidade de São Paulo: 2005.

SIERRA LÓPEZ, Maria del Valle. *Las medidas de seguridad en el nuevo código penal*. Valencia: Tirant lo Blanch, 1997.

SILVA SÁNCHEZ, Jesús María. *La expansión del derecho penal*: aspectos de la política criminal en las sociedades postindustriales. 2. ed. Madrid: Civitas, 2001.

———. El retorno de la inocuización. El caso de las reacciones jurídico-penales frente la los delincuentes sexuales violentos. In: NIETO MARTÍN, Adán (org.). *Homenaje al Dr. Marino Barbero Santos*. Cuenca: Ediciones de la Universidad de Castilla-La Mancha, Ediciones de la Universidad de Salamanca, 2001. v. 1.

———. El retorno de la inocuización: el caso de las reacciones jurídico-penales frente a los delincuentes sexuales violentos en derecho comparado. In: SANTIAGO REDONDO (org.). *Delincuencia sexual y sociedad* – estudios sobre violencia. Barcelona: Ariel, 2002.

SNOW, Penny. Electronic monitoring of offenders. *International Review of Law Computers & Technology*, v. 13, n. 3, p. 405-413, 1999.

SPORLEDER DE SOUZA, Paulo Vinícius. *A criminalidade genética*. 1999. Dissertação (Mestrado) – Ciências Criminais, Faculdade de Direito. Pontifícia Universidade Católica do Rio Grande do Sul, 1999.

———. Bases genéticas do Transtorno de Personalidade Anti-Social sob um enfoque criminológico. In: CHITTÓ GAUER, Gabriel (org.). *Agressividade*: uma leitura biopsicossocial. Curitiba: Juruá, 2001.

STRÜBER, Daniel; LÜCK, Monika; ROTH, Gerhard. Local del crimen. *Mente y Cérebro, Revista de Psicología, Psicoanálisis, Neurociencias y Conocimiento*, n. 166, nov. 2006.

SUÁREZ RODRIGUEZ, Carlos. El Delito de Agresiones Sexuales Asociadas a la Violación. Navarra: Aranzadi, 1995.

TAVARES, Juarez. Critérios de seleção de crimes e cominação de penas. *Revista Brasileira de Ciências Criminais*, número especial de lanzamiento, dez. 1992.

———. *Teoria do injusto penal*. 3. ed. Belo Horizonte: Del Rey, 2003.

———. Globalización, Derecho penal y seguridad pública. In: BACIGALUPO, Silvina; CANCIO MELIÁ, Manuel (org.). *Derecho Penal y Política Transnacional*. Barcelona: Atelier, 2005.

THE EXAMINER. 4 nov. 2004. San Francisco, CA, p. 15.

TIEGHI, Osvaldo N. *Tratado de criminología*. 2. ed. Buenos Aires: Universidad, 1996.

TORRES ROSEL, Núria. La supervisión electrónica de penados: propuestas y reflexiones desde el Derecho comparado. *Revista Aranzadi de Derecho Penal y Proceso Penal*, n. 19, p. 71-91, 2008.

URRUELA MORA, Asier. *Imputabilidad penal y anomalía o alteración psíquica:* la capacidad de culpabilidad penal a la luz de los modernos avances en y genética. Granada: Comares, 2004.

VII ENCONTRO NACIONAL DE EXECUÇÃO PENAL. Carta de Porto Alegre. Disponível em: <www.tjpe.gov.br/presidio/Carta-PortoAlegre.doc>. Acesso em: 19 out. 2006.

WELZEL, Hans. *El nuevo sistema del derecho penal.* Ariel, 1964.

——. *Derecho penal alemán.* Santiago: Jurídica de Chile, 1970.

WHITMAN, James Q. *Harsh Justice*: criminal punishment and the widening divide between America and Europe. New York: Oxford University Press, 2003.

WORLD HEALTH ORGANIZATION (Geneva). *The ICD-10 Classification of Mental and Behavioral Disorders*: clinical descriptions and diagnostic guidelines. Geneva: World Health Organization, 1992.

YUDOFSKY, S.; WILLIAMS, D.; GORMAN, J. Propranolol in the treatment of rage and violent behavior in patients with chronic brain syndromes. *American Journal of Psychiatry*, n. 138, 1981.

ZACKSESKI, Cristina. A imposição das tornozeleiras. *Boletim do Instituto Brasileiro de Ciências Criminais*. São Paulo, ano 17, n. 199, p. 6-8, junho 2009.

ZAFFARONI, Eugenio Raul; PIERANGELI, José Henrique. *Manual de direito penal brasileiro*: parte geral. 5. ed. São Paulo: Revista de los Tribunais, 2004.

ZUGALDÍA ESPINAR, José Miguel. *Fundamentos de derecho penal*: parte general. Las teorías de la pena y de la ley penal. Valencia: Tirant lo Blanch, 1993.

Anexo – legislação espanhola

CÓDIGO PENAL ESPANHOL

DE LAS GARANTÍAS PENALES Y DE LA APLICACIÓN DE LA LEY PENAL

Artículo 1

1. No será castigada ninguna acción ni omisión que no esté prevista como delito o falta por Ley anterior a su perpetración.

2. Las medidas de seguridad sólo podrán aplicarse cuando concurran los presupuestos establecidos previamente por la Ley.

Artículo 2

1. No será castigado ningún delito ni falta con pena que no se halle prevista por Ley anterior a su perpetración. Carecerán, igualmente, de efecto retroactivo las Leyes que establezcan medidas de seguridad.

2. No obstante, tendrán efecto retroactivo aquellas leyes penales que favorezcan al reo, aunque al entrar en vigor hubiera recaído sentencia firme y el sujeto estuviese cumpliendo condena. En caso de duda sobre la determinación de la Ley más favorable, será oído el reo. Los hechos cometidos bajo la vigencia de una Ley temporal serán juzgados, sin embargo, conforme a ella, salvo que se disponga expresamente lo contrario.

Artículo 3

1. No podrá ejecutarse pena ni medida de seguridad sino en virtud de sentencia firme dictada por el Juez o Tribunal competente, de acuerdo con las leyes procesales.

2. Tampoco podrá ejecutarse pena ni medida de seguridad en otra forma que la prescrita por la Ley y reglamentos que la desarrollan, ni con otras circunstancias o accidentes que los expresados en su texto. La ejecución de la pena o de la medida de seguridad se realizará bajo el control de los Jueces y Tribunales competentes.

Artículo 5

No hay pena sin dolo o imprudencia.

Artículo 6

1. Las medidas de seguridad se fundamentan en la peligrosidad criminal del sujeto al que se impongan, exteriorizada en la comisión de un hecho previsto como delito.

2. Las medidas de seguridad no pueden resultar ni más gravosas ni de mayor duración que la pena abstractamente aplicable al hecho cometido, ni exceder el límite de lo necesario para prevenir la peligrosidad del autor.

LIBRO I
DISPOSICIONES GENERALES SOBRE LOS DELITOS Y LAS FALTAS, LAS PERSONAS RESPONSABLES, LAS PENAS, MEDIDAS DE SEGURIDAD Y DEMÁS CONSECUENCIAS DE LA INFRACCIÓN PENAL

TÍTULO I – DE LA INFRACCIÓN PENAL
CAPÍTULO I – De los delitos y faltas

Artículo 10
Son delitos o faltas las acciones y omisiones dolosas o imprudentes penadas por la Ley.

CAPÍTULO II – De las causas que eximen de la responsabilidad criminal

Artículo 19
Los menores de dieciocho años no serán responsables criminalmente con arreglo a este Código. Cuando un menor de dicha edad cometa un hecho delictivo podrá ser responsable con arreglo a lo dispuesto en la ley que regule la responsabilidad penal del menor.

Artículo 20
Están exentos de responsabilidad criminal:
1º. El que al tiempo de cometer la infracción penal, a causa de cualquier anomalía o alteración psíquica, no pueda comprender la ilicitud del hecho o actuar conforme a esa comprensión. El trastorno mental transitorio no eximirá de pena cuando hubiese sido provocado por el sujeto con el propósito de cometer el delito o hubiera previsto o debido prever su comisión.
2º. El que al tiempo de cometer la infracción penal se halle en estado de intoxicación plena por el consumo de bebidas alcohólicas, drogas tóxicas, estupefacientes, sustancias psicotrópicas u otras que produzcan efectos análogos, siempre que no haya sido buscado con el propósito de cometerla o no se hubiese previsto o debido prever su comisión, o se halle bajo la influencia de un síndrome de abstinencia, a causa de su dependencia de tales sustancias, que le impida comprender la ilicitud del hecho o actuar conforme a esa comprensión.
3º. El que, por sufrir alteraciones en la percepción desde el nacimiento o desde la infancia, tenga alterada gravemente la conciencia de la realidad.
4º. El que obre en defensa de la persona o derechos propios o ajenos, siempre que concurran los requisitos siguientes:
Primero. Agresión ilegítima. En caso de defensa de los bienes se
reputará agresión ilegítima el ataque a los mismos que constituya delito o falta y los ponga en grave peligro de deterioro o pérdida inminentes. En caso de defensa de la morada o sus dependencias, se reputará agresión ilegítima la entrada indebida en aquélla o éstas.

Elisangela Melo Reghelin

Segundo. Necesidad racional del medio empleado para impedirla o repelerla.

Tercero. Falta de provocación suficiente por parte del defensor.

5º. El que, en estado de necesidad, para evitar un mal propio o ajeno lesione un bien jurídico de otra persona o infrinja un deber, siempre que concurran los siguientes requisitos:

Primero. Que el mal causado no sea mayor que el que se trate de evitar.

Segundo. Que la situación de necesidad no haya sido provocada intencionadamente por el sujeto.

Tercero. Que el necesitado no tenga, por su oficio o cargo, obligación de sacrificarse.

6º. El que obre impulsado por miedo insuperable.

7º. El que obre en cumplimiento de un deber o en el ejercicio legítimo de un derecho, oficio o cargo.

En los supuestos de los tres primeros números se aplicarán, en su caso, las medidas de seguridad previstas en este Código.

CAPÍTULO III – De las circunstancias que atenúan l
a responsabilidad criminal

Artículo 21

Son circunstancias atenuantes:

1ª. Las causas expresadas en el Capítulo anterior, cuando no concurrieren todos los requisitos necesarios para eximir de responsabilidad en sus respectivos casos.

2ª La de actuar el culpable a causa de su grave adicción a las sustancias menciona-das en el número 2º del artículo anterior.

3ª. La de obrar por causas o estímulos tan poderosos que hayan producido arrebato, obcecación u otro estado pasional de entidad semejante.

4ª. La de haber procedido el culpable, antes de conocer que el procedimiento judicial se dirige contra él, a confesar la infracción a las autoridades.

5ª. La de haber procedido el culpable a reparar el daño ocasionado a la víctima, o disminuir sus efectos, en cualquier momento del procedimiento y con anterioridad a la celebración del acto del juicio oral.

6ª. Cualquier otra circunstancia de análoga significación que las anteriores.

CAPÍTULO IV – De las circunstancias que agravan la
responsabilidad criminal

Artículo 22

Son circunstancias agravantes:

1ª. Ejecutar el hecho con alevosía.

Hay alevosía cuando el culpable comete cualquiera de los delitos contra las personas empleando en la ejecución medios, modos o formas que tiendan directa o especialmente a asegurarla, sin el riesgo que para su persona pudiera proceder de la defensa por parte del ofendido.

2ª. Ejecutar el hecho mediante disfraz, con abuso de superioridad o aprovechando las circunstancias de lugar, tiempo o auxilio de otras personas que debiliten la defensa del ofendido o faciliten la impunidad del delincuente.

3ª. Ejecutar el hecho mediante precio, recompensa o promesa.

4ª. Cometer el delito por motivos racistas, antisemitas u otra clase de discriminación referente a la ideología, religión o creencias de la víctima, la etnia, raza o nación a la que pertenezca, su sexo u orientación sexual, o la enfermedad o minusvalía que padezca.

5ª. Aumentar deliberada e inhumanamente el sufrimiento de la víctima, causando a ésta padecimientos innecesarios para la ejecución del delito.

6ª. Obrar con abuso de confianza.

7ª. Prevalerse del carácter público que tenga el culpable.

8ª. Ser reincidente.

Hay reincidencia cuando, al delinquir, el culpable haya sido condenado ejecutoriamente por un delito comprendido en el mismo Título de este Código, siempre que sea de la misma naturaleza. A los efectos de este número no se computarán los antecedentes penales cancelados o que debieran serlo.

TÍTULO III – DE LAS PENAS
CAPÍTULO I -De las penas, sus clases y efectos
SECCIÓN 1ª – De las penas y sus clases

Artículo 33

1. En función de su naturaleza y duración, las penas se clasifican en graves, menos graves y leves.

2. Son penas graves:

a) La prisión superior a tres años;

b) La inhabilitación absoluta;

c) Las inhabilitaciones especiales por tiempo superior a tres años;

d) La suspensión de empleo o cargo público por tiempo superior a tres años;

e) La privación del derecho a conducir vehículos a motor y ciclomotores por tiempo superior a seis años;

f) La privación del derecho a la tenencia y porte de armas por tiempo superior a seis años;

g) La privación del derecho a residir en determinados lugares o acudir a ellos o la prohibición de aproximarse a la víctima, o a aquellos de sus familiares u otras personas que determine el Juez o Tribunal, o de comunicarse con ellos, por tiempo superior a tres años.

3. Son penas menos graves:

a) La prisión de seis meses a tres años;

b) Las inhabilitaciones especiales hasta tres años;

c) La suspensión de empleo o cargo público hasta tres años;

d) La privación del derecho a conducir vehículos a motor y ciclomotores de un año y un día a seis años;

e) La privación del derecho a la tenencia y porte de armas de un año y un día a seis años;

f) La privación del derecho a residir en determinados lugares o acudir a ellos, o la prohibición de aproximarse a la víctima, o a aquellos de sus familiares u otras personas que determine el Juez o Tribunal, o de comunicarse con ellos, por tiempo de seis meses a tres años;

g) La multa de más de dos meses;

h) La multa proporcional, cualquiera que fuese su cuantía;

i) El arresto de siete a veinticuatro fines de semana.

j) los trabajos en beneficio de la comunidad de noventa y seis a trescientas ochenta y cuatro horas.

4. Son penas leves:

a) La privación del derecho a conducir vehículos a motor y ciclomotores de tres meses a un año;

b) La privación del derecho a la tenencia y porte de armas de tres meses a un año;

b bis) La privación del derecho a residir en determinados lugares o acudir a ellos, o la prohibición de aproximarse a la víctima, o a aquellos de sus familiares u otras personas que determine el Juez o Tribunal, o de comunicarse con ellos, por tiempo inferior a seis meses;

c) La multa de cinco días a dos meses;

d) El arresto de uno a seis fines de semana.

e) Los trabajos en beneficio de la comunidad de dieciséis a noventa y seis horas.

5. La responsabilidad personal subsidiaria por impago de multa tendrá naturaleza menos grave o leve, según la que corresponda a la pena que sustituya.

6. Las penas accesorias tendrán la duración que respectivamente tenga la pena principal.

Artículo 36

La pena de prisión tendrá una duración mínima de seis meses y máxima de veinte años, salvo lo que excepcionalmente dispongan otros preceptos del presente Código. Su cumplimiento, así como los beneficios penitenciarios que suponganacortamiento de la condena, se ajustarán a lo dispuesto en las Leyes y en el presente Código.

Artículo 37

1. El arresto de fin de semana tendrá una duración de treinta y seis horas y equivaldrá, en cualquier caso, a dos días de privación de libertad. Tan sólo podrán imponerse como máximo veinticuatro fines de semana como arresto, salvo que la pena se imponga como sustitutiva de otra privativa de libertad; en tal caso su duración será la que resulte de la aplicación de las reglas contenidas en el artículo 88 de este Código.

2. Su cumplimiento tendrá lugar durante los viernes, sábados o domingos en el establecimiento penitenciario más próximo al domicilio del arrestado. No obstante lo dispuesto en el párrafo anterior, si las circunstancias lo aconsejaran, el Juez o Tribunal sentenciador podrá ordenar, previo acuerdo del reo y oído el Ministerio Fiscal, que el arresto de fin de semana se cumpla en otros días de la semana, o de no existir Centro penitenciario en el partido judicial donde resida el penado, siempre que fuera posible, en depósitos municipales.

3. Si el condenado incurriera en dos ausencias no justificadas, el Juez de Vigilancia, sin perjuicio de deducir testimonio por el quebrantamiento de condena, podrá acordar que el arresto se ejecute ininterrumpidamente.

4. Las demás circunstancias de ejecución se establecerán

reglamentariamente de acuerdo con lo dispuesto en la Ley penitenciaria, cuyas normas se aplicarán supletoriamente en lo no previsto expresamente en este Código.

SECCIÓN 3ª – De las penas privativas de derechos

Artículo 39

Son penas privativas de derechos:

a) La inhabilitación absoluta.

b) Las de inhabilitación especial para empleo o cargo público, profesión, oficio, industria o comercio, o de los derechos de patria potestad, tutela, guarda o curatela, derecho de sufragio pasivo o de cualquier otro derecho.

c) La suspensión de empleo o cargo público.

d) La privación del derecho a conducir vehículos a motor y ciclomotores.

e) La privación del derecho a la tenencia y porte de armas.

f) La privación del derecho a residir en determinados lugares o acudir a ellos, o la prohibición de aproximarse a la víctima, o a aquellos de sus familiares u otras personas que determine el Juez o Tribunal, o de comunicarse con ellos.

g) Los trabajos en beneficio de la comunidad.

Artículo 48

La privación del derecho a residir en determinados lugares o acudir a ellos impide al penado volver al lugar en que haya cometido el delito, o a aquél en que resida la víctima o su familia, si fueren distintos. La prohibición de aproximarse a la víctima, o a aquellos de sus familiares u otras personas que determine el Juez o Tribunal, impide al penado acercarse a ellos en cualquier lugar donde se encuentren, así como acercarse al domicilio de dichas personas, a sus lugares de trabajo y a cualquier otro que sea frecuentado por ellas. La prohibición de comunicarse con la víctima, o con aquellos de sus familiares u otras personas que determine el Juez o Tribunal, impide al penado establecer con ellos, por cualquier medio de comunicación o medio informático o telemático, contacto escrito, verbal o visual.

Artículo 57

Los Jueces o Tribunales, en los delitos de homicidio, aborto, lesiones, contra la libertad, de torturas y contra la integridad moral, la libertad e indemnidad sexuales, la intimidad, el derecho a la propia imagen y la inviolabilidad del domicilio, el honor, el patrimonio y el orden socioeconómico, atendiendo a la gravedad de los hechos o al peligro que el delincuente represente, podrán acordar en sus sentencias, dentro del período de tiempo que los mismos señalen que, en ningún caso, excederá de cinco años, la imposición de una o varias de las siguientes prohibiciones:

a) La de aproximación a la víctima, o a aquellos de sus familiares u otras personas que determine el Juez o Tribunal.

b) La de que se comunique con la víctima, o con aquellos de sus familiares u otras personas que determine el Juez o Tribunal.

c) La de volver al lugar en que se haya cometido el delito o de acudir a aquél en que resida la víctima o su familia, si fueren distintos.

También podrán imponerse las prohibiciones establecidas en el presente artículo, por un período de tiempo que no excederá de seis meses, por la comisión de una infracción calificada como falta contra las personas de los artículos 617 y 620 de este Código.

SECCIÓN 6ª – Disposiciones comunes

Artículo 59

Cuando las medidas cautelares sufridas y la pena impuesta sean de distinta naturaleza, el Juez o Tribunal ordenará que se tenga por ejecutada la pena impuesta en aquella parte que estime compensada.

Artículo 60

1. Cuando, después de pronunciada sentencia firme, se aprecie en el penado una situación duradera de trastorno mental grave que le impida conocer el sentido de la pena, se suspenderá la ejecución de la pena privativa de libertad que se le haya impuesto garantizando el Juez o Tribunal que aquél reciba la asistencia médica precisa.

2. Restablecida la salud mental del penado, éste cumplirá la sentencia si la pena no hubiere prescrito, sin perjuicio de que el Juez o Tribunal, por razones de equidad, pueda dar por extinguida la condena o reducir su duración, en la medida en que el cumplimiento de la pena resulte innecesario o contraproducente.

Artículo 68

En los casos previstos en la circunstancia 1ª del artículo 21, los Jueces o Tribunales podrán imponer, razonándolo en la sentencia, la pena inferior en uno o dos grados a la señalada por la Ley, aplicándola en la extensión que estimen pertinente, atendidos el número y la entidad de los requisitos que falten o concurran, las circunstancias personales del autor y, en su caso, el resto de las circunstancias atenuantes o agravantes.

TÍTULO IV – DE LAS MEDIDAS DE SEGURIDAD
CAPÍTULO I – De las medidas de seguridad en general

Artículo 95

1. Las medidas de seguridad se aplicarán por el Juez o Tribunal, previos los informes que estime convenientes, a las personas que se encuentren en los supuestos previstos en el Capítulo siguiente de este Código, siempre que concurran estas circunstancias:

1ª. Que el sujeto haya cometido un hecho previsto como delito.

2ª. Que del hecho y de las circunstancias personales del sujeto pueda deducirse un pronóstico de comportamiento futuro que revele la probabilidad de comisión de nuevos delitos.

2. Cuando la pena que hubiere podido imponerse por el delito cometido no fuere privativa de libertad, el Juez o Tribunal Sentenciador sólo podrá acordar alguna o algunas de las medidas previstas en el artículo 105.

Artículo 96

1. Las medidas de seguridad que se pueden imponer con arreglo a este Código son privativas y no privativas de libertad.

2. Son medidas privativas de libertad:

1ª. El internamiento en centro psiquiátrico.

2ª. El internamiento en centro de deshabituación.

3ª. El internamiento en centro educativo especial.

3. Son medidas no privativas de libertad:

1ª. La prohibición de estancia y residencia en determinados lugares.

2ª. La privación del derecho a conducir vehículos a motor y ciclomotores.

3ª. La privación de licencia o del permiso de armas.

4ª. La inhabilitación profesional.

5ª. La expulsión del territorio nacional, de extranjeros no residentes legalmente en España.

6ª. Las demás previstas en el artículo 105 de este Código.

Artículo 97

Durante la ejecución de la sentencia, el Juez o Tribunal sentenciador podrá, mediante un procedimiento contradictorio, previa propuesta del Juez de Vigilancia Penitenciaria:

a) Decretar el cese de cualquier medida de seguridad impuesta en cuanto desaparezca la peligrosidad criminal del sujeto.

b) Sustituir una medida de seguridad por otra que estime más adecuada, entre las previstas para el supuesto de que se trate. En el caso de que fuera acordada la sustitución y el sujeto evolucionara desfavorablemente, se dejará tal medida sin efecto.

c) Dejar en suspenso la ejecución de la medida en atención al resultado ya obtenido con su aplicación, por un plazo no superior al que reste hasta el máximo señalado en la sentencia que lo impuso. La suspensión quedará condicionada a que el sujeto no delinca durante el plazo fijado, y podrá dejarse sin efecto si nuevamente resultara acreditada cualquiera de las circunstancias previstas en el artículo 95 de este Código. A estos efectos el Juez de Vigilancia Penitenciaria estará obligado a elevar al menos anualmente una propuesta de mantenimiento, cese, sustitución o suspensión de la medida de seguridad privativa de libertad impuesta.

Artículo 98

Para formular la propuesta a que se refiere el artículo anterior el Juez de Vigilancia Penitenciaria deberá valorar los informes emitidos por los facultativos y profesionales que asistan al sometido a medida de seguridad, y, en su caso, el resultado de las demás actuaciones que a este fin ordene.

Artículo 99

En el caso de concurrencia de penas y medidas de seguridad privativas de libertad, el Juez o Tribunal ordenará el cumplimiento de la medida, que se abonará para el de la pena. Una vez alzada la medida de seguridad, el Juez o Tribunal podrá, si con la ejecución de la pena se pusieran en peligro los efectos conseguidos a través de aquélla, suspender el cumplimiento del resto de la pena por un plazo no superior a la duración de la misma, o aplicar alguna de las medidas previstas en el artículo 105.

Artículo 100

1. El quebrantamiento de una medida de seguridad de internamiento dará lugar al reingreso del sujeto en el mismo centro del que se hubiese evadido o en otro que corresponda a su estado, sin perjuicio de deducir testimonio por el quebrantamiento de la medida en los casos de los sometidos a ella en virtud del artículo 104 de este Código.

2. Si se tratare de otras medidas, el Juez o Tribunal podrá acordar la sustitución de la quebrantada por la de internamiento si ésta estuviese prevista para el supuesto de que se trate y si el quebrantamiento demostrase su necesidad.

CAPÍTULO II – De la aplicación de las medidas de seguridad
SECCIÓN 1ª – De las medidas privativas de libertad

Artículo 101

1. Al sujeto que sea declarado exento de responsabilidad criminal conforme al número 1º del artículo 20, se le podrá aplicar, si fuere necesaria, la medida de internamiento para tratamiento médico o educación especial en un establecimiento adecuado al tipo de anomalía o alteración psíquica que se aprecie, o cualquier otra de las medidas previstas en el apartado 3. del artículo 96. El internamiento no podrá exceder del tiempo que habría

242   *Elisangela Melo Reghelin*

durado la pena privativa de libertad, si hubiera sido declarado responsable el sujeto, y a tal efecto el Juez o Tribunal fijará en la sentencia ese límite máximo.

2. El sometido a esta medida no podrá abandonar el establecimiento sin autorización del Juez o Tribunal sentenciador, de conformidad con lo previsto en el artículo 97 de este Código.

Artículo 102

1. A los exentos de responsabilidad penal conforme al número 2º del artículo 20 se les aplicará, si fuere necesaria, la medida de internamiento en centro de deshabituación público, o privado debidamente acreditado u homologado, o cualquiera otra de las medidas previstas en el apartado 3. del artículo 96. El internamiento no podrá exceder del tiempo que habría durado la pena privativa de libertad, si el sujeto hubiere sido declarado responsable, y a tal efecto el Juez o Tribunal fijará ese límite máximo en la sentencia.

2. El sometido a esta medida no podrá abandonar el establecimiento sin autorización del Juez o Tribunal sentenciador de conformidad con lo previsto en el artículo 97 de este Código.

Artículo 103

1. A los que fueren declarados exentos de responsabilidad conforme al número 3º del artículo 20, se les podrá aplicar, si fuere necesaria, la medida de internamiento en un centro educativo especial o cualquier otra de las medidas previstas en el apartado tercero del artículo 96. El internamiento no podrá exceder del tiempo que habría durado la pena privativa de libertad, si el sujeto hubiera sido declarado responsable y, a tal efecto, el Juez o Tribunal fijará en la sentencia ese límite máximo.

2. El sometido a esta medida no podrá abandonar el establecimiento sin autorización del Juez o Tribunal sentenciador de conformidad con lo previsto en el artículo 97 de este Código.

3. En este supuesto, la propuesta a que se refiere el artículo 97 de éste Código deberá hacerse al terminar cada curso o grado de enseñanza.

Artículo 104

En los supuestos de eximente incompleta en relación con los números 1º, 2º y 3º del artículo 20, el Juez o Tribunal podrá imponer, además de la pena correspondiente, las medidas previstas en los artículos 101, 102 y 103. No obstante, la medida de internamiento sólo será aplicable cuando la pena impuesta sea privativa de libertad y su duración no podrá exceder de la de la pena prevista por el Código para el delito. Para su aplicación se observará lo dispuesto en el artículo 99.

SECCIÓN 2ª – De las medidas no privativas de libertad

Artículo 105

En los casos previstos en los artículos 101 a 104, el Juez o Tribunal podrá acordar razonadamente, desde un principio o durante la ejecución de la sentencia, la imposición de la observancia de una o varias de las siguientes medidas:

1. Por un tiempo no superior a cinco años:

a) Sumisión a tratamiento externo en centros médicos o establecimientos de carácter socio-sanitario.

b) Obligación de residir en un lugar determinado.

c) Prohibición de residir en el lugar o territorio que se designe. En este caso, el sujeto quedará obligado a declarar el domicilio que elija y los cambios que se produzcan.

d) Prohibición de acudir a determinados lugares o visitar establecimientos de bebidas alcohólicas.

e) Custodia familiar. El sometido a esta medida quedará sujeto al cuidado y vigilancia del familiar que se designe y que acepte la custodia, quien la ejercerá en relación con el Juez de Vigilancia y sin menoscabo de las actividades escolares o laborales del custodiado.

f) Sometimiento a programas de tipo formativo, cultural, educativo, profesional, de educación sexual y otros similares.

g) Prohibición de aproximarse a la víctima, o a aquellos de sus familiares u otras personas que determine el Juez o Tribunal, o de comunicarse con ellos.

2. Por un tiempo de hasta diez años:

a) La privación de la licencia o del permiso de armas.

b) La privación del derecho a la conducción de vehículos a motor y ciclomotores.

El Juez de Vigilancia Penitenciaria o los servicios correspondientes del Ministerio de Justicia e Interior o de la Administración Autonómica informarán al Juez o Tribunal sentenciador sobre el cumplimiento de estas medidas.

Artículo 106

En los casos previstos en el artículo anterior, el Juez o Tribunal sentenciador dispondrá que los servicios de asistencia social competentes presten la ayuda o atención que precise y legalmente le corresponda al sometido a medidas de seguridad no privativas de libertad.

Artículo 107

El Juez o Tribunal podrá decretar razonadamente la medida de inhabilitación para el ejercicio de determinado derecho, profesión, oficio, industria o comercio, cargo o empleo, por un tiempo de uno a cinco años, cuando el sujeto haya cometido con abuso de dicho ejercicio, o en relación con él, un hecho delictivo, y cuando de la valoración de las circunstancias concurrentes pueda deducirse el peligro de que vuelva a cometer el mismo delito u otros semejantes, siempre que no sea posible imponerle la pena correspondiente por encontrarse en alguna de las situaciones previstas en los números 1º, 2º y 3º del artículo 20.

Artículo 108

1. Si el sujeto fuere extranjero no residente legalmente en España, el Juez o Tribunal acordará en la sentencia, previa audiencia de aquél, la expulsión del territorio nacional como sustitutiva de las medidas de seguridad que le sean aplicables salvo que el Juez o Tribunal, previa audiencia del Ministerio Fiscal, excepcionalmente y de forma motivada, aprecie que la naturaleza del delito justifica el cumplimiento en España. La expulsión así acordada llevará consigo el archivo de cualquier procedimiento administrativo que tuviera por objeto la autorización para residir o trabajar en España. En el supuesto de que, acordada la sustitución de la medida de seguridad por la expulsión, ésta no pudiera llevarse a efecto, se procederá al cumplimiento de la medida de seguridad originariamente impuesta.

2. El extranjero no podrá regresar a España en un plazo de diez años, contados desde la fecha de su expulsión y, en todo caso, mientras no haya prescrito la pena.

3. El extranjero que intentara quebrantar una decisión judicial de expulsión y prohibición de entrada a la que se refieren los apartados anterior, será devuelto por la autoridad gubernativa, empezando a computarse de nuevo el plazo de prohibición de entrada en su integridad.

Artículo 135

1. Las medidas de seguridad prescribirán a los diez años, si fueran privativas de libertad superiores a tres años, y a los cinco años si fueran privativas de libertad iguales o inferiores a tres años o tuvieran otro contenido.

2. El tiempo de la prescripción se computará desde el día en que haya quedado firme la resolución en la que se impuso la medida o, en caso de cumplimiento sucesivo, desde que debió empezar a cumplirse.

3. Si el cumplimiento de una medida de seguridad fuere posterior al de una pena, el plazo se computará desde la extinción de ésta.

Artículo 153

El que por cualquier medio o procedimiento, causare a otro una lesión no definida como delito dentro de este Título o golpeare o maltratare de obra a otro sin causarle lesión, cuando en ambos casos el ofendido fuere alguna de las personas a las que se refiere el artículo 173.2, será castigado con la pena de prisión de tres a seis meses o trabajos en beneficio de la comunidad de treinta y uno a ochenta días y, en todo caso, privación del derecho a la tenencia y porte de armas de uno a tres años.

El que habitualmente ejerza violencia física o psíquica sobre quien sea o haya sido su cónyuge o sobre persona que esté o haya estado ligada a él de forma estable por análoga relación de afectividad, o sobre los hijos propios o del cónyuge o conviviente, pupilos, ascendientes o incapaces que con él convivan o que se hallen sujetos a la potestad, tutela, curatela, acogimiento o guarda de hecho de uno u otro, será castigado con la pena de prisión de seis meses a tres años, sin perjuicio de las penas que pudieran corresponder a los delitos o faltas en que se hubieran concretado los actos de violencia física o psíquica.

Para apreciar la habitualidad a que se refiere el párrafo anterior, se atenderá al número de actos de violencia que resulten acreditados, así como a la proximidad temporal de los mismos, con independencia de que dicha violencia se haya ejercido sobre la misma o diferentes víctimas de las comprendidas en este artículo, y de que los actos violentos hayan sido o no objeto de enjuiciamiento en procesos anteriores.

DISPOSICIONES ADICIONALES

Primera

Cuando una persona sea declarada exenta de responsabilidad criminal por concurrir alguna de las causas previstas en los números 1º y 3º del artículo 20 de este Código, el Ministerio Fiscal instará, si fuera procedente, la declaración de incapacidad ante la Jurisdicción Civil, salvo que la misma hubiera sido ya anteriormente acordada y, en su caso, el internamiento conforme a las normas de la legislación civil.

DISPOSICIONES TRANSITORIAS

Décima

Las medidas de seguridad que se hallen en ejecución o pendientes de ella, acordadas conforme a la Ley de Peligrosidad y Rehabilitación Social, o en aplicación de los números 1º y 3º del artículo 8 ó del número 1º del artículo 9 del Código Penal que se deroga, serán revisadas conforme a los preceptos del Título IV del Libro I de este Código y a las reglas anteriores. En aquellos casos en que la duración máxima de la medida prevista en este Código sea inferior al tiempo que efectivamente hayan cumplido los sometidos a la misma, el Juez o Tribunal dará por extinguido dicho cumplimiento y, en el caso de tratarse de una medida de internamiento, ordenará su inmediata puesta en libertad.

CONSTITUIÇÃO FEDERAL ESPANHOLA

Artículo 9.

1. Los ciudadanos y los poderes públicos están sujetos a la Constitución y al resto del ordenamiento jurídico.

2. Corresponde a los poderes públicos promover las condiciones para que la libertad y la igualdad del individuo y de los grupos en que se integra sean reales y efectivas; remover los obstáculos que impidan o dificulten su plenitud y facilitar la participación de todos los ciudadanos en la vida política, económica, cultural y social.

3. La Constitución garantiza el principio de legalidad, la jerarquía normativa, la publicidad de las normas, la irretroactividad de las disposiciones sancionadoras no favorables o restrictivas de derechos individuales, la seguridad jurídica, la responsabilidad y la interdicción de la arbitrariedad de los poderes públicos.

Artículo 25.

1. Nadie puede ser condenado o sancionado por acciones u omisiones que en el momento de producirse no constituyan delito, falta o infracción administrativa, según la legislación vigente en aquel momento.

2. Las penas privativas de libertad y las medidas de seguridad estarán orientadas hacia la reeducación y reinserción social y no podrán consistir en trabajos forzados. El condenado a pena de prisión que estuviere cumpliendo la misma gozará de los derechos fundamentales de este Capítulo, a excepción de los que se vean expresamente limitados por el contenido del fallo condenatorio, el sentido de la pena y la Ley penitenciaria. En todo caso, tendrá derecho a un trabajo remunerado y a los beneficios correspondientes de la Seguridad Social, así como al acceso a la cultura y al desarrollo integral de su personalidad.

3. La Administración civil no podrá imponer sanciones que, directa o subsidiariamente, impliquen privación de libertad.

Impressão:

Evangraf
Rua Waldomiro Schapke, 77 - P. Alegre, RS
Fone: (51) 3336.2466 - Fax: (51) 3336.0422
E-mail: evangraf.adm@terra.com.br